精品课程新形态教材
“双创”型人才培养优秀教材

体育与健康

TIYU YU JIANKANG

主编 吴建伟

内容提要

本书由三篇共十五章构成。第一篇为体育理论与体育文化,包括大学体育概述与体育文化。第二篇为体育与健康,包括健康、体能与体育锻炼,职业体能与体育锻炼,体育锻炼与心理健康,体育锻炼中运动损伤的预防与处理,大学生体质健康的评价,体育保健课的体育锻炼,体育与德育、智育、美育、劳育的融合教育。第三篇为体育运动实践,包括田径运动,球类运动,休闲运动,民族传统体育,拓展——职业身心素质训练与其他。

图书在版编目(CIP)数据

体育与健康/吴建伟主编. —上海:上海交通大学出版社,2022.7
ISBN 978-7-313-26823-5

Ⅰ. ①体… Ⅱ. ①吴… Ⅲ. ①体育-高等学校-教材
②健康教育-高等学校-教材 Ⅳ. ①G807.4②G647.9

中国版本图书馆 CIP 数据核字(2022)第 077964 号

体育与健康
TIYU YU JIANKANG

主　　编:吴建伟
出版发行:上海交通大学出版社　　地　　址:上海市番禺路 951 号
印　　制:三河市鑫鑫科达彩色印刷包装有限公司　　经　　销:全国新华书店
开　　本:787mm×1092mm　1/16　　印　　张:19
字　　数:448 千字
版　　次:2022 年 7 月第 1 版　　印　　次:2022 年 7 月第 1 次印刷
书　　号:ISBN 978-7-313-26823-5
定　　价:47.90 元

《体育与健康》编委会

主　编：吴建伟

副主编：王　英　唐晓奇　刘　杰　李文权　董　豪

罗卫东　汪振华　王　锋

前 言 FOREWORD

体育教育是高等学校重要的教育内容，使得学生在接受学校体育系统教育的基础上，增强和完善学生的身心素质，使他们具有健康的身体和良好的意志品质，是为大学生毕业后承担建设祖国的重任打好身体基础的重要教育内容，也是为学生掌握锻炼的科学方法、养成锻炼身体的习惯、提高健康水平和陶冶体育文化情操的重要教育。

为了全面贯彻党的教育方针，促进学生体质的健康发展，使当代大学生成为德智体美劳全面发展的社会主义事业合格的建设者和接班人，根据《中共中央、国务院关于深化教育改革全面推进素质教育的决定》《学校体育工作条例》《全国普通高等校体育课程教学指导纲要》的精神，紧扣新时代人才的培养目标。注重培养学生体育意识，提高学生主动参与体育运动的兴趣，养成良好的体育习惯，提高学生基本活动能力和鉴赏能力，为将来就业做好身体准备，使学生在体育锻炼中达到“享受乐趣、增强体质、健全人格、锤炼意志”的目的，充分体现了“健康第一”“以人为本”的教育理念。

本教材具有以下特点：

（1）坚持“以人为本”“健康第一”的指导思想，为使现代大学生对体育有一个全新的认识，更好地适应体育锻炼的内容、形式等多样性、针对性的特点，对理论与实践部分的内容进行了必要的简化和重组。结合教育部、国家体育总局联合颁布、实施的《学生体质健康标准》为大学生身体锻炼和自我监督与评价的有力结合提供了基本模式和指标，建立了生理的、心理的和社会的三维目标体系。

（2）突出以学生为主体，以教师为主导的互为关系，修正了原有教材与教学不相适宜的结构和模式。突出选项课的教学，倡导学生在学习中进行“三自主”学习。确定了选项课教学，加大了教学内容的弹性和选择性。依据大学生培养目标、发展目标和课程设置的学时数和实际接受能力等现状进行了精选，充分体现教材内容的修心育智、强身健体的多样化和功能特征，旨在培养学生的创新能力和个性发展，体现了新的教育理念。

（3）将学生未来职业要求融入体育学习锻炼中，通过技能学习及专门训练，提升学生通用职业能力和素养。将体育知识与体育技能相融合，将职业素养和体育素养相融合，将现实需要和未来发展相融合。

（4）根据2020年中央全面深化改革委员会第十三次会议《关于深化体教融合促进青少年健康发展的意见》，充分挖掘体育项目的思政元素，将五育融合的理念体现在教材中，紧密结合当下学生体质情况、学生特点和高校特点，充分调动学生学习的自主性，提高他们的成就感和获得感，促进学生德智体美劳全面发展，培养学生终身体育的意识。

在本教材编写过程中，参阅了国内部分高校的相关教材内容，借鉴了一些专家学者的研究成果、文献资料。在此，表示由衷的感谢。

由于时间仓促，本教材存在的不足之处，恳请读者给予批评指导。

编者

2022年4月

目　录 CONTENTS

第一篇　体育理论与体育文化

第一章　大学体育概述 …… 2

第一节　大学体育目标与任务 …… 2

第二节　大学体育的地位和作用 …… 4

第三节　大学体育教学 …… 7

第四节　大学体育发展趋势 …… 10

第二章　体育文化 …… 13

第一节　奥林匹克运动 …… 13

第二节　校园体育文化 …… 21

第二篇　体育与健康

第三章　健康、体能与体育锻炼 …… 28

第一节　健康概述 …… 28

第二节　体能的类别 …… 29

第三节　体育锻炼的作用 …… 30

第四节　体育锻炼的基本原则 …… 32

第五节　体育锻炼的自我监控 …… 34

第四章　职业体能与体育锻炼 …… 36

第一节　体育与职业 …… 36

第二节　职业体能与体育锻炼 …… 38

第三节　职业身心素质练习 …… 40

第五章　体育锻炼与心理健康 …… 42

第一节　大学生心理发展特点 …… 42

第二节　大学生心理健康标准 …… 43

第三节　体育锻炼对大学生心理发展的影响 …… 44

第六章　体育锻炼中运动损伤的预防与处理 …… 46

第一节　运动损伤概述 …… 46

第二节　常见运动损伤的急救原则 …… 47
第三节　运动性疾病和损伤的预防与处理 …… 50
第七章　大学生体质健康的评价 …… 52
第一节　体质健康测试 …… 52
第二节　大学生体质健康评价的测试项目与操作方法 …… 54
第八章　体育保健课的体育锻炼 …… 57
第一节　肥胖学生的体育锻炼 …… 57
第二节　瘦弱学生的体育锻炼 …… 60
第三节　神经衰弱学生的体育锻炼 …… 61
第四节　支气管炎学生的体育锻炼 …… 63
第五节　残疾学生的体育锻炼 …… 64
第九章　体育与德育、智育、美育、劳育的融合教育 …… 66
第一节　体育与德育教育 …… 68
第二节　体育与智育教育 …… 70
第三节　体育与美育教育 …… 71
第四节　体育与劳动教育 …… 74

第三篇　体育运动实践

第十章　田径运动 …… 79
第一节　跑 …… 79
第二节　跳跃 …… 82
第三节　投掷 …… 85
第十一章　球类运动 …… 88
第一节　足球 …… 88
第二节　篮球 …… 94
第三节　排球与气排球 …… 106
第四节　乒乓球 …… 114
第五节　羽毛球 …… 121
第六节　网球 …… 126
第十二章　休闲运动 …… 131
第一节　健美 …… 131
第二节　台球 …… 183
第三节　瑜伽 …… 189
第四节　健美操 …… 197
第五节　轮滑 …… 200
第六节　定向越野 …… 206

第七节　排舞 …… 209

第八节　休闲垂钓 …… 213

第十三章　民族传统体育 …… 217

第一节　武术 …… 217

第二节　舞龙舞狮 …… 238

第三节　龙舟 …… 241

第四节　押加 …… 244

第五节　毽球与跳绳 …… 245

第六节　珍珠球 …… 249

第七节　板鞋竞速 …… 251

第十四章　拓展——职业身心素质训练 …… 253

第一节　团队合作项目 …… 254

第二节　交流沟通项目 …… 255

第三节　激发潜能项目 …… 258

第四节　创新思维项目 …… 259

第五节　领导力与执行力项目 …… 261

第六节　姿态形体类项目 …… 262

第十五章　其他 …… 267

第一节　游泳 …… 267

第二节　桥牌 …… 287

第三节　掼蛋 …… 290

第四节　门球 …… 292

参考文献 …… 294

第一篇

体育理论与体育文化

第一章

大学体育概述

第一节　大学体育的目标与任务

学习目标

知识目标

了解大学体育的目标与任务，熟悉大学体育的地位和作用，掌握大学体育的教学内容、组织形式和发展趋势。

能力目标

能够使学生提高体育认识，促进身心素质全面发展。

素质目标

培养当代大学生良好的身心素质和社会适应能力，养成良好的生活方式和团结拼搏、吃苦耐劳等意志品质。

大学体育是高等学校实施素质教育的重要内容，在培养人才方面发挥了特殊作用。体育教育不仅可以增强学生体质、传授体育知识和技能，而且在提高生活质量、增强适应社会能力和提高大学生职业技能等方面都有积极的作用。在体育锻炼或体育比赛过程中，激烈的竞争贯穿始终，队员之间的配合、团队意识和拼搏精神，这些特征都对培养现代人应具备的素质有实际意义，另外在培养人的信心、意志、拼搏、吃苦耐劳、公平竞争等方面也有重要作用。

一、大学体育教学的目标

教学是实现教育目的的基本途径，体育是实现学校体育目标的基本途径，因此，体育教学目标的确定，对学校体育目标的实现具有重要的意义。

（一）确定体育教学目标的基本依据

（1）体育教育的目标要反映社会和青少年的发展需要。

（2）体育教育的目标要根据体育的实际条件。

（3）体育教育的目标要根据学生的身心特点。

（4）体育教育的目标要根据体育的功能。

（二）大学体育教学目标

1. 传授体育锻炼的基本知识，提高学生的健康知识水平

体育教育面向全体学生，通过教育引导，使学生掌握现代体育科学锻炼的基本理论知识、健康知识和基本技术、技能，熟练掌握两项以上健身运动的基本方法和技能；能够主动、积极、科学地进行体育锻炼，不断提高自己的运动能力；掌握常见运动损伤的预防和处置方法。

2. 养成良好的行为和生活习惯，增强体质

使学生的基本体能测试和评价体质健康状况达到：掌握有效提高体质、发展体能的锻炼方法，能合理选用人体需要的健康营养食品，养成良好的行为习惯及健康的生活方式，具有良好的体魄。

3. 保持学生心理健康，进行思想道德教育，培养优质品质

使学生能够通过体育运动改善心理状态、克服心理障碍，养成积极乐观的生活态度；运用适宜的方法调节自己的情绪；根据自己的实际情况设立运动目标，在运动中体验运动的乐趣和成功的喜悦；培养“终身体育”的意识，并从中受到良好的思想品德教育，使学生德智体美劳全面发展。

4. 培养体育兴趣，养成从事体育的习惯，培养终身体育的能力

通过理论讲授等各种体育途径，向学生进行体育与卫生保健基础理论知识的教育，还要让学生通过科学的体育锻炼过程，提高自身的体育素养，学习和掌握 1～2 项有兴趣、有特长、有延续性的终身体育运动项目的基本技能和科学的锻炼方法，养成锻炼身体的习惯，终生受益。

因此，确保学生健康第一，促使他们的身心得到全面发展，达到学校体育教育的要求，培养能够更好地为社会主义现代化建设服务、全面发展的高素质人才，这才是大学体育的最终目的。

二、大学体育教学的任务

（一）全面开展学校体育的各项活动

体育活动是大学生从事体育锻炼的载体，开展体育活动不仅是国家教育制度的规定，而且也是全面培养人才所必需的。一所学校体育活动开展的情况，反映了该学校的精神文明状

态。丰富校园体育文化，使大学生参与体育运动锻炼，享受运动的快乐，形成朝气蓬勃、奋发向上的精神面貌；培养学生的体育能力、社交能力、审美能力和团队合作能力。

（二）传授体育知识、技术、技能，树立终身体育的思想

大学时期正是学生处于求知欲最为旺盛的时期，系统地学习体育知识、技术、技能和科学的锻炼方法，能够提高学生的体育文化素养，培养良好的锻炼习惯，使学生通过大学体育的学习，运用科学的体育知识，来正确指导以后的体育活动，树立终身体育的意识。

（三）增强学生体质，提高学生身体工作能力，全面发展学生身体素质

大学期间是大学生从青少年向成年人转化的一个重要阶段，高校体育是完善人体发育的重要手段。学校体育以它特有的组织形式促进学生身体健康，提高对外界环境的适应能力，增强对疾病的抵抗能力。通过体育活动开发学生的智力潜能，使学生在身体和智力上得到全面发展。

（四）加强思想教育

体育作为文化教育的组成部分，有助于对学生开展多方面的教育。体育运动的对抗性，获胜后的荣誉感，失败后的奋发努力，这些都是对学生进行思想品德教育的最好时机。通过参与体育活动，使学生在思想上更加成熟，更容易培养在逆境中艰苦努力、永不言败，在胜利后戒骄戒躁、谦虚谨慎、尊重对手的思想作风。通过体育活动中的团结协作，树立学生集体主义精神。通过班级、系级、校级的比赛，培养学生爱班、爱系、爱校的思想，并最终达到热爱祖国、热爱人民的思想境界。

（五）发展学生竞技体育能力，提高学校运动水平

高校可以利用学校的良好教育氛围、物质条件和科学技术为国家培养优秀的体育运动人才。学校运动技术水平的提高可以激励学生更积极地参与体育活动，推动学校体育活动的开展。学校运动队的表现展现了一所学校的综合实力和精神风貌，学校竞技体育的开展，是向外界展示学校的窗口，是与外界联系的纽带。

第二节　大学体育的地位和作用

《全国普通高等学校体育课程教学指导纲要》明确指出：“高校体育课程是大学生以身体练习为主要手段，通过合理的体育教学和科学的体育锻炼过程，达到增强体质、增进健康和提高体育素养为主要目标的公共必修课程；是学校课程体系的重要组成部分；是高校学校体育工作的中心环节；是寓促进身心和谐发展、思想品德教育、文化科学教育、生活与体育技能教育于身体活动并有机结合的教育过程；是实施素质教育和培养全面发展的人才的重要途径。”学校体育是高等教育的重要组成部分，它肩负着培养德、智、体、美、劳全面发展的高级专门人才的历史使命。

一、大学体育的功能

（一）增强体质，增进健康，促进学生身心健康发展

学校根据大学阶段学生的生理和心理特点，有计划、有组织地进行体育教学和课外锻炼，可以改善人体的生理功能，帮助学生发展身体素质，保持和增进健康水平，使身体形态、机能和心理健康水平等各方面素质都得到全面、均衡的协调发展，增强人体对自然环境的适应能力和对疾病的抵抗能力，从而强健体魄、振奋精神，促进大学生的身体发育，使其顺利完成繁重的学习任务。

（二）增进交流，提高学生的适应能力与社交能力

大学生在紧张的学习生活中，需要健康、文明、和谐的课余文化生活，以适应大学生身心全面发展的需要。体育活动能够使大学校园充满活力和生机，其丰富多彩、形式多样的内容吸引广大学生参与和欣赏，通过参与各种体育活动，加强了学生与大自然的接触和与人的交往，可以开阔心胸、扩展视野、振奋精神、增长知识、增进友谊和加强交流，并能提高学生对环境的适应能力和社交能力。

（三）培养学生良好的思想道德和意志品质

高校的培养目标，归根结底就是要培养和造就一大批政治素质过硬、品质优良，具有扎实的科学文化知识和能力，具备强健体魄的全面发展的人才。大学教育始终把育人放在首位。体育是培养学生思想品德及完善个性的重要手段。体育活动的内容丰富多彩，结合不同项目的特点和要求，能够全面实现对学生思想品德和个性的培养。在体育活动中，严密的组织和严格的纪律都蕴含着生动的道德教育因素，有助于培养学生的自律精神，使学生能正确处理竞争和合作的关系，养成团结互助、遵守纪律、勇敢顽强的优良品质。通过体育教学培养学生良好的思想道德作风和顽强的意志品质，在知、情、意、行诸方面都有更高层次的追求，从而自觉确立文明、科学、健康的生活方式，促使学生在德、智、体、美、劳诸方面都得到全面发展。

（四）学习体育知识技能，培养学生终身体育意识和体育能力

大学体育旨在让学生掌握体育和卫生保健的基本知识、基本技术和基本技能，养成自觉锻炼身体的习惯，培养良好的体育意识，了解体育的基本规律，为终身体育打下良好的基础。大学体育不仅是在校期间的阶段性教育活动，而且要使学生在学校接受的体育教育受益终生，成为其生活的一部分。

（五）提高运动技术水平、培养高水平体育人才

大学体育在广泛开展群众性体育活动的基础上，应积极培养竞技体育人才。竞技运动具有重大的社会意义和政治作用，因而出现了前所未有的规模和声势。大学体育在适应现代体育发展的同时，其优越的师资力量、科研水平和体育设施，能够为国家培养优秀的体育运动人才，发展我国体育事业，探求体教融合的新思路。

二、大学体育的地位

大学体育是高等教育的重要组成部分，是以身体练习为主要手段，通过合理的理论教育

和科学的体育锻炼，达到增强体质、增进健康、提高体育文化素养为主要目标的必修课程。大学体育担负着培养身心健康的高级专门人才、发展我国体育事业、丰富课余文化生活、建设社会主义精神文明的重任。同时，大学体育作为我国学校体育的最高阶段，又是实现人们社会体育、终身体育的基础教育。因此，大学体育的地位不断得到提高，主要表现为以下几点。

（一）大学体育是高校全面发展教育的重要组成部分

全面发展教育，是指为促进受教育者的全面发展而实施的德育、智育、体育等多方面的教育。大学体育是全面发展教育的重要组成部分。大学是培养科技人才的基地，要造就健康、优秀的科技人才，就必须抓紧对大学生身心健康的基础教育。学校体育教育的目标应该从属学校的教育目标。大学体育在大学教育中的地位，是由大学体育的功能与社会发展对大学体育的要求所决定的。大学体育既是大学教育的重要内容，也是大学教育的重要手段。

整体素质的发展依赖于接受全面的教育，而人们健康的体魄和心理主要由大学体育教育来实现，缺少体育的教育将是不完整的教育。实践证明，体育在健全大学生体格、体能，提高其心理、社会适应能力及民族素质、促进大学生的全面发展中起着不可替代的作用，大学体育教育的价值和地位日益提高。

（二）大学体育是增进大学生身心健康的重要手段

大学生正处于青春期，从人体生理、心理的发展规律来看，其身心发展已进入一个较为成熟的阶段，并处在不断发展与完善之中。大学体育是全民体育的基础，不仅是学校全面教育的需要，更是增进大学生身心健康的需要。大学体育教育应抓住这个良好的契机，在教育过程中将增进学生身心健康放在首位，让学生了解健康的基本常识，掌握体育锻炼的基础知识、基本技术和技能，提高自身的运动能力，并养成良好的锻炼习惯，以促进大学生身心健康发展与自我完善。对于大学生来说，应牢牢树立健康意识，养成良好的体育习惯，努力全面提高自身体育素质，以获得良好的体能，形成良好的生活方式，这对增进身心健康和生活幸福等都具有深远的影响。

（三）大学体育是校园文化生活的重要组成部分

体育作为社会主义精神文明建设的重要手段，是文化建设的一项重要内容和思想建设的重要手段。大学生在紧张的学习生活中，需要健康、文明、和谐的课余文化生活，以适应身心全面发展的需要。重视校园体育活动的开展，通过丰富多彩、形式多样的体育内容，扩大校园体育教育空间，对引导学生文明健康生活，抵制精神污染，防止和纠正不良行为等，都具有十分重要的意义。

（四）大学体育是我国体育事业发展的需要

学校体育是国民体育的基础，发展高校体育是学校教育的需要，也是我国体育事业发展的需要。学校体育对增强民族体质，提高国民素质有深远的意义。大学生是祖国的未来，青少年学生这一代身体强壮了，就能使我国国民的体质一代胜过一代，从而逐步提高中华民族的体质水平。

学校体育对发现和培养体育后备人才，提高运动技术水平有着重要的意义。青少年是我国人口的重要组成部分，学校体育的发展程度，实际上已成为我国群众体育普及的重要标志。同时，学生在大学时期受到良好的体育教育，毕业后可以成为社会体育的骨干和指导员，从而推动我国体育的发展，更好地实施全民健身计划。

（五）大学体育为终身体育打下坚实的基础

体育已成为人类社会生活的重要内容，在文化、社交、社群认同、美育生活、心理建设以及民族凝聚力等领域，都具有重要的意义和作用。科技的发达，生产力和生活设施的日益自动化，客观上促进人们对体育的需要，主观上促进人们对回归自然的向往；参与体育运动，从中得到娱乐，接受熏陶、教育和锻炼，体育已成为现代人不可或缺的教育内容。

终身体育是指人们在一生中所进行的身体锻炼和参加的各种体育运动的总和。它是在现代终身教育思想促进下形成的。大学体育是学生接受体育教育的最后阶段，是人生的中间环节，具有承前启后的作用。大学时期受到良好的体育指导和培养，特别是对体育的本质与价值有积极和正确的认识，能使学生成为主动从事体育运动的实践者，从而为终身体育打下坚实的基础。

第三节　大学体育教学

大学体育的组织形式是实现高校体育目的的关键环节。根据《学校体育工作条例》《全国普通高等学校体育课程教学指导纲要》和《教育部关于进一步加强高等院校体育工作的意见》的要求，高校体育工作的主要组织形式有体育课程教学、课外体育活动、课余体育训练活动和课余体育竞赛。随着高校体育的不断改革和发展，体育课程的组织形式也在不断更新和完善。

一、体育课程教学

体育课程是学校体育工作的重要组成部分，在培养学生养成良好的体育习惯的过程中发挥着重要的作用。体育基础知识的学习、基础技能的掌握，体育兴趣的培养，体育态度的形成以及体育观念的树立，都是通过体育课程教学来实现的。体育课程是学校教学计划中所规定的必修课程，既是学校体育工作的中心环节，也是实现学校体育目标的基础和基本途径。体育课程教学分为体育理论课和体育实践课。

（一）体育理论课

体育理论课是根据教学计划，在室内讲授体育与卫生保健等基础理论知识的课程。体育理论课根据体育理论教材，按照教学计划和课时进度，系统地向学生传授体育科学知识和体育实践方法，加强学生对体育的理性认识和对体育文化内涵的深刻理解，使学生形成体育锻炼的意识，树立终身体育锻炼的思想。

（二）体育实践课

体育实践课教学是以身体练习为基本手段、以教师为主导、以学生为主体，专门开设的体育教学课程，是高校实现体育教育目标的基本组织形式。目前，我国高校提倡采用“三自主”教学模式开展大学体育课程教学。“三自主”教学模式是指学生可以自由选择上课时间、自由选择上课内容、自由选择上课教师。这对学生而言，选择性更加宽泛，更具有针对性，更有利于发挥其参与体育活动的主观能动性。

二、课外体育活动

课外体育活动是体育课的有益补充，是在时间和空间上的延伸和扩展，是高校体育课程的有机组成部分，由于体育课的时间有限，大力开展课外体育活动无疑是培养学生体育习惯的重要途径。

（一）早操

早操即清晨体育活动，是大学生合理作息制度的重要组成部分。清晨，学生按照个人的兴趣爱好，每天坚持20~30 min的晨练，一般可选择散步、健身跑、广播操、武术、太极拳等内容，运动量不宜过大，以免影响学习。学生坚持做早操，不仅是锻炼个人意志、养成良好生活习惯、促进身心健康的有效措施，而且是学生每天进行学习的一项准备活动。开展早操对于校风、学风建设，促进校园精神文明也有重要的意义。

（二）课间操

课间操是在课间休息时进行的时间较短的轻微活动。活动方式一般以散步操、太极拳等内容为主，时间以5~10 min较为适宜。通过课间操，可调节大脑，使之由抑制转为兴奋，消除静坐上课的脑力疲劳，使得学生在接下来的学习中保持充沛的精力。

（三）班级体育锻炼

班级体育锻炼，是大学生结束一天课程学习之后，以教学班为单位，分组、分项、定点进行的有目的、有计划、有组织的活动，以选择篮球、足球、羽毛球、排球、乒乓球等集体项目为宜。通过班级体育活动，可以增强学生体质、促进健康、陶冶情操和拓展视野，培养学生的集体主义精神。

（四）单项体育协会或单项体育运动俱乐部活动（社团活动）

体育协会或体育俱乐部是大学生根据自己的兴趣爱好，自主选择、自愿参加的课余体育组织。它是贯彻实施全民健身计划的重要组织形式，其职能是宣传、发动、组织、指导所属成员参与课余体育锻炼，协助学校体育行政部门和学生会体育部开展群众性体育活动及组织单项训练和竞赛，提高运动技术水平。其主要特征是社团和协会将体育作为开展活动的一项内容，把个体纳入社团和协会相对固定的计划安排内，实行“自主自律、自我管理、自我发展”的管理方式，通过定期的俱乐部活动提高社团和协会的凝聚力。

（五）体育文化节

体育文化节是在课外集中一段时间组织全校学生进行的体育活动。体育文化节的举办比较灵活，可以以一周或几天的时间，有目的、有计划地组织这一活动。体育文化节活动内容应该丰富多彩，适应大学生的兴趣爱好，既要生动活泼、富有趣味，又要兼顾知识性和教育性。在举办体育文化节前，要做好充分的准备和宣传工作，调动全体学生的积极性，在相对集中的一段时间内在校园中创造一种体育活动的热烈气氛。这对吸引更多的大学生自觉参与体育活动会产生良好的作用，也有利于丰富校园文化生活。

三、课余体育训练活动

课余体育运动训练是在群众性体育活动普及的基础上，对部分热爱体育运动、身体素质好又有专项运动特长的学生进行的系统体育训练过程，是贯彻普及与提高相结合的一项重要措施。

（一）兴趣运动训练队

学生只要身体素质好，有专项特长，兴趣浓厚，本人自愿，经过批准都可以参加兴趣运动训练队。项目设置一般根据学校的师资、场地设备、传统运动项目等条件来决定。训练的目的可以为参加校际比赛或上级组织的比赛，也可以不为参加任何比赛，而仅仅为了增强体质，提高运动技术水平。这种训练队常以单项协会或俱乐部的形式完成训练任务。在这种基础训练队中可以产生班队、年级队、系队、校队的优秀体育人才。

（二）学校代表队

学校代表队的目的主要是代表学校参加校级或上级组织的体育比赛，项目设置一般根据学校传统运动项目和上级比赛的竞赛规程来决定，其队数和每队的人数均比兴趣训练队的少。一般由运动技术水平较高、学习成绩合格、思想素质较好的学生组成。

（三）高水平运动队

高等院校办高水平的运动队是我国建立多层次、多渠道培养优秀运动员人才梯队建设的战略举措，旨在为我国培养更多的高水平运动员开辟一条新的途径，探索体教融和模式。目前，各高等院校根据学校实际，正致力于对局部高水平运动队的招生、学制及训练与管理进行探索与创新，为开创竞技体育人才输送渠道和扩大国际交往的需要，积极创造条件，使课余体育训练逐步走向科学化和系统化。

课余训练的目的是提高竞技运动水平，既为学校参加不同层次的比赛争取荣誉，又为学校培养了体育骨干，以便指导和推动群众性体育活动的开展。

四、课余体育竞赛

体育竞赛既可以培养学生的竞赛意识，又符合学生竞争心理的需求，所以体育竞赛是推动学校群众性体育活动开展的有效组织形式，能起到宣传、教育和鼓励的作用。通过运动竞赛这一形式，可以检查教学和训练的情况，总结和交流经验，也可以选拔体育人才。

在高等院校，运动竞赛分为校内和校外两大类，经常采用的形式有如下几种。

（一）学校运动会

高等院校通常在春季或秋季举行田径运动会。它的特点是项目多、规模大，能够较为全面地检查学校田径运动开展的情况，进一步推动该项运动的普及和提高。

（二）传统项目比赛

各校根据自身的实际情况，设置一项或几项传统项目长期开展比赛，如篮球、排球、越野跑、乒乓球、拔河、跳绳等。要求学生积极参加锻炼和训练，定期举行传统项目的比赛。

（三）对抗赛

对抗赛由不同的班级、院系，或者几个学校联合组织的比赛。目的在于互相学习，互相促进，交流经验，共同提高。它的特点是规模较小，便于在业余时间进行。

（四）友谊赛

友谊赛与邀请赛和对抗赛基本相同，只是在对象、水平、规则等方面不像对抗赛那样要求严格。

（五）测试赛

测试赛是为了达到一定的标准或者了解运动员进步情况而组织的比赛。

（六）选拔赛

选拔赛是为了组织某一项运动的运动队（或者代表队），而进行队员选拔的比赛。它可以是单项运动的选拔赛，也可以结合其他比赛同时进行选拔。

（七）表演赛

表演赛是为了宣传体育运动的意义和扩大影响，或者对要开展的项目做示范性介绍而举行的赛事，如武术、艺术体操、广播体操等。表演赛可以单独组织举行，或者在运动会中附带进行。

第四节　大学体育发展趋势

学校体育改革和《全国普通高等学校体育课程教学指导纲要》的颁布实施，有力推动了高校体育教学改革的深入发展，选项课教学在很大程度上满足了学生对体育的需求，选项课教育重视学生个性发展，激发了学生的学习积极性，培养了学生的体育兴趣，发展了学生的体育特长，为学生的终身体育意识打下了一个良好的基础。

一、大学体育课教学将逐渐走向个性化和特长化

选项课教学的开展为高校体育课教学走向个性化和特长化打下了基础。选项课教学尊重学生的兴趣爱好，承认学生的个体差异，重视学生的个性发展，《全国普通高等学校体育课程教学指导纲要》比较鲜明地反映了这一趋势。

（一）课程目标

大学体育与健康课程的目标按照学生身体发展水平的差异，分为基本目标与发展目标两个层次。基本目标是根据大多数学生的基本要求而定的，发展目标则针对少数学有所长和有余力的学生而定的。发展目标也可以成为大多数学生的努力目标。

（二）课程实施

目前高校体育开展的选项教学，是学生由选择上课内容，以适应学生对体育课教学的需求。

（三）教学评价

教学评价是对学习效果和过程的评价，主要包括体能和运动技能、认知、学习态度与行为、交往与合作精神、情意表现等，通过学生自评、互评和教师评定等方式进行。评价应该强化激励、发展功能，把学生的进步幅度纳入其中，也应加入课程思政评价指标。

二、大学体育的组织形式更加多样化

（一）各类体育社团的兴起

大学的体育社团是由学生自己组织、自己管理、自由参加的体育社团。一般由学生会出面发起组织，体育部给予支持和指导，大多以单项体育协会的形式出现。由学生制订协会规章制度，自愿参加，交纳一定的会费，民主选举管理人员，聘请指导教师，要求会员遵守协会的章程。

（二）体育俱乐部将成为高校体育的重要组织形式

为了适应大学生的不同体育需要，高校将根据自身的条件，组织多种多样的体育俱乐部。这些体育俱乐部大致可以分为两种类型：一是以发展学生体育特长和提高运动技术水平为目的的体育俱乐部；二是以健身、健美、娱乐为目的的体育俱乐部。学生可以根据自身情况选择参加。

（三）非正式体育群体的活动

非正式的体育群体，是指由学生自由组合而形成的体育群体。这种群体的组成，除体育兴趣外，还受到性别、性格、情感、体育基础等多种因素的影响，具有较强的凝聚力和主体意识，这种群体主要活跃在课外体育、校外体育和节假日体育中，其活动方式不受时间、人员、场地等限制，活动的随意性较大，可更加自主、自由地开展活动。同时这种非正式体育群体的活动也为高校体育注入了新的活力。

三、大学体育的活动方式将呈现多样化和小型化

随着高校课外体育活动的开展，学生可以根据自身的身体状况、爱好、兴趣等自主选择锻炼内容，自主确定锻炼的目标。因此，高校体育活动形式将呈现多样化和小型化。

四、大学体育课将由课内向课外延伸

课程教学指导纲要强调要“拓展课堂的时间和空间”，把课外体育俱乐部辅导、有组织的课外活动和训练纳入体育与健康课程，形成课内、课外相结合、相联系的课程体系结构。高校体育的重点不仅仅局限在课内，而应该向课外发展，充分利用课外时间和节假日，开展班级体育、郊游等活动，充分利用日光、空气、水、沙滩、田野、森林、山地、草原、雪原等自然环境开展体育活动。高校体育应改变原有模式，走向自然和社会，高校体育应该更加丰富多彩，更加生动活泼，更加能够满足广大同学的不同体育需求。

五、一些新兴的体育项目将在高校开展

随着社会的发展以及国力的增强，体育的硬件条件已经不再是限制大学体育发展的原因。同时社会竞争的加强要求高校体育在提高学生的心理素质方面做更多的工作，一些新的体育项目也在高校兴起，如攀岩、生存训练与拓展训练等。这些项目的开展对提高学生的心理素质、团体精神、生存能力和社会适应能力等具有良好的效果，因而这些活动项目受到在校大学生的认可和欢迎。

1. 谈谈您对大学体育的认识。
2. 怎样培养学生终身体育的意识？

第二章

体育文化

学习目标

知识目标

了解奥林匹克运动；掌握奥林匹克的体育精神（思政教育）和校园文化的价值。

能力目标

提高身心素质全面发展，培养现代意识。

素质目标

积极参加体育锻炼，促进身心健康、和谐发展，感受文化自信。

第一节　奥林匹克运动

一、奥林匹克运动概述

现代奥林匹克运动是国际奥林匹克委员会主办的世界综合性运动会，每4年一届，是世界上规模最大、水平最高的运动会。

（一）奥运会的由来

奥林匹克最早是古希腊的一种宗教仪式，后逐渐演变成体育活动。当时的比赛项目有五项全能（包含铁饼、标枪、跳远、赛跑和摔跤）、赛跑、拳击、摔跤、拳击角力（拳击和摔跤的混合运动）、四轮马车赛跑和骑马。希腊人于公元前776年规定每4年在奥林匹亚举办一次运动会。运动会举行期间，全希腊选手及附近黎民百姓相聚于奥林匹亚这个希腊南部的风景秀丽的小镇。公元前776年的古代奥林匹克运动会从此正式载入史册，成为古代奥运会的第1届。当时仅有一个比赛项目，即距离为192.27 m的场地跑，多利亚人克洛斯在比赛中取得了冠军。后来，古希腊运动会的规模逐渐扩大，并成为显示民族精神的盛会。比赛的优胜者获得月桂、野橄榄和棕榈编织的花环等。从公元前776年开始，到公元394年止，历经1 170年，共举行了293届古代奥运会。公元394年被罗马皇帝禁止。

1875—1881年，德国库蒂乌斯人在奥林匹克遗址发掘的出土文物，引起了全世界的兴趣。为此，法国教育家顾拜旦男爵认为，恢复古希腊奥运会的传统，对促进国际体育运动的发展有着十分重大的意义。在他的倡导与积极奔走下，1894年6月，在巴黎举行了首次国际体育大会。国际体育大会决定把世界性的综合体育运动会叫作奥林匹克运动会，并于1896年在雅典举行第1届现代奥运会，以后4年一次，轮流在各会员国举行。

从古奥运会到今天，奥林匹克运动已经走过了许多个世纪。不管世事如何变迁，不管举办地、参加选手等因素有何改变，奥林匹克的精神却始终没有改变："更快、更高、更强。"在今天，奥林匹克宗旨、奥林匹克主义和奥林匹克精神都已深入人心，代表着世界五大洲人民的奥运五环旗也始终飘扬在蔚蓝色的天空下。

（二）国际奥委会

1894年成立的国际奥委会是一个国际性的、非政府的、非营利的组织，是领导奥林匹克运动和决定一切有关问题的最高权力机构。它的总部设在瑞士的洛桑。国际奥委会设主席1人，副主席4人。主席从委员中选举产生，一般任期8年，连选可再任4年。

（三）奥运会的宗旨与原则

1. 奥林匹克运动会的宗旨

（1）以竞技运动为基础，促进人类身心的健全发展。

（2）通过运动竞赛方式教育青年，建立彼此的友谊和了解，以创造更幸福与和平的世界。

（3）在世界各地推广奥林匹克原则，以增进国际友谊。

（4）集合全世界的运动员，参加4年一度的奥林匹克运动会。

2. 奥林匹克运动会的基本原则

（1）届次及会期：每4年举行1次，自1896年首次在雅典举行第1届开始计算，若不能如期举办，届次照算，并不得延至另一年计算，这也是为了纪念古代奥运会遵守规律的循环及传统。

（2）公平竞争：奥运会的竞赛应公正与平等，更不容许因种族、宗教或政治等因素，而对任何国家奥委会或个人有所歧视。

（3）个人的竞赛：奥运会是个人及团队间的运动竞赛，而不是国家与国家间的竞赛，故国际奥委会仅公布运动员个人的名次及成绩，并不承认各国奥委会所得的团体积分或奖牌的累计等统计数字。

（4）凡因举办奥运会所得的任何盈余，均应使用于提倡奥林匹克活动或发展体育。

（5）国际奥委会对优胜运动员着重于荣誉表扬及精神鼓励，为比赛前3名获得者分别颁发金、银、铜奖牌，不再发给任何物质奖励，以符合奥林匹克精神。

（四）仪式与规定

1. 主要仪式

奥林匹克的主要仪式可分为开幕典礼、颁奖仪式、闭幕典礼。

2. 会旗、会徽

国际奥委会有自己的会旗。旗为白底无边，中央有五个相互套连的圆环，即奥林匹克环。环的颜色自左至右依次为蓝、黄、黑、绿、红（也可用单色绘制）。五环为奥林匹克会徽（见图 2-1）。

图 2-1　会徽

历届奥运会开幕式上都有会旗交接仪式。由上届奥运会主办城市的代表将会旗交给国际奥委会主席，主席再将会旗递交当届主办城市的市长，然后将旗帜保存在市府大楼 4 年再送交下一届主办城市。当届奥运会升在运动会主会场上空的旗帜是代用品。

奥林匹克宪章规定，“奥林匹克五环”是奥林匹克运动的象征，是国际奥委会的专用标志，未经国际奥委会许可，任何团体或个人不得将其用于广告或其他商业性活动。

3. 会歌

1958 年，国际奥委会在东京举行的第 55 次全会上，正式确定古希腊的《奥林匹克颂歌》为《奥林匹克会歌》，由希腊人萨马拉斯作曲，帕拉马斯作词。歌词内容如下：

古代不朽之神，美丽伟大而正直的圣洁之父，祈求降临尘世以彰显自己，让受人瞩目的英雄在这大地苍穹中，作为你荣耀的见证。

请照亮跑步、角力与投掷项目，这些全力以赴的崇高竞赛，把橄榄枝编成的花冠赠给优胜者，塑造出钢铁般的躯干。

溪谷、山岳、海洋与你相映生辉，犹如一块色彩斑斓的岩石建成这巨大的神殿，世界各地的人们都赶到这里，膜拜你。啊，永远不朽的古代之神。

4. 格言

奥林匹克格言也称为奥林匹克座右铭或口号，是奥林匹克运动宗旨之一。为了宣传奥林匹克精神、鼓励参赛运动员，由顾拜旦提议，1913 年经国际奥委会批准，将“更快、更高、更强”作为奥林匹克格言。

5. 信念

“参与比取胜更重要”是奥林匹克运动广为流传的名言，是奥林匹克的信念。这是顾拜旦于 1908 年，在伦敦举行第 4 届奥运会期间英国政府所举行的招待宴会上发表重要讲话时，所引用一位大主教的一段话：“对奥林匹克运动会来说，参与比取胜更重要。”

6. 誓词

在奥运会的开幕式上，由主办国最著名的运动员宣读誓词：“我以全体运动员的名义，保证为了体育的光荣和我们运动队的荣誉，将以真正的体育道德精神参加本届奥林匹克运动会，尊重并遵守指导运动会的各项规定。”

1968 年起，冬、夏季奥运会又增加了裁判员宣誓，由主办国推选一名裁判员宣读如下誓词："我代表全体裁判员和工作人员宣誓，我们在本届奥运会上，将以真正的体育精神尊重和遵守奥运会一切规则，公正无私地履行自己的职责。"

7. 火炬、圣火

在奥运会上，点燃圣火的仪式已成为开幕典礼的高潮所在。历届的奥运会、冬奥会筹备委员会均刻意办好奥林匹克圣火点燃仪式及奥运会火炬传递接力活动，并不断地翻新花样。同时，通过传播媒体告诉世人，奥运会即将到来。当火炬自奥运会发源地传递到开幕式的大会场上，在圣火台上点燃火焰时，全场观众在欢呼声与掌声中伴着兴奋而激动的情绪，拉开奥运的序幕。

8. 奥运会奖牌

奥运会奖牌分金、银、铜三种，奖牌为圆形，直径至少 60 mm，厚 3 mm，上有一女神像。

9. 奥运会举办期限

从 1932 年开始，国际奥委会规定，夏季奥运会的时间不得超过 16 天，冬季奥运会不得超过 12 天。

10. 现代奥运会运动竞赛项目的设置

为了使奥运会在项目的设置上符合世界体育运动的发展，国际奥委会规定，每一届夏季奥运会至少应包括下列大项目中的 15 个，才能举行。1963 年，国际奥委会确定了夏季奥运会大项目的比赛顺序：田径、游泳、摔跤、体操、举重、曲棍球、马术、击剑、赛艇、拳击、射击、现代五项、帆船、篮球、皮划艇、自行车、足球、排球、射箭、手球、柔道等 21 项。

1972—1984 年，奥运会比赛大项一直固定为 21 项。第 24 届奥运会则有历史性的突破，增加了乒乓球、网球两大项目，使夏季奥运会的大项目达 23 个，单项数达 237 个，其中男子占 151 个，女子占 72 个，男女混合项目为 14 个。

被列入奥运会正式比赛项目的批准条件：夏季奥运会男子项目至少要在四大洲 75 个国家广泛开展，女子项目至少要在三大洲 40 个国家广泛开展。

二、中国与奥林匹克运动

（一）早期历史——历尽沧桑，历史作证

中国与奥林匹克运动的联系最早可以追溯到 1894 年。当时，中国清政府曾经接到了希腊王储和近代奥运会发起人顾拜旦代表国际奥委会发出的邀请书，但由于昏庸的清政府不知"体育"为何物而未作答复。

1904 年，许多中国报刊曾报道过第 3 届奥运会消息。

1906 年，中国的一家杂志介绍了奥林匹克历史。

1907 年 10 月 24 日，著名教育家、中国奥委会第一任主席张伯苓先生在天津学界运动会颁奖仪式上，以奥林匹克为题发表了著名的演说。他指出，虽然许多亚洲国家获奖机会甚微，但仍然派出选手参加奥运会。他建议中国组队参加奥运会。

在 1908 年《天津青年》5 月号上，张伯苓先生又提出了 3 个问题：中国运动员何时参

加奥运会？中国运动员何时获得奥运奖牌或金牌？中国何时自己举办奥运会？

1910 年 10 月 18 日至 22 日，在“争取早日参加奥运会”和“争取早日在中国举办奥运会”口号的鼓舞下，在南京举办了中国历史上第一次全国运动会——全国学校区分队第一次体育同盟会。

1913 年开始举办的远东运动会（最初名为“远东奥林匹克运动会”），是奥林匹克运动在亚洲的先驱，中国是发起者之一。在远东运动会上中国运动员取得了较好的成绩，表现了良好的体育道德。

1915 年，国际奥委会致电远东运动会组委会，承认了远东体协，并邀请中国参加下一届奥运会和奥委会会议。

1922 年，我国的王正廷当选为国际奥委会委员。

1924 年，中华全国体育协进会成立，中国陆续加入了田径、游泳、体操、网球、举重、拳击、足球、篮球等 8 个国际单项体育联合会。在第 8 届奥运会上，我国 3 名选手参加了表演赛。

1928 年第 9 届奥运会上，我国派观察员宋如海参加并进行了考察工作。

1931 年，当时的中华全国体育协进会被国际奥委会承认为“中国奥林匹克委员会”，中国正式参加奥运会的历史由此开始。

1932 年，第 10 届奥运会在美国洛杉矶举行。中国本不想派选手参加，仅由全国体育协进会总干事沈嗣良前往观礼。而日本帝国主义扶持的伪满，为了骗取世界各国的承认，竟然电告国际奥委会：拟派刘长春、于希渭作为“满洲国”选手参加奥运会。举国一片哗然，刘长春也予以拒绝。在强大的舆论压力下，国民党政府决定，刘长春、于希渭作为运动员，宋君复为教练员，沈嗣良为领队，代表中国参加奥运会。在开幕式上，刘长春执旗前导，沈嗣良、宋君复以及中国留学生和美籍华人刘雪松、申国权、托平等 6 人组成了中国代表团。于希渭因日方阻挠破坏，未能成行。刘长春在 100 m、200 m 预赛中位于小组的第五、六名，未能取得决赛权，但他以我国第一位参加奥运会的选手而留名于中国奥运会史。1936 年，第 11 届奥运会在德国柏林举行。中国派出了 140 人组成的代表团，其中运动员 69 人，分别参加篮球、足球、游泳、田径、举重、拳击、自行车等 7 个项目的比赛。另外，还有 11 人组成的武术表演队和 34 人组成的体育考察团。其中篮球比赛胜了法国队，撑竿跳选手符宝卢取得复赛权。中国武术队的多次表演轰动了欧洲。

1945 年抗日战争胜利后，中国第一位国际奥委会委员王正廷和体育家袁敦礼、董守义等人提出请求第 15 届奥运会（1952 年）在中国举行，引起了国人的兴奋。

1948 年，第 14 届奥运会在英国伦敦举行。我国派出了 33 名男运动员参加了篮球、足球、田径、游泳和自行车等 5 个项目的比赛，但没有人进入决赛。奥运会结束后，代表团在当地华侨总会的帮助下，解决了路费，运动员才得以返回祖国。

1952 年，第 15 届奥运会在芬兰的赫尔辛基举行。中国正式接受邀请较晚，只派出了 40 人的代表团，可当代表团到达赫尔辛基时，比赛已接近尾声。虽然只有吴传玉参加了百米仰泳比赛，但五星红旗升起在赫尔辛基奥林匹克体育场，这是中国的骄傲。

1954 年在雅典举行的国际奥委会第 50 届全会上，国际奥委会以 23 票赞成 21 票反对通过决议，中华人民共和国奥委会在国际奥委会中的合法地位得到承认。但与此同时，在当时的国际奥委会主席美国人布伦戴奇为首的少数人操纵之下，却又将台湾所谓的“中华奥委会”继续保留在国际奥委会承认的成员名单上，搞“两个中国”。中国奥委会于 1958 年 8 月 19 日宣布断绝与国际奥委会的关系。

1956—1979 年，中国奥委会没有派代表参加奥运会。但是中国台北选手杨传在 1960 年罗马奥运会上夺取了十项全能比赛的银牌。他是第一位获得奥运会奖牌的中国运动员。1968 年在墨西哥城奥运会上，台北女选手纪政获得 80 m 栏铜牌，她是第一位获得奥运会奖牌的中国女子运动员。

（二）重返奥运——迂回抗争，重获尊重

中华人民共和国成立之后，尽管中国派出代表团首次参加了 1952 年赫尔辛基奥运会，但是在奥运会上还是出现了“一中一台、两个中国”的问题，为此，中国奥委会向国际奥委会发出抗议，要求解决这一问题。

1955 年 6 月，当时的中国奥委会副主席和秘书长荣高棠在国际奥运会执委会与各国奥委会联席会议上，正式向国际奥委会提出，允许台湾在国际奥委会中拥有合法地位是在搞“两个中国”，这是违法的，但是布伦戴奇却以“这是政治问题”为由，没有对中国的抗议进行任何表态。

与此同时，中国奥委会开始了第 16 届奥运会的备战工作，并向台湾发函，表示愿意提供一切帮助，希望台湾选派优秀的运动员来北京集训，以组建统一的代表团参加比赛。而国际奥委会依然在文件中不断使用“中国北京”的字样，更有甚者，布伦戴奇在给中国国际奥委会委员董守义的信中，竟然说台湾“不是中国的领土”。在国际奥委会的操作下，包括国际足联、国际田联、国际举联、国际泳联、国际篮联、国际射联、国际自联和国际摔联在内的国际单项体育联合会也承认了台湾所谓的合法地位。

为了维护中国领土的统一和完整，中国奥委会于 1958 年 8 月 19 日宣布断绝与国际奥委会的关系，并在 1958 年 6 月至 8 月，先后退出了 15 个国际单项体育组织。当时的中国国际奥委会委员董守义毅然辞去了国际奥委会委员的职务。

在以后的 20 余年里，中国都无法参加许多国际体育比赛。为了打破这层坚冰，中国团结第三世界的体育力量，开始了漫长的破冰之路。第一个突破是在 1962 年夏天。印度尼西亚举办第 4 届亚运会，拒绝了台湾以中华奥委会的名义参加。为此，一些国际单项体育联合会取消了印度尼西亚的会员资格，禁止其参加奥运会。面对这样的现实，印度尼西亚总统苏加诺提议，举办新兴力量运动（GANEFO）会。第 1 届新兴力量运动会于 1962 年 9 月在雅加达举行，来自亚洲、非洲、拉丁美洲和欧洲的 48 个国家和地区的 2 404 名运动员参加比赛，中国派出了一支自中华人民共和国成立以来至 1962 年规模最大的体育代表团参加比赛。在本次运动会上我国运动员创造了几项世界纪录。之后，在 1966 年 11 月，首届亚洲新兴力量运动会举行，此外，中国也承办了几个单项的新兴力量运动会。

第二个突破口是被广为流传的“乒乓外交”。由于“文化大革命”，中国没有参加第 29 届和第 30 届世界乒乓球锦标赛，我国在亚洲乒乓球联合会的位置被台湾占有。1972 年在中国、日本和朝鲜乒乓球协会的支持下，一个名叫“亚洲乒乓球联盟”的机构成立，在其中中华人民共和国拥有合法的席位。这是在“两个中国”的斗争中，中国赢得的又一大胜利。此时，中国与美国的关系也逐步得到改善。1970 年 10 月 25 日，美国总统尼克松通过巴基斯坦总统齐亚·哈克向中国领导人表达愿意与中国方面私下接触的愿望，并在不久后的一次外交宴会上，第一次称中国为“中华人民共和国”。到了 1971 年，中国已经在考虑如何与

美国改善关系。那么，以什么作为最好的媒介呢？

1971 年 3 月 28 日至 4 月 7 日，第 31 届世界乒乓球锦标赛在日本名古屋举行，于是中国有关领导人想到以此为契机扩大国际交流。中国领导人在一次特别会议上指出，尽管中国与日本还没有建交，但是我们可以派出代表团参加比赛。在名古屋，美国乒乓球运动员与中国运动员互相交换纪念品，而双方官员之间更是进行了充分的沟通。美国运动员表示，非常希望能够访问中国。这一些情况都直接反馈给了毛泽东主席。当该届世界锦标赛结束时，毛泽东主席决定立即邀请美国乒乓球队来北京访问。

同年的 4 月 17 日，周总理亲自在人民大会堂接见了来自美国、加拿大、哥伦比亚和尼日利亚的乒乓球运动员。就这样，乒乓球和体育为中美最后建交拉开了序幕，也为中国成功重返奥运会大家庭打下了基础。

作为“乒乓外交”的硕果，1972 年中国恢复了在联合国中的合法席位。同年，国际奥委会迎来了一位新主席——爱尔兰人基拉宁。国际奥委会意识到，应该尽快恢复中华人民共和国在国际奥委会中的合法地位，并必须妥善解决台湾问题。基拉宁和国际奥委会副主席萨马兰奇在 1977 年 9 月和 1978 年 4 月两次访问中国，对中国政府加深了了解。1979 年，中国奥委会向国际奥委会正式提出关于解决中国合法席位的建议。这一建议得到了包括国际奥委会主席基拉宁在内的大多数人的赞同。同年 11 月，国际奥委会以通信表决的方式让国际奥委会全体委员投票，结果以 62 票赞成，17 票反对，2 票弃权通过了国际奥委会执委会于 10 月 25 日在日本名古屋作出的有关恢复中华人民共和国在国际奥委会中的合法席位的决议。这一著名的《名古屋决议》指出：中国奥委会在参加奥运会时使用中华人民共和国的国旗和国歌，同时允许台湾作为中国的一个地方性组织在国际体育组织中占有席位，以“中国台北奥林匹克委员会”出现。

国际奥委会的这一决定，最终扫清了中国重返奥林匹克大家庭的障碍。从此，中国奥委会与国际奥委会建立了良好的、密切的合作关系。

（三）扬威奥运——零的突破，为国争光

中国在 1979 年重返奥运大家庭之后，就开始积极备战奥运会。

1980 年 2 月，在国际奥委会中恢复席位的中国体育代表团首次出现在奥运会赛场上——参加了第 13 届冬季奥运会。

1984 年，第 23 届奥运会在美国洛杉矶举行。中国有史以来第一次派出大型代表团参加这项体坛盛事。开赛第一天，射击选手许海峰在男子自选手枪慢射比赛中勇夺冠军，从而实现了中国在奥运会历史上金牌数为零的突破。在 2002 年盐湖城冬奥会上，中国女选手杨扬又为中国队实现了在冬季奥运会历史上金牌数为零的突破。回顾中国运动员参加奥运会的历史，细看他们的突破和取得的成绩，无疑是我国竞技体育的实力和水平提高的最好证明。从“东亚病夫”到世界冠军的变化中，我们见证了中国体育发生的翻天覆地的变化。

在中国体育健儿扬威奥运会赛场的同时，有多名中国人先后当选为国际奥委会委员。1981 年何振梁当选为国际奥委会委员，他还于 1989—1993 年担任国际奥委会副主席，并多次担任执委。1988 年起吴经国任国际奥委会委员，并担任中国台北奥委会副主席。尤其难能可贵的是吴先生怀着强烈的民族情感，排除“台独”势力的干扰，两次投下赞成票，为北京申奥成功做出了宝贵的贡献。1996 年当时的国际羽毛球联合会主席吕圣荣也以国际单项体育联合会主席的身份当选为中国第一位国际奥委会女委员。2000 年国家体育总局副局长于再清当选为国际奥委会委员，成为中国活跃在国际奥委会舞台上的又一个中坚力量。

2001 年香港奥委会主席霍震霆在国际奥委会第 112 次全会上当选为国际奥委会委员。他是继何振梁、于再清、吕圣荣和吴经国之后，第五位来自中国的国际奥委会委员。

中国重返奥运大家庭，参加奥运会和成功举办了 2008 年奥运会，标志着中国体育的又一次腾飞，同时也为奥林匹克运动注入了新的活力。

三、奥林匹克运动的体育精神

（一）奥林匹克运动的文化内涵

奥林匹克运动与文化的结合，特别是与精神文化的结合，是奥林匹克思想体系的基本立足点之一，也是奥林匹克运动的一个突出特征。在奥林匹克主义的表述中，文化被置于教育同等重要的地位。且不说现代奥林匹克运动会总伴随着盛大的博览会、艺术表演、观光旅游等文化形式，仅奥林匹克运动本身就闪烁着丰富的文化内涵，象征着世界和平、民族团结的五环标志，寓意人类追求光明、理想和不断奋斗进取的圣火传递，恢宏庄严、热情洋溢的开幕、闭幕仪式表演，运动员、裁判员的庄严宣誓，等等，无一不昭示人类的文明进步，展示着奥林匹克文化的繁荣。

正如学者所言：奥林匹克运动是一个以奥运会为主线，辐射、扩展而形成整体的社会文化现象。的确，奥林匹克运动已不仅仅是一种体育形式，它是融汇了人类各种文化形式的世界舞台。

（二）奥林匹克运动的教育实质

顾拜旦曾指出："没有竞技运动的协助，那么教育，尤其是民主的时代教育是不可能良好而完整的。"中国奥委会前主席何振梁指出："奥林匹克运动是从现代奥林匹克主义中诞生的一个规模宏大的社会活动，其目的在于通过组织没有任何歧视和符合奥林匹克精神的体育活动来教育青年，从而为建立一个更加和平、美好的世界做出贡献。"教育与文化构成了奥林匹克运动的内涵，贯穿于奥林匹克运动发展的始终，其中，奥林匹克主义的教育价值无疑是最为突出的。它丰富了奥林匹克运动的内容体系，弘扬了人类身心和谐发展的主题。顾拜旦对奥林匹克运动发展的健康轨迹和教育内涵给予了明确的态度，包含了如下几层含义：

（1）倡导人的身心全面均衡发展。

（2）倡导体育活动与文化和教育的有机融合。

（3）倡导人生不断进取的奋斗精神。

（4）倡导尊重社会公德，建立积极、健康的生活方式。

（三）奥林匹克运动对现代青少年的影响

1. 追求身心的全面和谐发展

人的全面和谐发展问题成为全人类的共识，成为一个民族的教育所为之奋斗的主线。奥林匹克主义正是把解决这一社会问题作为自己的基本立足点，希望通过奥林匹克运动来解决这一问题。在现代社会中，人的片面发展在很大程度上是由人们的生活方式造成的，因此，要使人的身心得到全面、均衡的发展，也必须从生活方式入手，通过切实可行的途径，改善人们的生活方式，从根本上解决问题。因此，奥林匹克主义明确地宣布它是一种"人生哲学"，旨在创造一种使人全面发展的"生活方式"。奥林匹克主义的中心思想是人的和谐发展，《奥林匹克宪章》明确指出："奥林匹克主义的宗旨是使体育运动为人的和谐发展服务，以促进建立一个维护人的尊严的、和平的社会。"可见，奥林匹克运动或体育运动是使人的身心得以全面和谐发展的有效途径，这是现代社会发展的需要，更是现代教育发展的需要。

2. 奥林匹克运动有助于培养大学生的现代意识

(1) 贵在过程的参与意识。"参与比取胜更重要"这句话，顾拜旦引用后还做了精辟的解释："生活中重要的不是凯旋而是奋斗，其精髓不是为了获胜，而是使人类变得更勇敢、更健壮、更谨慎和更落落大方。"它教育青少年应有"胜固可喜，败亦欣然"的豁达胸怀，领悟"生活的本质是奋斗而非索取"的人生真谛。

(2) 超越自我、超越他人的竞争意识。竞争无疑是21世纪社会发展的主旋律，是人类社会进步的基本形式之一。竞争意识无疑是21世纪人才所必须具备的重要心理品质之一。奥林匹克体育赛场的竞争和奋斗是人类奋斗的缩影。要想实现自己的理想，必须有超越自我、超越他人的进取精神，必须有坚忍不拔、百折不挠的奋斗精神，这种品质的培养对青少年在社会中的立足和成长具有长远的意义。

(3) 自律、自制的社会规范意识。奥林匹克运动为人类社会构筑了一个公平竞争的公正裁判、规范竞争的模式。这是一个平等的模式，是每一个人都能够接受的、乐于接受的模式。

奥林匹克运动的竞争绝不是无所约束、无所节制的竞争。它向人们展示人类社会应共同遵守的社会规范，展示人类追求正义、公正、平等、民主的社会理念，倡导人道、礼让的公平精神。尤其在市场经济下，公平、公正更是规范社会行为、维系社会安定、约束个人行为、促进社会繁荣的一个非常重要的原则，奥林匹克精神使青少年深深意识到任何竞争活动必须符合一定的规则，任何人的竞争必须具有一定的社会规范意识。

(4) 胸怀世界的全球化意识。奥林匹克运动的活动是持续性、全球性的，具有庞大的兼容性，较少受到狭隘民族和地域的局限。全世界不同国籍、不同肤色，不同语言、不同文化背景的人欢聚一堂，互相交往。只有具有全球化意识，人们才能跳出各自狭小民族的局限，去了解世界的博大宽广，领略各民族的神奇和伟大，才能以客观、公正的心态去看待一切事物，摈弃故步自封、唯我独尊。奥林匹克运动不仅仅是个体的需要，更是全人类的共同需求。当代青少年正处于一个日益开放的社会，更应时刻具有这种全球化意识，以充分的心理训练和思想准备，迎接来自社会乃至全球的挑战。

第二节 校园体育文化

高等学校是一个十分有特色的群体组合：有朝气蓬勃、风华正茂的莘莘学子，有德高望重的专家、学者，有丰富的图书信息资源，有较发达的传播媒体，还有多种学术团体、研究机构和学生社团等。这些共同构成了一个独特的，既依存于社会文化，又有着高层次文化水准，并具有相对完整的文化环境，蕴含着巨大的文化创造功能。学校有了体育，就有了体育文化，就营造出体育的氛围。校园体育文化是校园文化中一道独特的风景线，积极向上的校园体育文化有助于当代大学生身心健康、和谐发展。

一、校园体育文化内涵

校园体育文化是校园文化和体育文化两者相互影响、融合、渗透、促进而发展起来的，是在一定社会政治、经济、文化、教育、体育等条件依托下，由学校广大师生在实践过程中共同创造的体育精神和财富的总和。校园体育文化有着深刻的内涵和丰富的外延，首先，它与校园德育、智育、美育等文化一起构成了校园文化群；其次，它又与竞技体育、群众体育等共同组成了广大的体育文化群。从广义上讲，校园体育文化是学校广大师生员工在学校现存的环境中，在学校体育教育、学习和活动等过程中创造出来的物质与精神的所有内容。从狭义上说，校园体育文化是指在学校教学环境下，以学生为主体，以教师为主导，在各种体育活动中相互作用创造出来的学校文化形态之一，包括体育精神、体育的价值观念、体育道德和体育能力，是学校这一特殊社区的体育群体意识。学校体育文化是一个内涵广泛、系统开放的文化形式。这个系统大致可以分为三个层面：一是精神层面，居于主导地位，其中体育与健康的价值观是学校体育文化的本质和核心，决定了它的目标；二是制度、方法层面，这个层面既是学校体育的组织形式，也是学校体育意识的体现，包括体育教学、课余体育活动、体育科学研究、体育竞赛、体育协会、体育交流等全方位制度、方法的确立；三是物质层面，是学校体育文化的基础，也是客观物质的保障，包括校园的体育建筑、环境、场地、器材、用品和师资队伍等。

二、校园体育文化的功能

校园体育文化的功能，主要表现为传承体育文化，实施素质教育，培养学生终身体育意识和完成学校体育教学任务。在学校体育教育的实施过程中，向学生传授的并不只是文化内容，还包括许多相关联的体育文化要素，如体育健身文化、体育休闲文化、体育娱乐化、体育竞技文化等。这些相关的、多样的体育文化，是学校体育教育的有机组成部分，它们在实施体育教育过程中相互依存、相互促进、相辅相成，并根据不同的教育对象、教材重点，进行不同的目标教育。校园体育文化是营造学校人文气息和文化氛围不可缺少的内容，是推动校园文化发展的最有力的手段。校园体育文化的传承，主要是系统地传授体育文化体系，通过学校体育教育获得的理论在实践中应用的能力，发展学生的合作能力，崇尚公平竞争、团结协作的体育道德风尚，培养尊重自己、尊重他人、自强不息、顽强拼搏的意志品质，营造健康向上、积极进取的校园体育文化氛围，为广大学生提供展示自己才华和特长的平台。更为重要的是，通过丰富多彩的体育文化娱乐活动和体育比赛，提高广大学生的体育人文素质，增强广大学生的参与意识，促进学生人格的完善和情感、态度价值观的形成。

校园体育文化作为一种社会文化，是学校在长期的体育教育实践过程中逐步形成的，是在广大师生直接参与和精心培育下发展起来的。体育植根于学校，并在学校开花、结果。中国体育的一面旗帜——体育教育家马约翰在清华大学耕耘几十年，他的体育实践深深地影响了清华学子，清华优良的体育传统影响了一代又一代的清华人。至今，马约翰的塑像屹立在清华园，与“为祖国健康工作 50 年”的口号一起，成为清华人奋斗精神的象征。

三、校园体育文化的价值

我国体育文化的发展以中华人民共和国成立初期毛主席提出的“发展体育运动，增强人民体质”作为一贯的出发点，这是对我国体育发展具有终极性的一元价值判断，它指导着我国体育的发展。自改革开放以来，尤其是构建社会主义和谐社会的提出，体育文化从不同的视角展示它的多维价值。从“增强人民体质”到“奋力拼搏，为国争光”，直至现在提出的“体育社会化、体育生活化、终身体育化”，反映了人们对体育文化价值的认识不断深入。体育文化的价值和功能不在于直接提高物质生产，促进社会经济增长，而在于提高人的人文素质，培育民族精神，提高人的思想道德和审美素质，使人更加社会化、人性化，从而促进人的全面、协调发展和社会整体的进步。因此，在构建和谐社会进程中，校园体育文化的价值体现为激励价值、竞争价值、人文价值、健康价值、审美价值和品牌价值。

（一）激励价值

精神生活往往需要理性、信仰和情感的满足。体育的激励作用常表现为参加体育运动时外界对内心的激励，从而导致人由内而外的积极情绪抒发。不论是 1981 年中国男排战胜韩国男排时，北京大学学生喊出的“团结起来，振兴中华”的口号，还是中国女排取得“五连冠”的丰功伟绩；不论是雅典奥运会上刘翔的历史性突破，还是中国残奥会代表团的坚忍不拔的突出表现，无不体现了中华民族强烈的集体荣誉感、爱国主义、自强不息的民族精神，这些都极大地激励了广大青少年学生的爱国热情和为实现中华民族伟大复兴的责任感。

（二）竞争价值

21 世纪的全球化浪潮，使整个社会充满竞争，对人提出了更高的要求，既要求树立广泛参与意识，更要求强化竞争、挑战意识。体育文化通过体育竞赛和体育锻炼等形式，提高广大学生的竞争意识，培养学生勇于克服困难、挑战自我、超越自我的精神品质，对个人的成才和提高国家竞争力都具有重要的意义。

（三）人文价值

体育文化是一种关爱人的文化，它维护人的尊严，促进人的全面发展。是否崇尚体育锻炼是社会文明程度的标志之一。西方发达国家的公民普遍积极、自觉地参加体育锻炼，健身、跑步等运动在西方人的日常生活中占有重要的地位，这不仅使他们普遍具有强壮的体质，而且也带给他们良好的处世心态。残疾人运动会等特殊竞技比赛更显示体育对弱势群体独特的人文关怀。在校园体育运动中，同学之间互帮互助、团结协作，无不体现人性的温暖和集体的力量，使学生在参与校园体育文化活动中实现了人格的完善。校园体育文化的人文价值主要包括三个方面的内容：一是“以人为本”，就是在体育运动中必须拥有作为集体概念的人类和作为独立的个人的尊严，提倡对人的尊重和积极健康的生活哲学，促进建立一个维护人的尊严的和平社会；二是人的全面发展，是指学生能够通过体育运动达到身心全面、协调的发展；三是学生通过体育运动铸就个人的文化品格，展现强健的体魄、良好的心态和文明的言行。

（四）健康价值

校园体育文化中的行为文化，是指以身体运动为基本表现形式，由它构成的体育锻炼过程，给予人体各器官、系统一定量和强度的刺激，使机体在形态结构、生理功能等方面产生一系列的适应性反应，从而对机体产生积极的影响，有效增强体质，提高健康水平。通过体育锻炼还有助于调节心理，减轻学生的学习压力，释放不良情绪，舒缓紧张的神经，使人心情愉快，满足师生和员工精神文化生活的需求。此外，还可以培养集体主义精神，锻炼坚强的意志，增进友谊与合作，提高对社会和自然环境的适应能力，促进身心和谐、健康发展。

（五）审美价值

体育与美自古就紧密相连，古代的奥运会就是展现健美身体的最好场所，并为我们留下了许多表现运动员英姿健美的艺术珍品。体育运动是由人体现美的沃土、美的矿源，在体育运动中蕴藏着大量的美的因素，蕴含了许多人类社会共同追求的东西。这就是在体育运动中表现的“真、善、美”。正如现代奥运会创始人、法国著名的教育家顾拜旦 1912 年在《体育颂》中所说：“体育就是美，体育就是正义，体育就是勇气，体育就是进步，体育就是和平。”体育之美就像其他艺术品之美一样打动人心。体育之美不仅是指娴熟和美丽的动作，更是指背后振奋心灵的力量。大卫雕塑显示了体育背后人类身体力量强健之美；奥运五环展现了体育背后人类追求团结、和平之美；熊熊火炬点亮了体育背后人类自强不息之美。

（六）品牌价值

体育也是一个重要的品牌，它的影响超越国界，它的品牌效应不可估量。体育名师、冠军、学生和优秀运动队，都是学校的无形资产，也是学校的巨大精神财富。延续一百多年的英国剑桥和牛津两校的划船对抗赛、美国大学的职业篮球赛，都是体育品牌和体育精神通过学校发扬光大的，它使校友对母校产生巨大的凝聚力和自豪感，也使学校的品牌得到弘扬。同时，它吸引了更多的名师和人才的加盟，使这些学校的无形资产变成有形资产，成为学校的巨大财富。

四、参与校园体育活动

（一）体育课

体育课是大多数大学生参与校园体育活动的重要途径。教育部 2002 年颁布的《全国普通高等学校体育课程教学指导纲要》规定，普通高等学校的一、二年级必须开设体育课程（四学期共计 144 学时，高职高专院校四学期 108 学时）。修满规定学分、达到基本要求是学生毕业、获得学位的必要条件之一。普通高等学校对三年级以上学生（包括研究生）开设体育选修课。因此，对绝大多数大学生来说，体育课是大学体育学习的基本形式。

体育课的具体实施办法可以根据高等学校教育的总体要求和体育课程的自身规律面向全体学生开设多种类型的体育课程，可以打破原有系别、班级建制，重新组合上课，以满足不同层次、不同水平、不同兴趣学生的需要。对部分身体异常和病、残、弱及个别高龄等特殊群体的学生，可以开设以康复、保健为主的体育课程。

（二）体育俱乐部

体育俱乐部是欧美各国大学中比较流行的一种体育组织形式。20 世纪 80 年代以来，我国大学体育受世界大学体育思想和高等学校体育管理模式的影响，体育俱乐部研究作为高校体育改革具有标志性的课题悄然兴起，受到了极大的关注。进入 20 世纪 90 年代，高校体育俱乐部作为一项牵动学校体育整体改革的研究，呈现多样化的局面。在我国，大学体育俱乐部主要有三种形式：课内体育俱乐部、课外体育俱乐部和课内与课外相结合的体育俱乐部。

大学体育俱乐部在参与形式、学习方式、文化氛围、生活方式等方面都接近大众体育，贴近家庭和社会生活，于无形中给大学生注入了闲暇体育思想和终身体育思想。闲暇体育的生活气息、生活方式、兴趣指向、行为养成等，在有效地增进大学生身心健康的同时，对学生体育意识、行为、能力的培养起着积极的促进作用。因此，大学体育俱乐部的形式得到了当代大学生的普遍认可，呈现良好的发展态势。

随着体育社会化、市场化的发展，体育的娱乐、健身、社会交往等功能逐渐被人们所认识，高校学生参与体育运动的积极性不断提高。学生通过参加体育俱乐部的活动，不仅在运动技能和身体素质方面得到了提高，而且自身运动积极性的提高和在体育俱乐部与同学交往的增加，使得学生在心理品质和社交能力方面也得到了发展。大学体育俱乐部的建立还能使课外活动变成学生自我管理、自我服务、健康有序的体育活动时空，有利于满足在校大学生健身、娱乐的要求。

体育社团迅速发展是大学体育发展的一个普遍趋向。随着社会的不断发展，学校育人观念的转变加快，体育消费和体育需求增强，追求体育健身与娱乐已成为当代大学生的时尚。原来体育课及课外活动等组织形式已不能满足学生的体育需求，大学校园体育社团应运而生。它一般是由学校团委、学生处、学生会牵头，学生自愿参加、自由活动、自我管理的一种群众性团体，拥有独立自主的决策权，依靠大学生的兴趣自发组织各种有意义的体育活动，并产生广泛积极的影响。

随着我国社会的不断进步，人们生活水平的提高、休闲时间的增加以及体育娱乐健身意识的加强，校园体育社团的队伍将会变得越来越壮大，同时也促进校园文化的发展，成为高校大学生校园文化的重要阵地。

（三）课余运动竞赛

课余运动竞赛是指在课余时间，以争取优胜为主要目的，以运动项目为内容，根据规则的要求，进行个人或集体的体力、技艺、心理的相互较量的体育活动。在世界各国绝大多数的大学校园中，基本上每年都举行各种各样的课余运动竞赛，如校田径运动会、班级或院系篮球赛、足球赛、排球赛、羽毛球赛等。每四年一届的全国大学生运动会是对我国各大学体育运动技术水平的检阅，在每四年一届的世界大学生运动会上，来自世界各国的大学生在运动场上奋勇拼搏，体现了当代大学生努力进取的精神风貌。

（四）体育节

体育节常以“体育周”和“体育日”两种形式出现。

由于体育节的具体目标、内容、时间、动作方式都必须根据举办学校的性质、学生特点、校园环境、场地器材等实际情况而定，所以不可能存在统一的、固定不变的体育节结构，但其基本结构，即构成体育节的各个组成部分和顺序的划分，则具有相对稳定的模式，通常按开幕式、节日主体活动、闭幕式三大部分的顺序进行。而每个部分的具体内容和安排方式则完全取决于举办学校，具有明显的选择性与可变性。各校可充分发挥自身的特色和优势，把体育节办得多姿多彩、生动活泼。

思考题

1. 谈谈您对奥林匹克运动的认识。
2. 奥林匹克运动的体育精神是什么？
3. 校园文化的价值是什么？

第 二 篇

体育与健康

第三章

健康、体能与体育锻炼

学习目标

知识目标

了解健康、体能的概念；了解体育锻炼的作用；掌握体育锻炼的原则。

能力目标

学会简单的体育锻炼的自我监控。

素质目标

积极参与体育锻炼，促进身体全面发展，增进健康，领会体育锻炼的精神。

第一节　健康概述

世界卫生组织（WHO）早在1948年就在《组织法》中指出："健康不仅仅是没有疾病或不虚弱，而是身体的、精神的健康和社会适应幸福的一种完美状态。"这是人类在战胜危害健康的躯体和心灵疾病后，在总结近代医学成果后，对健康认识的一次飞跃。随着人类社会的发展，经济和科学技术及生活水平的变化，人们对健康内涵的认识也在不断变化。最近几年来，有人主张把"道德健康"也纳入健康的标准，每个人不仅要对自己的健康负有责任，还要对全人类的健康承担义务，人们不但不能随便地伤害自己的躯体和心灵，更不应该有对他人健康和社会有害的行为。也就是说，一个人只有在躯体、心理、社会适应良好和道德健康四个方面都很健全，才是完全健康的人，这是世界卫生组织发布的健康定义。

第二节 体能的类别

一、体能的概念

体能是通过力量、速度、耐力、协调、柔韧、灵敏等运动素质显现人体基本的运动能力，是运动员竞技能力的重要构成因素。体能水平的高低与人体的形态学特征以及人体的功能特征有着密切的相关。人体的形态学特征是其体能的质构性基础，人体的功能特征是其体能的生物功能性基础。体能以增进健康和提高基本活动能力为目标，竞技运动体能以追求在竞技比赛中创造优异运动成绩所需的体能为目标。

体能词汇由来：“体能”一词最早源于美国。从广义上讲，它是指人体适应外界环境的能力。在英文文献中，常被用于表达身体对某种事物的适应能力。德国人称其为工作能力，法国人称其为身体耐力，日本人称其为体力；中国香港地区和台湾地区的学者将其翻译为“体适能”，并得到华语流行国家和地区体育学术界的认可。

1984 年中国出版的《体育词典》认为，体能是人体各器官系统功能在体育活动中表现出来的能力。

1992 年出版的《教练员训练指南》认为，运动素质又称体能，它是指运动员机体在运动时所表现的能力。体能包括力量、速度、耐力、柔韧和灵敏。

2000 年出版的体育院校通用教材《运动训练学》认为，体能是指运动员机体的基本运动能力，是运动员竞技能力的重要构成部分。体能是由身体形态、身体功能和运动素质组成。

2002 年出版的体育院校函授教材《运动训练学》认为，体能（身体竞技能力）是运动员竞技能力总体结构中的最重要结构之一，它是指运动员为提高运动技战术水平和创造优异运动成绩所必需的各种身体运动能力的综合，包括运动员的身体形态、身体功能、身体健康和运动素质。

二、体能分类

中国台湾学者龚忆琳（1995 年）认为，体（适）能可分为竞技体（适）能和健康体（适）能。竞技体（适）能即运动体能，特指运动员为追求在竞技比赛中创造优异的运动成绩所需的体（适）能。健康体（适）能是为促进健康、预防疾病和增进日常生活工作效率所需的体（适）能，包括心肺耐力适能、肌力适能、肌耐力适能、柔韧性适能、适当的体脂肪百分比。

中国学者熊斗寅认为，体能分为大体能和小体能。大体能泛指身体能力，包括身体运动能力、身体适应能力、身体功能状态和各种身体素质。小体能是指运动训练中的体能训练和体能性项目训练。王兴认为，体能是体力与专项运动能力的统称。体力包括身体素质与潜力，身体素质特指专项身体素质；专项运动能力是指在对抗或与比赛相似的情境下，掌握各种技术的能力。

综上所述，体（适）能是人体对环境适应过程所表现的综合能力。体能包括两个层次：健康体能和竞技运动体能。

三、健康体能

健康体能以增进健康和提高基本活动能力为目标，竞技运动体能以追求在竞技比赛中创造优异运动成绩所需体能为目标。体（适）能的最高层次是机体对竞技运动的适应能力，运动训练是对人体极限能力的开发，要想创造优异的运动成绩，必须将影响运动成绩发挥的各种机体适应能力进行综合性训练，并将其调整到最佳状态。

四、运动体能

竞技体育领域所讨论的体能，特指运动体能，运动训练界习惯将之简称为体能。运动体能是运动员为提高运动技术水平和创造优异运动成绩所必需的身体各种运动能力的总称。它是运动员的机体对外界刺激或外界环境适应过程所表现出来的综合能力，与人的运动能力有关，与人体适应能力有关，与人的心理因素（主要是意志力）有关。

第三节　体育锻炼的作用

在人类的社会实践活动中，体育对人的全面发展和社会的发展产生了特殊作用。科学和实践早已证明，体育运动是促进人体发育，增强体质，增进健康，促进人体形态健美，陶冶人们情操，丰富文化生活的主要手段和方法，对振奋民族精神，增强民族自信心和凝聚力，提高国民素质有着积极的促进作用。

一、体育的健身功能

体育运动是通过身体活动的方式进行的，它要求人体直接参与活动，这决定了体育所具有的健身功能。

（一）体育运动促进身体全面发展

人的生长速度呈波浪式不均衡地增长，既有阶段性的快速增长，也有连续性的缓慢增长。人到25岁左右骨骼基本不再增长，而肌肉到30岁才发育完成，由此可见，人体的生长发育在不同的年龄阶段有着不同的特点。从不同年龄人体新陈代谢的不同特征来看，人体总的生长、发育与发展规律是不可改变的，但变化的速度是可以调节和控制的，即通过体育锻炼可促进机体的新陈代谢，有助于机体的健康发育和成长，同时，避免疾病和畸形的产生。因此，积极参与体育运动，既能增强体质，也能对身体的健康成长与全面发展有显著的促进作用。

（二）体育运动提高身体机能水平

人体是一个完整、统一的有机体，各器官和系统相互制约、相互促进。因此，经常参加体育运动，能促进各器官和系统功能水平的提高。

1. 运动系统

体育运动是在运动系统——骨骼、关节和肌肉的协调工作下共同完成的，并在完成动作的同时锻炼了运动系统的各个部分。经常参加体育运动，能使骨松质和骨密质排列得更加合理有序，促进骨骼生长；还能提高骨骼的抗断、抗弯曲、抗压缩和抗扭转能力，以承担人体在运动中或劳动中更大的负荷，也使关节的弹性、柔韧性、灵活性大大提高。在体育运动过程中，肌肉工作加强，血液供应增加，加大了机体新陈代谢的能力，使肌纤维增粗，肌群体积增大，肌肉会变得粗壮、结实、有力，防止多余的脂肪堆积。

2. 血液循环系统

血液在血管中按一定方向，周而复始地流动而形成血液循环，完成体内的物质运输，保证机体代谢不断进行。体育运动时，心脏的工作量相应增加，耗氧量也增加，使心肌的供氧功能得到提高，从而心脏的供氧环境得到改善，心肌纤维变粗，心壁增厚，使心脏的收缩更加有力，脉搏输出量增大。经常参加体育运动，使心肌的收缩能力加强，心脏的容量增大，在同样耗氧的情况下，经常参加体育锻炼者的心脏能够用较少的输血次数来满足身体的需要，这样就节省了心脏的跳动次数，使心脏得到充分的休息。所以，经常参加体育运动，能够使心脏很快适应身体的耗氧需要，心跳频率能及时加快和恢复，以提高心脏的适应性，减少心肌疲劳。此外，体育运动能促使血管壁的弹性增加，对血管硬化和高血压疾病有防治作用。

3. 呼吸系统

呼吸运动是在胸廓、呼吸肌、膈肌、腹肌等节律性收缩和放松状态产生的压力下完成的。经常参加体育运动，能使这些肌肉得到锻炼而发达有力，胸围增大，能更好地进行呼吸运动，改善呼吸功能。由于呼吸有力，吸气量增大，使得呼吸频率相对减少，这既能保证肺有足够的通气量供应人体活动的需要，又能使呼吸肌得到很好的休息。另外，经常参加体育运动的人能够容易地发动平时不使用的肺泡，从而增加肺活量，保证了人体活动时的供氧需要。

4. 神经系统

人体各器官系统的功能都直接或间接处于神经系统的调节和控制下，神经系统是人体的指挥部。体育运动项目的技术越是复杂，对抗性越强，对神经系统的要求也越高，因而对神经系统的锻炼效果也就越大。这是因为人体在运动时，各种外部信息经过传导束传入中枢神经（大脑），然后传出命令，使动作协调准确，提高了人的综合反应能力。因此，经常参加体育运动，对神经系统的反应能力和协调能力会有较大的促进作用。

（三）体育运动增进人体健康

人们对健康的理解，往往认为身体没病或身体外表健壮就为健康，世界卫生组织对人体健康提出了以下 10 条标准：

（1）有足够充沛的精力，能从容不迫地应付日常生活和工作的压力，而不感到过分紧张。

（2）处事乐观，态度积极，乐于承担责任，不挑剔任何事物的巨细。

（3）善于休息，睡眠良好。

（4）应变能力强，能适应环境的各种变化。

(5) 能够抵抗一般感冒和传染病。

(6) 体重得当，身材匀称，站立时头、肩、臂的位置应该协调。

(7) 眼睛明亮、反应敏锐、眼睑不发炎。

(8) 牙齿清洁、无空洞、无痛感、齿龈颜色正常，没有出血现象。

(9) 头发有光泽，无头皮屑。

(10) 肌肉、皮肤富有弹性，走路感到轻松。

积极参加各种体育运动，能很轻松地对健康身体 10 条标准的直观表现有显著的提高。随着社会的发展，科技的进步，饮食结构的改善，后天因素对人体健康的影响越来越大。经常参加体育锻炼的人不仅在形体发育、身体素质方面，而且在健康水平和适应自然环境的能力上也大为提高。

(四) 体育运动可以延缓衰老

衰老是人体发展的自然规律，不可抗拒，人体功能一般在 40 岁以后开始缓慢减退。但是，可以通过体育运动推迟人衰老的时间。正如国际运动医学联合会主席普罗科普所说："不锻炼的人，30 岁后身体功能就开始下降，到 55 岁时，身体功能只相当于他健康时的三分之一，经常锻炼的人到 45 岁，身体功能还相当稳定，当他 60 岁的时候，心血管系统的功能相当于二三十岁不锻炼的人。" 近现代科学已经证明，生命在于运动。所以，体育运动被视为理想的保健方式和延缓衰老的方法，已为人们广泛采用。

二、体育的娱乐功能

随着生产力的发展和劳动效率的不断提高，人们的余暇时间逐渐增多，以身体活动为主的身体娱乐较其他的娱乐方式具有"双重功效"，适度的身体娱乐活动，既健身又悦心。丰富多彩、健康文明的余暇生活，不仅可以使人们在繁重的学习、工作、劳动之后获得积极休息，而且还可以陶冶情操，增进身心健康，培养高尚的品质。

体育运动以健身性、娱乐性和社交性，成为人们余暇生活的一个重要选择，也起到了丰富文化生活，满足精神需要的作用。人们通过体育运动，特别是参加那些自己喜欢和擅长的体育项目，在身体活动的过程中，在与同伴的默契配合中，在与对手的斗智斗勇中，在超越自我的过程中，都可得到非常美好的情感，让自尊心和自信心得到满足，心理上的自豪感油然而生。例如，跑步能使人有条不紊，勇往直前；打球能使人机智、灵活、豁达；气功可使人悠然自得，乐在其中。可见，体育运动能让人们在紧张的工作之余，松弛紧张神经，调节心理，获得积极的休息，这不仅有助于消除疲劳，而且也是一种精神上的享受。

第四节 体育锻炼的基本原则

一、体育锻炼的基本原则

(一) 自觉、主动原则

体育锻炼过程中必须通过多种方式和手段使参与者形成一种内在的、积极的体育锻炼心理需求，产生内在激励机制和外在行为机制。体育改造人体，要求人必须克服自身的惰性，而强制、被动地参与体育锻炼只能在短期内产生积极影响，难以持久。

（二）循序渐进原则

体育锻炼要按照一定的步骤逐步深入。一方面，体育锻炼和学习过程类似，都是由浅入深、由易到难的过程，不能越级；另一方面，人的生理功能有自身的阶段性特征。在锻炼过程中，必需依据人体的基本规律以及生理功能变化发展的阶段性特征，合理地安排锻炼行为和运动负荷，通过科学合理的安排，逐步打破人体原有的内在平衡，逐步实现由量变到质变的过程。

（三）持之以恒原则

体育锻炼对人体的积极改造，不是一朝一夕就能实现的，而且，人体功能受“用进废退”的自然法则约束，已有的锻炼效果如果不继续强化巩固就会慢慢消退。无论从锻炼行为、锻炼意识还是健身效果的保持来看，都必须持之以恒。

（四）全面锻炼原则

人的构成既有生理层面，也有心理和社会层面。单从生理层面看，人体的形态、功能以及各器官系统的功能都是相互影响的负载系统。体育锻炼要从各方面对人加以改造，因改造对象的多样性，而要求改造方法的多样性和改造过程的全面性。

（五）具体针对原则

在体育锻炼中，我们必需根据参与者个体的体质基础、身体功能状况、健康水平、体育文化素养、所处环境等综合考虑选择适宜的锻炼方法，安排锻炼内容，确立运动负荷，使体育锻炼做到因人而异、因地制宜。

二、体育锻炼须知

（一）忌在强光下锻炼

中午前后，烈日当空，气温最高。除游泳外，忌在此时锻炼，谨防中暑。夏季阳光中紫外线特别强烈，人体皮肤长时间照射，可发生Ⅰ°～Ⅱ°灼伤。紫外线还可以透过皮肤、骨头，辐射到脑膜、视网膜，使大脑和眼球受损伤。

（二）忌锻炼时间过长

一次锻炼时间不宜过长，一般以20～30 min为宜，以免出汗过多，体温上升过高而引起中暑。如果一次锻炼时间较长，可在中间安排1～2次休息。

（三）忌锻炼后大量饮水

夏季锻炼出汗多，如这时大量饮水，会给血液循环系统、消化系统，特别是心脏增加负担。同时，饮水会使出汗更多，盐分进一步丢失，从而引起痉挛、抽筋等症状。

（四）忌锻炼后立即洗冷水澡

夏季锻炼体内热量增加快，皮肤的毛细血管也大量扩张便于身体散热。突然过冷的刺激会使体表已开放的毛孔突然关闭，造成身体内脏器官紊乱，大脑体温调节中枢失常，而致病。

（五）忌锻炼后大量吃冷饮

体育锻炼可使大量血液涌向肌肉和体表，而消化系统则处于相对贫血状态。大量的冷饮不仅降低了胃的温度，而且也冲淡了胃液，轻则可引起消化不良，重则会导致急性胃炎。

（六）忌锻炼后以体温烘衣

夏季运动汗液分泌较多，甚至衣服几乎全部湿透，有些年轻人自恃体格健壮常懒于更换汗衣，极易引起风湿病或关节炎。

第五节　体育锻炼的自我监控

体育锻炼的自我监控：是指在运动中运动量应根据个体情况予以适当的控制，既要达到运动的目标，又要将运动的风险降到最小程度。运动中除可以利用心率等指标进行监控外，还可以依据个体的感觉来判定运动量。

运动量适当：运动后有微汗，轻度的肌肉酸疼，休息后即可恢复；次日精力充沛，有运动欲望，食欲和睡眠良好。

运动量过大：运动后大汗淋漓，胸闷、气喘、易激动、不思饮食；脉搏在运动后 15 min 尚未恢复常态；次日周身乏力，酸疼，应及时调整运动量。

运动量不足：运动后身体无发热感，无汗；脉搏无任何变化或在 2 min 内很快恢复。这些都说明运动量不足，不会产生运动效果。为了保证运动疗法的顺利进行，一般宜从低运动量开始。

一般采用心率监控运动强度，心率可以帮助了解和控制体育锻炼过程中的运动强度，它可以准确地告诉锻炼者运动强度是需要增加还是减少。为了掌握体育锻炼运动强度是否合理，应当准确测量运动中的心率。测试运动中心率的方法：运动结束后 5 s 内测量心率，测量 10 s 的心率再乘 6，作为运动 1 min 的心率。

靶心率：是指能获得最佳效果并能确保安全的运动心率，也称运动适宜心率。在体育锻炼中常用它来调节运动负荷。下列公式可以帮助锻炼者计算靶心率：靶心率 = 最大心率×60%至最大心率×85%。其下限为健身锻炼的有效界限，上限为安全界限（成年人靶心率的上限为最大心率×80%）。靶心率为人们提供了运动时安全有效的心率范围，学会依据靶心率来调控和指导自己体育锻炼时的运动强度。

危险信号：在训练的过程中，一定要注意一些危险信号。如果发生以下任何一种情况，即使只出现一次，也要停止运动，在咨询医生之后，才可以恢复运动。

心脏不正常。这包括不规则的心脏快速跳动，或者心悸和突然的心跳，或者在正常心跳之后出现很慢的心率（这可能发生在运动中或运动后）；胸、手臂或喉咙感到疼痛或压力，这可能在运动中或运动后发生；眩晕，突然丧失协调、神志迷乱、出冷汗、目光呆滞，面色苍白、忧郁或者昏厥。出现上述这些情况，要停止运动，也不要做放松运动，应躺下并抬高脚，或者坐下把头放在双腿之间，直到症状消失。

另外值得特别提示的是：有心脏病、肾衰竭、气胸、糖尿病、身体特别肥胖的人不适合剧烈运动，容易发生猝死。这些人适宜散步、八段锦、太极拳、金刚功、瑜伽、垂钓等运动。

思考题

1. 健康和体能的概念分别是什么？
2. 体育锻炼有哪些作用？
3. 体育锻炼的原则和注意事项分别是什么？
4. 体育锻炼中如何进行自我监控？

第四章

职业体能与体育锻炼

学习目标

知识目标

熟悉职业体能的相关概念；了解不同职业的身心锻炼。

能力目标

学会职业体能的锻炼方法。

素质目标

根据不同的职业，选择合适的锻炼方法，以提高工作效率。

第一节　体育与职业

一、体能概述

体能锻炼是人们为了发展身体素质做出的主动选择，以各种肢体运动为外部特征的方法进行身体锻炼的过程。在这里，体能锻炼主要是指身体运动能力的锻炼，不包括适应能力部分。因此，体能锻炼主要包括力量、速度、耐力、柔韧和灵敏五种身体素质的锻炼。

（一）力量素质

力量素质是人的身体或身体某些部分用力的能力，或是指肌肉在人体活动中克服内部和外部阻力的能力。作为各运动项目的基础，不同项目有不同的特点，所以对力量素质的要求也不同。

在运动锻炼的实践中，按体育运动中不同项目对力量素质的要求，将力量素质分为最大力量、速度力量和力量耐力三种。

最大力量是指肌肉通过最大随意收缩克服阻力时所表现的最高力量。

速度力量即快速力量，是指肌肉快速发挥力量的能力，是力量与速度的有机结合。

力量耐力是指人在克服一定外部阻力时，能坚持尽可能长的时间或重复尽可能多的次数的能力。力量耐力又可以分为动力性耐力和静力性耐力。动力性耐力主要表现在田径、游泳、球类、体操等项目，而静力性耐力主要表现在射击、射箭、摔跤和支撑性运动项目中。

（二）速度素质

速度素质是指人体进行快速运动的能力。它包括三个方面，即对各种刺激快速反应的能力，快速完成动作的能力，快速通过某一距离的能力。速度作为人体的基本素质之一，在体能锻炼中占有重要的地位。

速度素质按照不同的表现形式，可分为反应速度、动作速度和位移速度。

（三）耐力素质

耐力素质是指人体在较长的时间内，保持特定强度负荷或动作质量的能力。耐力素质的发展水平是由练习者机体的能量潜力和具体运动项目所要求机体的适应能力、技战术效果、心理素质来决定的。

耐力素质一般常见的有速度耐力、力量耐力、一般耐力等。

（1）速度耐力是指人体保持高速运动的能力。

（2）力量耐力是指人体在承担大负荷状态下能坚持较长时间的能力。

（3）一般耐力是指人体在中等负荷状态下连续工作的能力。如长距离的走、跑，长时间从事某一项体力劳动或运动。

这三种耐力不仅外在表现不同，它们所依赖的生理基础也有差异。速度耐力的生理基础主要是运动神经系统的灵活性，力量耐力的生理基础是肌肉的抗疲劳能力，而一般耐力则主要取决于人的呼吸、循环系统的功能。因此，想要发展不同的耐力也必须采用不同的方法。发展速度耐力时，一般要在人的体力充沛的时候进行，并要强调长时间保持高速运动的能力；发展力量耐力时，要采用使肌肉承受较大负荷的锻炼手段。如连续举起适宜的哑铃、连续做俯卧撑或引体向上等；发展一般耐力的重点是延长锻炼的时间，如长跑、爬山等。

（四）柔韧素质

柔韧素质是指人体关节部位向不同方向活动的能力以及肌肉、韧带的伸展能力。柔韧素质作为提高运动技能的主要影响因素之一，其的好坏取决于以下三个方面：①关节解剖学构造；②肌肉和韧带的弹性；③肌肉和韧带所处的状态。关节解剖学的构造存在个体差异，并直接影响柔韧素质的表现，这是人们无法通过自身努力所能改变的。肌肉和韧带的弹性体现在它们的伸展能力上，这可以通过锻炼得到改变和提高，最好在运动前先活动热身，再做柔韧素质的运动锻炼，效果明显。

（五）灵敏素质

灵敏素质是指在外界条件突然改变的时候，身体能迅速调动有关运动关节准备做出反应动作的能力。在各项身体素质中，灵敏素质是一种高级素质，可称得上是“身体素质之王”。它是在力量、速度、耐力和柔韧等素质最佳组合发挥的基础上表现的一种素质，它可以协调全身来准确而高效地完成某一动作。

在运动训练实践中，灵敏素质可以分为一般灵敏素质和专项灵敏素质。

一般灵敏素质是指人在各种活动中，在突然变换的条件下，迅速、合理、准确地完成各种动作的能力，它是专项灵敏素质发展的基础。

二、职业体能的概述

体能又称体适能，是指身体各部位或各系统对突发状况的应变能力，包括的范围较广，如速度、反应、耐力、肌力、平衡性、柔软性、协调性和敏捷性等。

职业体能是与职业（劳动）有关的身体素质以及对不良的劳动环境条件的耐受力和适应能力，是经过特定的工作能力分析后所需具备的身体活动能力，包括重复性操作能力、背肌承载静态力的能力、其他肌肉群能达到维持工作姿势要求的能力以及人体对工作环境的忍耐程度等能力。

一方面，高职院校的体育具有普通高校体育的共性，即要完成增强学生体质，提高学生身体素质，培养良好的品质与健康的心理行为、习惯的任务；另一方面，高职院校的培养目标不同于普通高校，其教育教学具有定向性、实用操作性及专业性的特点，因此高职院校的体育具有其个性，即要为职业的特点服务。充分认识体育与职业教育的相互关系，使高职院校在完成一般普通教育内容的基础上，适当开展职业体能训练，促进学生职业技能、体能的提高，更好地体现高职院校体育的特色，是当前高职院校体育面临的新课题。

三、职业与职业体能

高校专业性较强，实际操作较多，各专业特点迥异，因此在实施体育教育过程中要有针对性，结合不同专业的生产实践特点有所侧重地进行教学和训练活动。高校的专业大体分为以下类别：计算机、通信、电子工程类，汽车、机械类，航运、船舶、水利与港口管理类，车工、铣工、切削工、钻工、焊工类，木工、瓦工、粉刷、印刷、油漆工类，食品、酒店餐饮、物管类，旅游、环艺、广告、服装设计类，金融、税务、电算会计类，商场、物业管理、城市园林类及医务护理类等。高校各类专业学生除了具备共同的体质、体能外，针对其专业特点还应有特殊的要求即职业体能。

第二节　职业体能与体育锻炼

一、对计算机、通信、电子工程类的要求

发展一般性耐力素质，注重手指的协调性、动作的准确性、触觉的敏感性、注意力的专注意识及反应的速度。

可选择有氧类健身项目进行锻炼。如 1 000 m 健身跑，跳绳，俯卧体后屈，传接球练习，排球上手传球，乒乓球抓、捡、拍球等。

二、对汽车、机械类的要求

发展上肢和下肢的协调性、上肢和肩带肌肉群的静止性耐力，培养反应能力和注意的转

换能力。可选择哑铃、拉力器、健身、骑马、加速运球和听信号急停、左右手同时运篮球、短跑听信号的专门性练习等。如有条件可模拟驾驶电动汽车、飞机、摩托车等。体操吊环项目对此类专业的上肢力量的发展大有益处。

三、对航运、船舶、水利与港口管理类的要求

这些专业的特点是跟江、河、湖、海中的水打交道，有必要侧重培训和发展学生自由驾驭水的能力，如游泳、潜泳、划船及水上救生技能等，同时要有适应风浪较强的平衡能力和抗晕眩的能力。

可选择秋千、浪木、轮滑、吊环、走钢丝、蹦床、水球、跳水等项目。

四、对车工、铣工、切削工、钻工、焊工类的要求

发展肩带肌、躯干肌和脚掌肌的力量，注意平衡能力、下肢静立的耐力和上肢的协调、准确性、目测力、注意力的专注性。可选择重物投准、射击、射箭、乒乓球、台球、单杠、双杠等项目进行锻炼。

五、对木工、瓦工、粉刷、印刷、油漆工类的要求

多发展上肢伸举力量的练习，以提高前庭的稳定性、身体动作的灵敏性、高空作业的能力及保持平衡的能力。可选择推铅球、实心球、手倒立、爬绳、爬竿、平衡木、跳马等项目进行锻炼。此外，负重和对抗性的练习及技巧项目的训练也不可忽视。

六、对食品、酒店餐饮、物管类的要求

多发展一般耐力性的体育素质项目及体育礼仪性的训练，对体育营养学要有一定的研究，懂得烟酒是运动的毒药的道理以及运动前喝糖水，运动后补充盐，酒后不宜运动等常识。可选择健身跑、持拍托球跑、跨栏、独木桥平衡等体育项目锻炼，以及提高平衡能力。

七、对旅游、环艺、广告、服装设计类的要求

发展一般耐力性素质，可选择郊游远足、景点观光、体育欣赏、艺术体操、健身操等项目进行练习。对运动服装品牌要有一定的了解，以丰富艺术想象力，为职业体育特点不是很强的专业提供良好的思维空间、促进职业发展。

八、对金融、税务、电算会计类的要求

多发展小肌肉群力量训练，达到能快速反应、沉着、冷静、长时间保持较高的注意力的目的。可选择棋类和桥牌项目、乒乓球和各类训练反应的体育游戏，此外对比赛计时、查分的项目规则要了解和掌握，以充分培养周密、细致的处事方式。

九、对商场、物业管理、城市园林类的要求

发展一般的耐力素质和下肢力量，对各种体育器材性能了解并能进行相应的维修，了解

社区体育场地的规格并能进行科学的管理。同时，具有一定的体育组织能力。可选择竞走、中长跑类项目进行锻炼。

十、对医务护理类的要求

可开展一些锻炼心智的项目，如棋类、桥牌等棋艺项目，同时要了解运动生理和心理学方面的相关知识。

第三节　职业身心素质练习

职业体能锻炼项目是根据不同专业特点进行不同身体训练的体能行为和本领，它包括平衡能力、攀爬能力、蹬越能力等。在高校中开设职业体能锻炼课程，对学生职业体能的提高有促进价值，对学生将来从事相关的职业有帮助。

一、职业体能项目

职业体能项目包括独木桥、壕沟、翻越墙、低空区、九曲桥、跳跃、索道、攀爬等。

二、基本技术

（一）平衡类

平衡能力在很多专业中都能得到应用，不仅要求相关专业人士需要具备这种能力，如航运、酒店管理、旅游等。而且一般人群在生活中也应具备这种能力，如过小溪，走、踩石桥或独木桥，走山路，跨石阶，踩、走软桥、钢丝绳等都需要一定的平衡能力。下面以过小溪为例，介绍其技术特点。

（1）单脚（左脚），踩准，另一只脚准确、果断地跟上，重心在前，双手两侧平举。

（2）过小溪时，平稳踩准行走或慢跑通过。

（3）过小溪弯曲处时，双手两侧半屈臂，低头含胸，两眼看准前行落脚点，前脚掌着地，屈体行走，随着身体稍向左或右方转动。

（4）行走软路时，前脚掌内侧踩住，重心稍前倾，屈膝含胸，双臂体侧半屈。

（二）攀爬类

攀爬是人类的一项基本活动能力，如爬山、爬绳、爬竿、爬墙、翻越障碍、爬越深沟等。每项攀爬活动都有一定的技巧性，在体育实践中，应努力掌握攀爬的技巧，这样定会大大提高职业体能本领。

（1）爬越深沟时，两手抓住坑上坚固物体，在用力跳起的同时，两臂撑起，以提高重心。

（2）爬越石墙或板墙等障碍物时，助跑要果断加速；跃起时，两手抓住顶端，身体侧倒，单脚高抬向上搭顶端，挂住身体后，用力滚上翻越。

（3）爬绳、横爬软绳时，两手屈臂引体，两脚踝关节交叉系绳，身体放松。

（三）职业体能锻炼组合训练

组合训练要求根据不同类别的情况进行不同动作能力的操练。在保证独立完成的基础上，配合协作共同完成多个项目的操练，看谁速度快，不失足，共同完成不同类型的极限考验。

（1）独木桥，第一步要踩踏准确，重心前移，后脚跟紧，双手侧屈。

（2）攀爬翻越时，两臂上，同时两脚蹬地上跳抬腿出坑。

（3）翻越板墙时，助跑，起跳，两手扶抓墙顶的同时出脚，搭定后横轴翻滚越过。

（4）爬越软绳时，两手握绳，依次前行，两脚交叉夹紧软绳，仰卧要放松，身体蠕动向前。

（四）实战演练

组员按照事先分好的小组分别站在各自的跑道上，听见信号后从起点开始出发，依次完成上述各项练习，并将信物交给下一个组员，当全部人员完成后，以最后一个组员到达的时间计算，按照时间决定组的名次，以用时最少的小组为优胜组。

（1）独木桥：组员必须从独木桥上经过到达对面下个项目，在通过的过程中如果从桥上掉下，组员要重新开始。

（2）战壕：队员必须跳下壕沟，并独自从壕沟翻上来。

（3）翻越墙：在通过翻越墙的时候，两名组员可以互相帮助，但不能从墙边绕过。

（4）九曲桥：凡从桥上掉下的组员，必须从桥头重新开始。

（5）低空区：必须从低空区爬越过去，不能触网或从两边绕行。

（6）跳跃区：必须从地下跳到台阶上面，不允许直接跳过。

（7）索道：完成索道项目时，必须独自完成，不允许借助他人的帮助，从索道上掉下的必须从头开始。过索道时要求头在前，脚在后。

思考题

1. 体能包括哪些？
2. 怎样针对不同的职业进行体育锻炼？

第五章 体育锻炼与心理健康

学习目标

知识目标

了解大学生心理发展特点；熟悉大学生心理健康标准。

能力目标

认识体育锻炼对大学生心理发展的作用。

素质目标

积极参加体育锻炼，培养健康的心理状态。

第一节　大学生心理发展特点

一、个体心理发展与人的成熟条件

心理发展是指个体从出生、成熟、衰老直至死亡的整个生命进程中所发生的一系列积极的心理变化。个体心理发展具有四个基本特征，分别是连续性与阶段性，定向性与顺序性，不平衡性，差异性。

人的成熟应具备的三个基本条件，首先，身体的成长是以个体生理发育成熟为标志的，其中是以性成熟为重要指标。大学生一般都具备这一条件。其次，心理发展完善，也就是形成自我概念和稳定的个性。最后，社会化程度提高，以人的社会生活适应性的成熟为标志，即个体对自己在社会中所处的角色身份及所承担的社会责任有正确的认识。

上述三个条件中，生理成熟是心理成熟的物质基础，社会成熟是心理成熟的必要条件，而社会化程度的提高，取决于个体的社会实践活动。

二、大学生心理发展的年龄特征

我国大学生多数处于青年期（18~24 岁），在这一年龄阶段，其心理发展具有以下几个显著特征：

（1）大学生的认知发展，均已达到比较成熟的水平。

（2）大学生的情感和意志的发展，也已达到较高水平而接近成熟。大学生朝气蓬勃，勇往直前，珍视友情，向往美好的爱情，道德、理智和美感等高级的社会性情感趋于成熟，并在情绪生活中占主导地位。然而，大学生的情感发展并没有达到真正成熟，仍然存在一些明显的弱点或缺陷。如情绪的波动性与情境性，情绪表现的外显性与内隐性的矛盾冲突，爱情方面的烦恼等。

（3）大学生个性品质的发展方面，自我意识和自我教育能力显著增强，理想明确而富有社会意义，性格的发展进入塑造定型的关键时期。

三、大学生心理发展的阶段特点

（1）入学适应阶段。新生入学将面临一系列的急剧转变，学习环境、生活环境、人际关系、学习方式等都发生了变化，需要重新调整心态以维护心理平衡。

（2）稳定发展阶段。基本适应了大学生活，新的心理平衡初步建立。但是，也会遇到许多新问题、新情况，要求不断地做出抉择。这是一个充分展示大学生极强的可塑性，体现每个人按自身独特的方式塑造自我的时期。

（3）就业准备阶段。大学生活即将结束，职业生涯就要开始，既要用心完成毕业设计以证明自己大学时代的专业收获，又要面对毕业去向与出路的寻觅和选择，需要做出艰难而谨慎的抉择，有的同学还要考虑恋人关系的处理等。因此，这是一个心理负担加重、心理冲突纷扰的困难时期，它全面考验和促进大学生的心理素质的成熟。

四、大学生心理素质发展的主要矛盾

当代大学生心理发展具有强烈的时代特征，这一时期也是他们心理发展水平正在迅速走向成熟的过渡时期，使得大学生的心理发展呈现鲜明的年龄特征。这些都构成了当代大学生心理素质的复杂性、丰富性和多样性。

现阶段在大学生心理素质发展的过程中，主要表现在以下几个方面：矛盾性、自主性与依赖性共存，自豪感和自卑感互相出现，情感封闭和交往需要相悖，理想和现实的冲突，性心理成熟和性心理滞后的矛盾。

第二节　大学生心理健康标准

大学生心理健康的标准可以概括为满意的心境、和谐的人际关系、坚强的意志；良好的个性等。

（1）满意的心境是一种自我感觉良好的状态，心理健康的人无论处于顺境或逆境，都能够随遇而安，积极地寻找生活的乐趣，发现生活的光明面，满意的心境主要来源于较高的精神修养，它与人生态度和价值观有很大的关系。具有满意心境的人往往具有一定的幽默感，幽默感可以调节情绪、放松精神、减轻焦虑、保持愉快的心情和氛围。

（2）和谐的人际关系是心理健康的重要因素，大学生的成长不是一个封闭的过程，而是一个开放的社会运动过程，每个大学生都要与其他社会成员之间建立联系，最终成为一个社会人。

心理健康的大学生乐于与他人交往，对集体有一种安危与共的情感；与同学和老师和睦相处，融洽共事，并通过积极的人际交往得到思想和认识上的收获和心理上的良好调节。

（3）坚强的意志是人们取得事业成功的先决心理条件之一。凡事总会遇到各种各样意想不到的困难，只有克服了各种苦难的人才可能到达辉煌的顶点。大学生中有许多人在生活中碰到困难就退却，遇到挫折就逃避，这不利于他们成长。

（4）良好的个性是成才的重要心理因素。人才的类型、人才的层次、人才能够达到的最高境界等都与人的个性有很大关系。良好的个性是获得众多朋友的基础，是人际和谐、家庭幸福的基本条件，同时个性良好的人也是最能够善待自己、完善自我的人，不仅在道德上，而且在自我发展上，个性良好的人较易得到和谐发展；而个性不良的人则完全相反，在走向成功的途中会有更多的坎坷，不仅获得成功比较难，而且即使取得了成功，也不一定能够获得幸福。因此大学生心理健康与不健康是一个连续谱，具有相对性，心理健康与不健康之间并没有一条绝对的分界线，而是处于连续过渡、不断变化的状态。

第三节　体育锻炼对大学生心理发展的影响

一、体育锻炼项目与心理健康的关系

心理健康主要指认知功能、情感功能、意志与人格等方面，大量资料证明体育活动与心理健康有关。体育锻炼对大学生心理健康的主要影响：有效提高大学生的心理健康水平，有助于对抑郁、焦虑、人际关系敏感等症状的改善。锻炼者参与不同的锻炼项目所获得的心理效益是不相同的。

就具体项目而言，三大球和集体性项目对抑郁的改善较明显，而传统体育项目如太极、导引术等对改善焦虑的效果更好。具有明显的趣味性、娱乐性和竞技性的项目符合学生天真好动、积极向上的心理，很受学生的喜爱。经常参加这些集体活动能培养学生的集体主义精神，对缓解焦虑和孤独倾向有明显的改善。

科学合理的体育锻炼方法，即选择不同的锻炼项目、强度，运动量、时间来进行体育锻炼，是可以促进大学生心理健康的。但必须注意：大学生体育活动心理效应的强度不仅受到现实社会环境的影响，而且还受到个体因素的制约。

二、体育锻炼运动负荷与心理健康的关系

适当的体育活动可以提升心情，过度运动可能产生心理紊乱。有规律运动也易导致运动

依赖。运动负荷包括运动量和强度两个方面，而运动量又包括运动时间和次数。大多数研究认为，要获得锻炼的心理效益，运动量以中等为宜。体育锻炼科学合理的关键就是运动量的适宜。

思考题

1. 大学生心理发展有哪些特点？
2. 体育锻炼对大学生心理健康的影响是什么？举例说明。
3. 大学生心理健康的标准是什么？

第六章 体育锻炼中运动损伤的预防与处理

学习目标

知识目标

了解运动损伤的概念和意义；熟悉运动损伤的预防方法。

能力目标

学会常见的运动损伤的急救方法。

素质目标

认知运动损伤发生的原因，熟悉运动损伤的急救原则，能够处理一般的运动性损伤，并且重视预防运动损伤。

第一节 运动损伤概述

运动损伤是在运动过程当中出现的运动系统损伤。运动损伤分为开放性损伤和闭合性损伤。在体育锻炼中常见的开放性损伤有擦伤、裂伤、切伤、刺伤和开放性骨折等。但是现在临床上或者在医疗上所指的运动损伤一般都不是因运动导致的骨伤、半月板、肩关节的肩袖、滑膜这些损伤，这些都属于软组织损伤。如果出现了骨折、一些严重的骨折、严重暴力的骨折，一般不称为运动损伤。常见的闭合性损伤有肌肉韧带拉伤、撕裂、关节脱位、筋膜、肌腱、腱鞘、关节囊的损伤以及闭合性骨折。

第二节　常见运动损伤的急救原则

一、现场急救的原则

运动损伤的现场急救是一项十分复杂的技术。急救者要充分发挥救死扶伤的精神，既要临危不惧，又要正确判断，其急救原则如下。

（一）抓住主要矛盾

现场急救比较复杂，如果同时出现多种损伤，必须抓住主要矛盾进行急救。如发现休克，应先抗休克，以针刺人中、内关穴，然后再做其他损伤的处理。

（二）分工明确、判断准确

急救人员必须分工明确，并具有高度的责任感和救死扶伤的崇高品德，有条不紊地实施抢救；要有熟练、正确的救治技术和丰富的临场经验。

（三）快抢、快救、快运转

发扬救死扶伤精神，急救时必须分秒必争，当机立断，切勿犹豫，延误时机。待抢救有效后，尽快转送医院，做进一步治疗。在运送途中，应保持患者平稳、安静，消除其紧张情绪，必要时继续进行人工呼吸。

二、现场急救的方法

（一）止血法

1. 冷敷法

冷敷可以使血管收缩，减少局部充血，降低组织温度，抑制神经感觉，从而有止血、止痛和减轻局部肿胀的作用。冷敷止血法常用于急性闭合性软组织损伤。最简单的方法是用冷水冲洗或用毛巾敷于伤处，有条件的可使用复方氯乙烷气雾剂喷射。

2. 抬高伤肢法

抬高伤肢，可使伤处血压降低，血流量减少，以起到减少出血的作用。采用加压包扎后，仍应注意抬高伤肢。

3. 压迫法

压迫法可分为指压法、止血带法、包扎法等。

（1）指压法包括直接指压法和间接指压法两种。直接指压法，即用指腹直接压迫出血部位。但由于手指直接触及伤口，容易引起感染，所以最好敷上消毒纱布后进行指压。注意应压迫在出血动脉靠近心脏的血管处，以阻断血流。

（2）止血带法。临时止血常用的止血带有皮管、皮带、布条、毛巾等。实施止血带法时，先将患肢抬高，然后在患处上方敷扎止血。敷扎时最好加垫，以防敷扎太紧，造成肢体组织坏死。

(3) 包扎法。包扎法主要有绑带包扎法、环形包扎法、螺旋形包扎法、反折螺旋形包扎法、“8”字形包扎法和三角巾包扎法等。

(二) 搬运法

伤员经过现场急救处理后，应将其迅速、安全地送到宿舍休息或医院治疗。

1. 扶持法

急救者让伤员的一臂搭扶在自己的颈肩上，并拉握其手部，另一只手扶挽住伤员腰部。此法适用于神志清醒、伤情较轻、自己基本能步行的伤员。

2. 抱托法

急救者一手抱托住伤员的背部，另一只手托住其大腿及膝窝处，将伤员抱起，伤员的一臂搭扶在急救者肩上。此法适用于神志清醒，但身体虚弱的伤员。

3. 椅托法

两名急救者相对，用同侧的手相互握住对方的前臂，另一只手相互搭在对方的肩上，像一把椅子，让伤员坐在“椅架”上，伤员的两臂分别搭在急救者的肩上。

4. 人抱法

3 人站在同一方向，将伤员托抱起来，并协调地行走，此法适用于体力严重衰弱和神志不清的伤员。

5. 担架法

可用特制的担架运送，或把门板、凳子作为代用品。

6. 车辆运送法

在车辆运送途中应防止震动和颠簸。

(三) 人工呼吸法

人工呼吸法有举臂压胸法、仰卧心脏胸外挤压法、俯卧压背法、口对口呼吸法等。其中以口对口呼吸法和仰卧心脏胸外挤压法效果最好。

1. 口对口人工呼吸法

实施口对口人工呼吸时将患者仰卧，头部后仰，托起下颌，捏住鼻孔，压住环状软骨(即食道管)，防止空气吹入胃中，急救者随即深吸一口气，两口相对，将大口气吹入患者口中，吹气后将捏鼻子的手松开。如此反复进行。吹气频率每分钟为 16~18 次，直至患者恢复自主呼吸为止。

2. 心脏胸外挤压法

患者取仰卧位，急救者两手上下重叠，用掌根置于患者的胸骨下半段处，借助于体重和肩臂力量，均匀而有节律地向下施加压力，将胸壁下压 3~4 cm 为度，然后迅速将手松开，胸壁自然弹回。如此反复进行，每分钟以 60~80 次的节律进行，直至恢复心脏跳动为止。

三、常见运动损伤处理方法

（一）肌肉拉伤

1. 受伤表现

肌肉因主动收缩或被动拉长所造成的肌肉细微损伤，肌肉部分撕裂或者完全撕裂称为肌肉拉伤。伤后，局部疼痛，肿胀、压痛，伤后肌肉紧张或痉挛，功能受限。

2. 处理办法

损伤轻者要立刻予以冷敷、局部加压包扎，止痛，并抬高伤肢，24 小时后可以进行理疗和按摩。损伤严重者经过加压包扎等常规处理办法后，立刻送往医院。

（二）关节韧带损伤

1. 受伤表现

受伤后患者局部疼痛、肿胀，若伤及关节滑膜或韧带断裂及合并关节内其他损伤时，出现整个关节肿胀或血肿、关节运动功能障碍。

2. 处理办法

关节韧带扭伤或部分韧带纤维断裂者，伤后应立即冰敷，加压包扎，抬高伤肢并休息，以减轻出血和肿胀。24~48 小时后，拆除包扎固定，根据伤情可采用中药外敷、理疗和按摩等。理疗和按摩在开始时只能施于伤部周围，3 天后才能用于局部。韧带完全断裂者经急救处理后应立即送往医院。

（三）关节脱位

1. 受伤表现

关节脱位后常出现畸形，因软组织损伤而出现炎症反应，局部疼痛、压痛和关节肿胀，并失去正常活动功能，甚至发生肌肉痉挛等现象。

2. 处理办法

用长度和宽度相称的夹板固定伤肢。若没有夹板，可将伤肢固定在自己的躯干或健肢上，防止震动，随后及时送往医院治疗。

（四）骨折

骨折是很严重的损伤，骨折后其受伤部位剧烈疼痛，伴有肿胀和变形，伤肢缩短，失去原有的功能。

处理方法：

（1）判断可能为骨折时，千万不要随意移动患肢，禁止触摸和检查骨折部位，更不要试图复位，应用夹板或其他代用品固定伤肢，然后尽快送医院检查治疗。

（2）如果同时伴有休克，可以用手掐人中穴、内关穴和合谷穴，促使患者苏醒。

（3）若骨折为开放型的，应先止血，再用消毒纱布包扎、固定。

（五）劳损

劳损是局部的肌肉、肌腱、筋膜等组织因长期负荷过度或体位不正等因素引起的慢性积累性损伤，是由小损伤积累而成的。一般比较常见的劳损有腰肌劳损、疲劳性骨膜炎等。

1. 受伤表现

局部酸胀、疼痛，准备活动后症状减轻或消失，运动结束后症状又出现或者加重，经休息后又减轻。其症状与天气变化有关系。

2. 处理方法

可给予患者按摩、理疗，痛点注射可的松类药物等。

（六）脑震荡

脑震荡是运动中头部受到外力打击后，出现大脑技能失调，引起意识和功能的一时性障碍。

1. 受伤后表现

患者有时伴有轻微的恶心、呕吐感，几天后可消失。伤后数日内，患者还会有头疼、头晕症状，但清醒后检查神经系统、血压、脉搏、呼吸、脑脊液等均正常。

2. 处理方法

（1）立即让患者平卧，头部冷敷，身体保暖。

（2）严禁摇动、牵拉，不要随意移动位置。

（3）对神志不清的患者，可用手指掐人中、百会、内关、合谷等穴位，促使其苏醒。

（4）在送往医院途中，让患者平卧，头部固定，避免颠簸。

（5）在恢复过程中，可做脑震荡痊愈平衡实验，以检查病况的进展。其方法：闭目，单脚站立，两臂平举。如能保持平衡，则表明脑震荡已基本治愈。

第三节　运动性疾病和损伤的预防与处理

一、运动中腹痛的预防与处理

预防运动中的腹痛，应在进餐一小时后进行运动，并充分做好运动前的准备活动，运动负荷应循序渐进，并注意呼吸节奏，切忌憋气。如果腹痛产生，可适当降低运动强度，减慢跑速、加深呼吸，同时用手揉按疼痛部位或弯腰抱紧腹部一段时间，疼痛即可缓解。疼痛严重者应停止运动，并口服普鲁苯辛 1 片或十滴水，或揉按内关、足三里、大肠俞等穴位，如仍不见效，应送医院诊断治疗。

二、肌肉痉挛的预防与处理

运动前对易发生痉挛的肌肉（如小腿腓肠肌、足屈和趾肌等）部位应充分做好准备活动，并适当按摩，注意保暖。如已产生肌肉痉挛，立即强制牵引痉挛部位。同时配合局部按摩，并点压委中、承山、涌泉等穴位，促使痉挛缓解。

三、运动性昏厥的预防与处理

加强体育锻炼使体质增强。运动时运动量适宜，防止过度疲劳；不在饥饿情况下参加剧烈运动；疾跑后不要立即停下；不要久蹲骤起。若运动性昏厥产生时，应立即将患者平卧，使足高于头部，并进行由小腿向大腿心脏方向推按，同时点按人中、合谷穴位；若发生呼吸障碍，应立即行人工呼吸。轻度患者可搀扶慢走，并进行深呼吸，即可消除症状。重症患者，经临场处理后，送医院治疗。

四、中暑的预防与处理

在高温环境中锻炼，应适当减少运动量，缩短运动时间，避免在烈日下长时间照晒，并注意服饮低糖含盐饮料。若发生中暑时，应立即把患者放在阴凉、通风、安静处平卧休息，并采用降温措施。解开患者的衣领，冷敷额部，用温水抹身，并饮含盐的清凉饮料或十滴水，数小时后即可恢复正常。严重患者，经临时处理后，送医院治疗。

1. 结合实例谈谈如何在运动中避免出现一些运动损伤。
2. 篮球比赛时出现骨折，你该如何处理？

第七章

大学生体质健康的评价

学习目标

知识目标

了解《国家学生体质健康标准》测试的意义及内容；熟悉《国家学生体质健康标准》的测试项目与操作方法。

能力目标

学会体质健康测试评价体系。

素质目标

应用《国家学生体质健康标准》测试项目的操作方法进行测定，指导自我锻炼。

第一节　体质健康测试

大学生体质健康评价是高等学校体育工作的重要环节，也是学校教育评价体系的重要组成部分。建立全面、科学的学生体质健康的评价体系，可使学生自身、家长、学校、社会各方面及时了解学生的身体健康状况，从而促使学生调整自己的学习和锻炼目标，并为学校和教育管理部门制定和调整体育教育政策提供科学的依据。

为贯彻落实健康第一的指导思想，切实加强学校体育工作，促进学生积极参加体育锻炼，养成良好的锻炼习惯，提高体质健康水平，教育部和国家体育总局于 2002 年 7 月正式颁布了新的《国家学生体质健康标准（试行方案）》和实施办法。经过 5 年的试点与完善，修订后的《国家学生体质健康标准》（下文简称《标准》）于 2007 年在全国正式全面实施。

2014 年，国家又对《标准》进行了修订，与以前的《标准》相比，新颁布的《标准》重在激励学生积极锻炼身体，而不是为了测试而测试。它采用个体评价标准、能够清晰地看出学生个体差异与自身不足，十分有利于通过测试促进学生积极参加体育锻炼，通过锻炼改善健康状况、弥补差距，从而促进身体健康全面发展。

一、国家学生体质健康标准（2014 年修订）说明

（1）《国家学生体质健康标准》是国家学校教育工作的基础性指导文件和教育质量基本标准，是评价学生综合素质、评估学校工作和衡量各地教育发展的重要依据，是《国家体育锻炼标准》在学校的具体实施，适用于全日制普通小学、初中、普通高中、中等职业学校、普通高等学校的学生。

（2）本标准的修订坚持健康第一，落实《国家中长期教育改革和发展规划纲要（2010—2020 年）》《国务院办公厅转发教育部等部门关于进一步加强学校体育工作若干意见的通知》（国办发〔2012〕53 号）和《教育部关于印发〈学生体质健康监测评价办法〉等三个文件的通知》（教体艺〔2014〕3 号）有关要求，着重提高《标准》应用的信度、效度和区分度，着重强化其教育激励、反馈调整和引导锻炼的功能，着重提高其教育监测和绩效评价的支撑能力。

（3）本标准从身体形态、身体功能和身体素质等方面综合评定学生的体质健康水平，是促进学生体质健康发展、激励学生积极进行身体锻炼的教育手段，是学生发展核心素养体系和学业质量标准的重要组成部分，是学生体质健康的个体评价标准。

（4）本标准将适用对象划分为以下组别：小学、初中、高中按每个年级为一组，其中小学为 6 组、初中为 3 组、高中为 3 组。大学一、二年级为一组，三、四年级为一组。

（5）小学、初中、高中、大学各组别的测试指标均为必测指标。其中，身体形态类中的身高、体重，身体功能类中的肺活量，以及身体素质类中的 50 m 跑、坐位体前屈为各年级学生共性指标。

（6）本标准的学年总分由标准分与附加分之和构成，满分为 120 分。标准分由各单项指标得分与权重乘积之和组成，满分为 100 分。附加分根据实测成绩确定，即对成绩超过 100 分的加分指标进行加分，满分为 20 分；小学的加分指标为 1 min 跳绳，加分幅度为 20 分；初中、高中和大学的加分指标男生分别为引体向上和 1 000 m 跑，女生分别为 1 min 仰卧起坐和 800 m 跑，各指标加分幅度均为 10 分。

（7）学生学年总分评定等级：90.0 分及以上为优秀，80.0～89.9 分为良好，60.0～79.9 分为及格，59.9 分及以下为不及格。

（8）每个学生每学年评定一次，记入《〈国家学生体质健康标准〉登记卡》。特殊学制的学校，在填写登记卡时可以按规定和需求相应增减栏目。学生毕业时的成绩和等级，按毕业当年学年总分的 50% 与其他学年总分平均得分的 50% 之和进行评定。

（9）学生测试成绩评定达到良好及以上者，方可参加评优与评奖；成绩达到优秀者，方可获体育奖学分。测试成绩评定不及格者，在本学年度准予补测一次，补测仍不及格，则本学年成绩评定为不及格。普通高中、中等职业学校和普通高等学校学生毕业时，《标准》测试的成绩达不到 50 分者按结业或肄业处理。

（10）学生因病或残疾可向学校提交暂缓或免予执行《标准》的申请，经医疗单位证明，体育教学部门核准，可暂缓或免予执行《标准》，并填写《免予执行〈国家学生体质健康标准〉申请表》，存入学生档案。确实丧失运动能力、被免予执行《标准》的残疾学生，仍可参加评优与评奖，毕业时《标准》成绩需注明免测。

（11）各学校每学年开展覆盖本校各年级学生的《标准》测试工作，《标准》测试数据经当地教育行政部门按要求审核后，通过“中国学生体质健康网”上传至“国家学生体质健康标准数据管理系统”。测试和数据上传时间由教育行政部门确定。

（12）本标准由教育部负责解释。

二、进行《国家学生体质健康标准》测试的意义

《国家学生体质健康标准》是《国家体育锻炼标准》的一个组成部分，是《国家体育锻炼标准》在学校中的具体应用。《国家学生体质健康标准》测试的目的是为了贯彻落实第三次全国教育工作会议提出的“学校教育要树立健康第一的指导思想”的精神，促进学生积极参加体育锻炼，上好体育课，增强学生体质和提高健康水平，把学生培养成为德、智、体、美、劳全面发展的高素质人才。通过《国家学生体质健康标准》的测试，可以使学生清楚地了解自己的体质与健康状况，还可以帮助学生监测自己的体质与健康状况的变化过程；有助于学生设定自己的锻炼目标，有针对性地选择锻炼策略，制订可实施的锻炼计划；还可以通过测试和评价，有效促进学校体育工作的开展，对学校的体育评价发挥了重要的作用。

第二节　大学生体质健康评价的测试项目与操作方法

一、身高

（1）操作方法：身高的测量采用机械式身高测量仪。受试者赤足，背向立柱站立在身高测量仪的底板上，躯干自然挺直，头部正直，两眼平视前方（耳屏上缘与眼眶下缘最低点呈水平位）。上肢自然下垂，两腿伸直。两足跟并拢，足尖分开约 60°角，足跟、骶骨部及两肩胛间与立柱相接触，成“三点一线”站立姿势。记录数据以厘米为单位，精确到小数点后一位。测量误差不得超过 0. 5 cm。

（2）注意事项：身高测量仪应选择平坦地面，靠墙放置。检测人员移动测量仪水平板时，必须手握“手柄”。严格执行“三点靠立柱”“两呈水平”的测量要求。水平压板与头部接触时，松紧要适度，头发蓬松者要压实；妨碍测量的发辫、发结要放开，饰物要取下。

二、体重

（1）测量方法：体重的测量采用电子体重称或杠杆称，不允许使用弹簧式体重秤。受试者穿短衣裤、赤足，自然站立在体重称踏板的中央，保持身体平稳。记录数据以千克为单位，精确到小数点后 1 位，测量误差不得超过 0. 1 kg。

（2）注意事项：测量时，体重称应放置在平坦地面上。受试者应尽量减少着装。上、下体重计时，动作要轻缓。测量体重前，应让受试者排空大小便、不要大量喝水，也不要进行剧烈的体育活动和体力劳动。

三、肺活量

（1）测试方法：测量时保持房间通风良好；使用干燥的吹气嘴，每换一次测试对象需消毒一次，吹气嘴必须保持干燥。仪器主机放置在平稳的桌面上，检查电源线及接口是否牢固，按工作键液晶屏显示“0”即表示机器进入工作状态。

首先告知受试者不必紧张，以中等速度和力度尽全力吹气效果最好。令受试者手持吹气嘴，面对仪器站立试吹 1~2 次，看仪表有无反应，还要试吹气嘴或鼻处是否漏气，调整吹气嘴，自己捏紧鼻孔；学会深吸气（避免耸肩提气，应该像闻花似的慢吸气）。测试时，受试者进行一两次较平日深一些的呼吸动作后，更深地吸一口气，屏住气向吹气嘴处慢慢呼出至不能再呼为止。为防止此时从吹气嘴处吸气，测试中不得中途二次吸气。吹气完毕后，液晶屏上最终显示的数字即为肺活量毫升值。每位受试者测试三次，每次间隔 15 s，记录三次测试的数值，选取最大值作为测试结果。以毫升为单位，不保留小数。

（2）注意事项：吹气筒的导管必须在上方，以免口水或杂物堵住气道。每测试 10 人及测试完毕后用干棉球及时清理和擦干气筒内部。严禁用水、酒精等任何液体冲洗气筒内部。导气管在存放和使用时不能弯折。

四、仰卧起坐

（1）测试方法：受试者仰卧于垫上，两腿稍分开，屈膝呈 90°左右角，两手指交叉贴于脑后，另一同伴压住其踝关节，以固定下肢。受试者坐起时两肘触及或超过双膝为完成一次。仰卧时两肩胛必须触垫。测试员发出开始口令的同时开表计时，记录 1 min 内完成次数。到 1 min 时，受试者虽已坐起但肘关节未达到双膝者不计该次数值，计数精确到个位。

（2）注意事项：借用肘部支撑、臀部起落的力量或双手放下来拉拽，不计该次次数。受试者双脚必须放在垫上。测试人员要向受试者报数。

五、引体向上

（1）测试方法：受试者面向单杠，自然站立；然后向后摆动双臂，跳起，双手分开与肩同宽，正握杠，身体呈直臂悬垂姿势。待身体停止晃动后，两臂同时用力，向上引体（身体不能有任何附加动作）；当下颌超过横杠上缘时，还原，呈直臂悬垂姿势，为完成 1 次测试。测试人员记录受试者完成的次数。以次为单位。

（2）注意事项：受试者双手正握杠，悬垂姿势，待身体静止后开始。受试者不得借助其他附加动作引体（抖杠）。两次引体向上的间隔超过 10 s，停止测试。

六、坐位体前屈

（1）测试方法：受试者赤足，两腿伸直，两脚平蹬测试纵板坐在平地上，两脚分开 10~15 cm（踏在测试仪器画定的位置上），上体前屈，两臂伸直前，用两手中指尖逐渐向前推动游标，直到不能前推为止。测试计的脚蹬纵板内沿平面为 0 点，向内为负值，向前为正值，记录以厘米为单位，保留一位小数。测试两次，取最好成绩。

（2）注意事项：受试者两臂向前推游标时，双腿不能弯曲。受试者匀速向前推游标，不可使游标离开手指尖。

七、立定跳远

（1）测试方法：受试者两脚自然分开站立，脚尖平行，脚尖不得踩线，两脚原地起跳，不得有垫步连跳动作。丈量起跳线至最近着地点的距离。每人跳三次，记录其中跳得最好的成绩。以厘米为单位，保留整数。

（2）注意事项：受试者不可以穿钉鞋、皮鞋、凉鞋测试。受试者犯规不给予成绩。

八、50 m 跑

（1）测试方法：受试者两人一组，蹲踞式或站立式起跑，当听到“跑”口令时开始跑。以秒为单位记录成绩，精确到小数点后一位，遵循小数点后二位数非零进 1 的原则，如 10.11 s 记录 10.2 s。

（2）注意事项：受试者不要抢跑、不要提前减速。受试者不允许穿钉鞋、皮鞋、凉鞋。测试遇风时，可以顺风跑。

九、800 m 或 1 000 m 跑

（1）测试方法：受试者至少两人一组，站立式起跑，当听到“跑”口令时开始跑。以分、秒为单位记录成绩，精确到小数点后二位。

（2）注意事项：受试者要做好充分的准备运动，把身体充分调动起来（即热身），把身体各关节韧带活动开来，这样可防止运动损伤。准备运动最好持续半小时。受试者不允许穿钉鞋、皮鞋、凉鞋。注意呼吸，采用口鼻同时进行呼吸的方法。呼吸节奏应和跑步节奏相配合，一般采用两步一呼、两步一吸，或三步一呼、三步一吸。呼吸时要注意加大呼吸的深度。嘴不要张得太大，否则，进冷气会引起肚子痛。

思考题

1. 简述《国家学生体质健康标准》测试的意义。
2. 简述《国家学生体质健康标准》各项目的测试方法。

第八章

体育保健课的体育锻炼

学习目标

知识目标

了解特殊学生体育锻炼项目及注意事项。

能力目标

针对自身情况学会简单的体育锻炼方法。

素质目标

积极参与体育锻炼，增强机体抵抗疾病的能力，消除或减缓机体的不适。

第一节　肥胖学生的体育锻炼

近几年，超重及肥胖学生呈明显上升趋势，已成为学生的健康问题。世界卫生组织已确认肥胖是一种疾病，并向全世界宣布：“肥胖症将成为全球首要健康问题。”因此关注肥胖生的健康成长是家长、学校、社会的重要责任，教师应采取措施增强他们的心肺功能、提高有氧代谢能力，并且利用有效的运动处方进行减肥，帮助他们摆脱困境，与终身体育、全民健身计划顺利接轨，实践新课标理念，提高健康水平。

肥胖型：体重超过正常标准者，最好选择长跑、长距离游泳、网球、健美等锻炼内容，通过锻炼身体减肥，使身体变得匀称、结实。

积极的体育锻炼是早期预防肥胖的重要方法。锻炼的时间和内容对于预防肥胖十分重要。首先，锻炼的时间应在每天的 16 时至 21 时为宜，以黄昏 19 时至 20 时为最佳。此时运动可以消耗晚饭摄取的能量，防止能量堆积。其次，锻炼的内容以自然化、兴趣化的慢性运动为主，如散步、慢跑、玩球、跳绳、游泳活动游戏等户外活动。

一、避免剧烈运动

剧烈运动对减肥无效而且无益。譬如利用跑步机跑步、举杠铃、踢足球以及一切窜蹦跳跃运动，运动时间短，运动量大，人体的消耗量激增，这种消耗中糖和水分占很大的比例，极易产生饥渴，会不由自主地加大进食量。且这类运动也不易坚持，当运动心率超过 160 次/分时，容易产生疲惫感，常使人放弃运动，结果当然是减肥无效。

二、坚持有氧运动

慢性运动是有氧运动，具有强度低、有节奏、不易中断的特点，有利于减少皮下脂肪数目、缩小皮下脂肪的体积，适合消化和循环。如散步、骑自行车、慢跑、游泳、打太极拳等。

要求：

有足够的氧气参与，在室外运动最好；必须坚持 30~60 min；运动时心率小于 150 次/分；不宜做运动的时间：饥饿时，吃饭前，睡觉前；最佳锻炼时间为黄昏 19 时至 20 时。

另外，在家里也可坚持锻炼，如深蹲练习、跳绳，利用椅子代替肋木做前后踢腿运动等。

总而言之，运动减肥的原则是坚持做有氧运动，每周不少于两次。运动在短期内不会有明显的效果，一定要坚定信心，坚持长期锻炼，以达到健康减肥的目的。

（一）游泳

在各类减肥运动中，游泳是值得向大家推荐的锻炼项目。

（1）游泳时全力以赴。保持心率在最大心率 80%左右，为了保证这一标准，每游一段时间，对着表数脉搏在 6 s 内跳多少次，后面加个“0”就是 1 min 的心率。

（2）休息时间最小化。将游泳过程中的休息时间减半，直到一个来回或间歇时间减少到 10 s 为止。

（3）使用踢腿板。踢水板、手桨、脚蹼、救生圈等水上玩具不仅有助于燃烧更多的热量，还能锻炼四肢肌肉。

（4）分时间段练习。像专业游泳选手训练一样，将游泳分成四节，节与节之间休息 15~30 s。具体安排可先游 1 个来回，再游 2 个来回，随后再游 2 个来回，最后是 1 个来回，每节结尾要快游。

（二）跳绳

近几年跳绳越来越被重视，跳绳时心率保持在 150 次/分，跳绳 10 min 燃烧的卡路里等于慢跑 30 min，当然这只是理论数据。如果选择有氧运动的话，不管跳绳还是慢跑，一次运动最少也要保持 30 min，因为前 30 min 燃烧的大多是水分，30 min 之后才能大量燃烧脂肪。作者比较推荐跳绳，跳绳不受天气和环境的影响，每天 30 min，只要坚持就很有效果，运动完了记得一定要拉伸身体。

跳绳对女性有独特的保健作用，法国健身专家莫克专门为女性健身者设计了一种“跳绳渐进计划”。初学时，仅在原地跳 1 min，3 天后即可连续跳 3 min，3 个月后可连续跳上 10 min，半年后每天可实施“系列跳”，即每次连跳 3 min，共 5 次，直到一次能连续跳

30 min。一次跳 30 min，相当于慢跑 90 min 的运动量，已是标准的有氧健身运动。

虽然跳绳是个不错的健身方法，但不小心很容易受伤。注意事项如下：

（1）跳绳者应穿质地软、重量轻的高帮鞋，避免脚踝受伤。

（2）绳子软硬、粗细适中。初学者通常宜用硬绳，熟练后可改为软绳。

（3）选择软硬适中的草坪、木质地板和泥土地上跳绳较好，切莫在硬性水泥地上跳绳，以免损伤关节，并易引起头昏。

（4）跳绳时需放松肌肉和关节，脚尖和脚跟用力需协调，防止扭伤。

（5）胖人和中年妇女宜采用双脚同时起落的方式跳绳。同时，上跃也不要太高，以免关节因过于负重而受伤。

（6）跳绳前先做些足部、腿部、腕部、踝部的准备活动，跳绳后则可做些放松活动。

（三）“怪走”

在行走运动中，慢跑和散步是最常见的锻炼方式。其实，进行多姿势行走运动，对祛病延年、养生健身是大有裨益的，下面就介绍几种行走方式。

（1）脚尖行走：提起足跟用脚尖走路，可促使脚心与小腿后侧的屈肌群紧张度增强，有利于三阴经的疏通。

（2）脚跟行走：抬起脚尖用脚跟走路，两臂有节奏地前后摆动，以调节平衡，可加强锻炼小腿前侧的伸肌群，以利于疏通三阳经。

（3）内八字行走：一般人行走多为外八字或直线前进，如改为内八字行走，可消除疲劳。

（4）倒退行走：倒行时全身放松，膝关节不曲，两臂前后自由摆动，可刺激不常活动的肌肉，促进血液循环。另外倒行还可防治脑萎缩，对腰腿痛有显著的疗效。

（5）两侧行走：徐徐下蹲，两手着地，背与地面略成平行，手爬脚蹬，缓缓前进，可增加头部供血量，减轻心脏负担，对颈椎病、腰腿痛、下肢静脉曲张等多种疾病有疗效。

（四）快操

10 min 的快速全身锻炼，虽然不能使你立即变瘦，但会让你感到绷紧，锻炼引起肽在身体中急速流动，会令你自我感觉良好。本套运动由 5 个动作组成，循环往复，使你全身运动，心情愉快。整套动作连做 4 次。

（1）舒展。两脚平分站立，双手向上伸，然后慢慢弯腰，直至掌心平放到地面。

（2）弓箭步。双手保持在地上，一条腿向后伸，成弓箭步；随后手扶臀部，使躯干挺直，做 5 次压下、起来的弓步动作（不换腿，用另一条腿再做 5 次同样的动作）。

（3）俯卧撑。弓箭步之后，前腿向后伸出，改俯卧撑姿势，做 5 个俯卧撑。

（4）臀、肩姿势。做完俯卧撑以后，臀部放松，直至腹部几乎接触地面，向前挺胸，双手撑地，两臂伸直，保持 1 min。

（5）腿提起、放。把屁股撅向天花板，双臂保持平直，从地上提起脚跟，然后再放下（你会感到小腿肌肉在颤动），提起、放下的动作连做 20 次。最后手、脚一齐移动，然后轻轻抬起成站立姿势，并立即恢复到第一节初始姿态，开始重做本套动作。

（五）远离三大球：篮球、足球、排球

这三类球的运动都为剧烈运动，相当多的时候，运动需要高速度及爆发力，或时而加快

速度，或时而跑跑停停。这三类球的运动大多为缺氧运动或非标准的有氧运动，主要燃烧糖原而很少燃烧脂肪。

（六）胖人打太极拳

太极拳是一种非常有益健康的运动，对于身体很弱的老年人和有氧运动能力很差的人比较适宜。但由于太极拳速度慢，难以使心跳达到“心跳训练带”，对多数成年人来说算不上真正的有氧运动，充其量也只是亚有氧运动。一般成年人以太极拳锻炼身体，难以燃烧脂肪，不易获得燃烧脂肪的肌肉。读者稍微留意自己的周围，就不难发现，成年胖人单纯靠打太极拳，难以达到瘦身并改变身材的目的。要想通过打太极拳燃烧脂肪，需要延长锻炼时间，如延长至数小时。

（七）胖人不能只参加网球、羽毛球、乒乓球运动

这些球类运动都是跑跑停停的变速运动，而且时而伴有爆发动作，属于无氧运动，或者是非标准的有氧运动。胖人单纯靠打这些球难以改变身材及提高有氧运动的能力。胖人若想参加锻炼达到改变身材的目的，还须参加像跑步这样标准的有氧运动。

胖人参加这样运动，同样还会燃烧糖原；当血糖降低时，食欲也增加，对改变身材无助，其体质也不会从“糖原燃烧型”转变为“燃烧脂肪型”。

（八）胖人锻炼计划

胖人参加锻炼的最初阶段是建立有氧运动能力，主要是参加一些速度较慢的运动。当身体具备一定的燃烧脂肪能力时，就可以参加速度较快的运动。一旦身体开始燃烧脂肪时，锻炼就进入巩固、持续的减肥阶段。

建议胖人采用的锻炼计划：第一到第四个月以快走、慢跑为主，第五到第八个月以跑步、自行车锻炼、健美操为主，第九到第十二个月以跑步、爬山、健美操等为主。

第二节　瘦弱学生的体育锻炼

瘦长型：肌肉不发达，身体瘦长，体重指标低于正常范围者，可选择体操、负重练习等，使身体壮实、肌肉丰满，促使身高与体重的比例协调。

（1）瘦弱学生可选择能使全身器官尤其能使消化器官得到锻炼的运动。这些运动有慢速或中速跑、步行、各种球类运动以及体操、田径、游泳等。这些运动都可以使血液循环加速，消化器官和消化腺体的营养得到改善，增进这些脏器的消化和分泌功能。

此外，由于呼吸运动加强，膈肌上下活动范围加大，再加上腹肌的舒张、收缩用力，于外力对胃肠进行按摩。由此，青少年在冬季长跑和夏季游泳过后，食欲明显增加，胃肠道消化能力提高，身体对各种病症的抵抗能力也随之增强。

（2）肌肉力量性锻炼。选择俯卧撑、引体向上、哑铃操等运动，可以锻炼上肢及胸部的肌肉；仰卧起坐、仰卧举腿、俯卧挺身等，可以锻炼腹背部肌肉；原地向上纵跳、深蹲起立、原地直腿跳、原地高抬腿跳、摆腿、前后踢腿等，可以锻炼下肢的肌肉。生活在城市里的少年儿童还可采用爬楼梯、跑楼梯和跳台阶的方法锻炼腿的力量。消瘦的少年儿童由于肌纤维比较细弱，体质较差，锻炼时注意不要过量，过量会造成过分疲劳、肌肉酸痛、运动损

伤和食欲下降。那样，不但起不到增强体质的作用，反而会由于消耗增加而更加瘦弱。

一、注意事项

（1）运动时，应该先慢慢锻炼好基本体力，逐渐强化肌肉的力量、持久力及身体的柔软度，再进行重量训练，参加有氧运动、跳绳、游泳等动态运动。

（2）瘦弱型的人要特别注意饮食。应多摄取含蛋白质丰富的食物，以增进内脏功能、增强肌肉力量，还要多摄取含维生素类食物。

二、适量的有氧运动

持续 30 min 以上的有氧运动会消耗大量的脂肪，而身体偏瘦的人脂肪含量本来就很低，所以，偏瘦的人锻炼并不适合选择长时间的有氧运动。建议瘦人锻炼每周安排 2 次有氧运动即可。

（一）规律的力量训练

力量训练，也称为无氧运动。偏瘦的人锻炼肌肉需要做大重量的器械抗阻训练，器械可以选择哑铃、杠铃以及健身房中的各种力量训练器械。力量训练的好处是有利于增大肌肉的体积，同时也减少了身体脂肪的消耗。建议瘦人每周安排 4 次力量训练，每次时间控制在 40 min 以内。

（二）充分摄入营养物质

健身界一直流传着这样一句话：三分靠练，七分靠吃。充分的营养物质摄入对肌肉的合成有很大的帮助。一般健美人士在锻炼期间多补充足量的蛋白质，而偏瘦的人在锻炼期间除了补充足量的优质蛋白以外，还需要补充大量的碳水化合物。建议偏瘦的人群锻炼期间饮食方面安排每天以 4~5 餐，每次 8 分饱为宜。

胖子常不知道选择什么运动才合适，其实瘦人同样也会有苦恼。如偏瘦的人适合做有氧运动吗？有氧运动几乎适合任何情况下的人群，当然偏瘦的人运动的目的无非想要变得更加强壮，那么有氧运动的频率就不宜过高，这对改变瘦弱的情况不利。偏瘦的人适合做无氧运动吗？比较适宜无氧运动？无氧运动更多的是指力量和爆发力方面的训练，这对于增强体格很有帮助，瘦弱的人能够因此得到改变。若偏瘦的人还大量进行有氧运动的话，只会更加瘦。无氧运动则能增加肌肉围度，改善瘦弱，因此瘦人建议选择无氧运动。胖人适合有氧还是无氧运动？有氧运动和无氧运动都适合。因为胖人减肥是需求，而有氧运动和无氧运动都能通过消耗脂肪，或增加能量消耗等方式来帮助减少脂肪，都适合胖人。

第三节　神经衰弱学生的体育锻炼

神经衰弱是常见病，主要症状有精神疲倦、神经过敏、失眠、多疑、焦虑、抑郁等。本病属中医“不寐”“心悸”“郁证”等范畴。自我锻炼疗效甚好。

治疗神经衰弱，最重要的一条就是要讲究劳逸结合。参加跑步、做操、打球和游泳等体育活动，对神经系统有着良好的调节作用，能促进神经系统兴奋和抑制的良性转换，可使患者的神经衰弱症状得到减轻或者消失，从而使脑子反应灵活、思考问题敏捷、提高工作效率。

一、注意事项

体育活动具有锻炼和增加神经系统功能的作用。神经衰弱者参加体育锻炼，除应按照量力、渐进、全面和持之以恒等基本要求外，应格外注意的事项如下：

（1）要根据个人的身体情况、锻炼水平、病情的轻重，严格掌握运动负荷，一般以中等为宜。锻炼中间要安排适当的休息，切不可凭一时热情，练得过久、过量、过猛。锻炼后感到精神振奋、睡眠改善，就能日见其效。

（2）要选择好锻炼的时间和地点。最好在早晨或傍晚前，到空气新鲜、环境清静的树丛河沿处进行锻炼。不宜在睡前活动，以免过度兴奋，妨碍睡眠。

（3）锻炼后要做些轻微的整理活动。如按摩、洗脚等，以促进身心的平和与安宁。

二、体育锻炼

神经衰弱的患者做一些运动对治疗神经衰弱有很大好处，可以做一些有氧运动以及相对比较慢的运动，不要做过于剧烈、急促的运动。可以选择慢跑，或者饭后散步，可以出去旅游，也可以爬山，不要过于着急。每天早上练一练太极拳，是有好处的，练太极拳可以修身养性、平心静气、疏通脉络、活血等，最重要的是坚持。

神经衰弱是心理疾病的一种，它使人的精神很容易产生兴奋，但是脑力却很容易感到疲劳，经常有情绪烦恼，心理和生理上都会发生神经症性障碍。患神经衰弱的原因有很多种：

（1）精神系统长期处于紧张状态，生活不规律，过度疲劳。

（2）药物中毒，脑部受到感染，内分泌失调。

（3）长期的心理冲突，精神上受到严重的创伤。

（4）生活忙乱无规律，作息时间颠倒，睡眠习惯遭到破坏，缺乏休息。

神经衰弱的治疗方法有中医和西医两种，但都少不了配合相关的运动。神经衰弱做什么运动好？在配合医生治疗的同时，要有合理的生活作息时间和体育锻炼。在锻炼的时候要讲究劳逸结合。可以每天慢跑 20 min，跟着电视节目做健美操、打篮球、踢足球、游泳等。这些对神经系统有很好的调节作用，锻炼脑子的反应，保持脑子灵活。

适当的体育运动对治疗神经衰弱很有帮助，但要根据个人的身体状况制订合理的锻炼方案。

（1）站马步桩：两脚开立，间隔距离相当于三只脚的长度，大腿屈膝蹲平，脚尖朝里扣正对前方，挺胸、塌腰、落臂，身体重心落于两腿之间。每天练习 2 次，每次 5~10 min。站马步桩不但可以培养元气，还可调节气息，给人以神智清晰、心情舒畅、精力充沛等感觉，练一周，疗效显著。

（2）打太极拳：打太极拳时要排除杂念，集中精力，使中枢神经系统得到休息调节，改善恶性循环，对改善神经衰弱效果很好。神经衰弱者初练以“简化太极拳”为好。“简化太极拳”动作简少，易学，每次打 1~2 遍均可。

（3）捏脊：神经衰弱者多伴食欲不佳、消化功能紊乱。捏脊可调整植物神经功能，使食欲旺盛、消化良好。自我捏脊虽不方便，但可捏背部中下端。请家属或医生由上到下一捏一松，反复 2~3 min，每日 1~2 次。

（4）自我按摩：失眠时按揉小天心（大小鱼际之间）、内关穴各 100 次。擦涌泉穴，即用一只脚擦另一只脚的脚心部，由涌泉穴擦向足趾方向，各擦 50~100 次。头痛、头晕时可按摩太阳、风池、风府等穴位及颈部。

（5）气功疗法：仰卧于床，两臂伸直放于体侧，或左手在下右手在上放于腹部，两腿稍分开，身体各部都要放松、自然，排除杂念。呼吸时注意腹部的起伏变化，吸气时腹部收起，呼气时腹部还原，呼的时间要比吸的时间长，并要缓慢，忌憋气和用力过猛，思想随呼吸集中于丹田，慢慢使自己入静。经常练气功可改善睡眠，调节中枢神经功能，控制情绪。

第四节　支气管炎学生的体育锻炼

经常参加体育锻炼，特别是做一些伸展扩胸运动，可以使呼吸肌力量加强，胸廓扩大，有利于肺组织的生长发育和肺扩张，使肺活量增加。经常性做深呼吸运动，也可以促使肺活量增加。此外，体育锻炼由于加强了呼吸力量，可使呼吸深度增加，从而有效提高肺的通气效率，为人体提供更多的氧气。

支气管炎患者可以适当锻炼，比如慢跑、快走、太极拳等，其他简单的球类运动都可以参加，但不能过度运动，可以适当地游泳和爬山。在肺功能耐受的基础上，可以进行定期运动，运动不能太多或太强，每次锻炼时间以半小时到一小时为宜。除了锻炼外，还需要加强营养，适当补充优质蛋白质和膳食纤维。支气管炎患者运动时，要注意选择轻微的运动，注意跑步的速度，避免因支气管痉挛咳嗽而引起呼吸困难，出现呼吸衰竭等症状。

一、健步走

健步走就是运用脚掌不断与地面机械接触以刺激相应穴位的健身方法。它可以调节人体相应脏腑器官及系统的功能，增强呼吸肌功能，提高肺的通气量，改善血管的张力，减轻心脏的负担，降低血压，增加全身血液循环总量，促进新陈代谢，增进中枢神经、内脏、内分泌和消化系统功能。

健步走的频率一般为 100~130 步/分钟（根据个人情况自行调整），每次行走一小时，保持心率 110 次/分钟，注意选择平坦道路行走，行走时抬头挺胸。此种方法不费力气，不需要特殊器械，不受时间、地点的限制，能非常自然地达到强身健体的效果。

二、慢跑

慢跑是身体锻炼最基本的方法，既安全又容易控制运动量。慢跑能增强心肺功能，减少体内脂肪堆积，调整大脑在工作中造成的紧张和压抑感。慢跑时吸入新鲜空气，能加速新陈代谢，促进血液循环，可根据个人实际情况选择跑步的时间、距离和强度。

三、跳绳

跳绳与健步走、慢跑一样，具有简便易行的特点，在不影响别人的基础上随时可以跳起来。其中跳绳运动相对比较剧烈，应根据自己的身体状况量力而行，可逐渐延长运动时间，加大运动量。

四、吹笛子

吹笛子可以锻炼肺活量，改善人体呼吸功能。或者经常深呼吸，也有这样的效果。

五、游泳

游泳能改善肺的通气功能，提高呼吸效率，不过，对于支气管炎患者来说，最好在温暖的水域里游泳。

对于慢性支气管炎患者来讲，要提高对外界温度变化的适应性，增强抗病能力。要特别坚持耐寒锻炼。锻炼耐寒的方法：从春季开始，先用手摩擦头面部及上下肢暴露部分，每日数次，每次数分钟，直到皮肤微红为止；夏天用凉水毛巾拧干后摩擦全身，每日数次，并用手捧凉水冲洗鼻腔；秋后用冷水洗脸、擦身，或冷水浴，要持之以恒。另外，可练习呼吸保健操，因为进行深呼吸运动，既可以锻炼呼吸肌，还可改变肺内压力的变化，迫使肺泡内残气排出，增加换气量，同时对肺泡组织的弹力恢复也非常有利。锻炼地点以选择湖边、树林、公园为好。

第五节　残疾学生的体育锻炼

一、注意事项

(1) 应根据残疾人的身心状况，从实际出发开展残疾人体育，以促进他们的身心健康发展。因此，应分析残疾人的具体情况，选择合适的身体锻炼内容与方法，安排适宜的运动负荷，体育锻炼时应有医务监督与体格检查，以保证身体锻炼能获得良好的效果。

(2) 残疾人通过身体锻炼不仅能增进健康，增强体质，而且能促使残疾人心情愉快，增强生活的乐趣和信心，促进人际交往、增进友谊。残疾学生选择锻炼的内容，除了个人活动外，还可选择集体娱乐性的活动内容。

(3) 残疾人进行体育锻炼，仍应注意身体的全面发展，尤其是对心肺等内脏器官和衰退的肢体要坚持经常锻炼。

(4) 对精神性疾患者的身体锻炼，应区别对待，选择适宜的锻炼内容与方法，不能一概而论。

①支撑训练。患者坐稳，双腿伸直，用双臂用力将身体撑起，使臀部离开床面。

②减压训练。闸住轮椅，患者双手支撑轮椅扶手，用双臂用力将身体撑起，使臀部离开

椅子。鼓励患者每隔半小时做一次，以防压疮。

③前方移动训练。患者将双手放在身后支撑床面。臀部离开床面向前移动。

④侧方移动训练。患者双手放在身体两侧支撑床面。臀部离开床面向左或向右移动。不要一直躺在床上或轮椅上，如果可以，尽量做一些运动，虽然不容易，但对身体很好。

二、体育锻炼

视力残疾人适宜参加的体育活动有健身操、田径、游泳、盲人门球、盲人乒乓球、柔道等。体育锻炼可以提高盲人的机体灵活性、皮肤的灵敏度和机体运用等，并能启发盲人的空间思维和记忆，发展听觉，提高定向和平衡能力，培养人体的正确姿势，从而使盲人各器官系统得到统一协调的发展，以弥补视觉的缺陷。

听力残疾人适宜参加与健全人相同的体育活动。

智障人可以进行一些有趣的游戏活动和简单的球类活动来提高其身体运动能力，开发智力和与人际交往的能力。

截肢和其他残疾类型的肢残人参加的体育活动有举重、健身操、棋类、田径、游泳、射箭、射击、轮椅篮球、轮椅击剑、乒乓球、轮椅网球、排球等。

思考题

1. 简述肥胖学生的体育锻炼。
2. 简述神经衰弱学生的体育锻炼。

第九章

体育与德育、智育、美育、劳育的融合教育

学习目标

知识目标

了解“五育”融合的意义；熟悉“五育”在体育教育中的关系。

能力目标

提高学生体育能力，促进学生全面发展。

素质目标

挖掘体育思政元素，促进“五育”融合，科学锻炼，享受乐趣、健全人格。

《国务院办公厅关于强化学校体育促进学生身心健康全面发展的意见》（国办发〔2016〕27 号）提出全面提升体育教育质量，健全学生人格品质，切实发挥体育在培育和践行社会主义核心价值观、推进素质教育中的综合作用，培养德智体美劳全面发展的社会主义建设者和接班人。2018 年在全国教育大会上，中共中央总书记习近平首次提出要“培养德智体美劳全面发展的社会主义建设者和接班人”，明确了德智体美劳“五育”并举的教育方针及时代要求。进一步强调要树立健康第一的教育理念，开齐开足体育课，帮助学生在体育锻炼中享受乐趣、增强体质、健全人格、锤炼意志；要全面加强和改进学校美育，坚持以美育人、以文化人，提高学生的审美情趣和人文素养；要在学生中弘扬劳动精神，教育引导学生崇尚劳动、尊重劳动，懂得劳动最光荣、劳动最崇高、劳动最伟大、劳动最美丽的道理，长大后能辛勤劳动、诚实劳动、创造性劳动。本研究结合学院实际，以体育教学为切入点，推动体育教学改革，搭建体育教学平台促“五育”融合，以体树德、以体增智、以体育美、以体强劳，培养学生德智体美劳全面发展。

一、“五育并举培养人”背景下体育教育的新使命

习近平总书记在全国教育大会上对体育教育工作的论述和要求，创新了体育全面育人的理念，体育是学校教育不可或缺的一部分，其出发点和落脚点是促进人的全面发展。长期以

来，社会普遍存在重智育轻体育、重分数轻健康等观念，体育教学存在追求技术动作、达标成绩等理念，忽视了体育教育的内涵，严重制约了体育教育的正常开展和育人功能的全面发挥。在“五育并举培养人”的背景下，一方面要深刻认识体育在德智体美劳的教育使命。体育教育内涵是丰富的，可以育德、育智，又与美育、劳动教育紧密相关，这些都表明学校体育教育在促进人的全面发展中发挥着重要作用。另一方面要正确把握德智体美劳之间的相互联系。德智体美劳每一个方面都有其特点和育人的功能，德智体美劳既要有分数和升学率的目标，更要有灵魂的塑造和价值的追求；既要关注知识和技能的厚度，更要关注意志和体质的高度；同时，德智体美劳并非孤立的，而是一个相互依存、互相促进的有机整体；德智体美劳互相影响，相辅相成，密不可分，共同服务于立德树人这一根本目标。新时代落实体育教育的新使命，就是围绕“立德树人”的根本任务，深化体育教学改革，探索体育课程与德、智、美、劳同向同行、形成协同效应。

二、“五育并举培养人”背景下学校体育教育的新内涵

（1）树立“健康第一”的教育理念，既是学校体育教育的指导思想，也是学校体育的行动指南。健康中国是全面建成小康社会的基础保障，学校体育工作和学生体质健康是重要的考量指标，而体质优良、人格健全、意志坚强是学生身心健康的基本特质。在“五育并举培养人”背景下，“健康第一”是依据时代特征和学校体育现状提出的，即以学生为中心，依照学生身心发展的特征，学生自身健康的需要，把体育中的运动伤病的预防、健身的方法和健康的知识三者有效地结合在一起，让身心健康成为理念，成为目标，让系统而持续的体育锻炼增强学生健康，锤炼他们的人格意志。

（2）开齐开足体育课，是实现学校体育教育“四位一体”目标的基本保障。开齐开足体育课，是体育教育的目标，更是“五育并举培养人”目标实现的基本保证。开齐开足体育课，被习近平总书记提到全国教育大会上来强调，这充分说明体育课被挤占的现象较普遍，体育课只能永远在“文件”里很重要。但青少年体质健康水平近 30 年来持续下滑的事实不容忽视，实现“帮助学生在体育锻炼中享受乐趣、增强体质、健全人格、锤炼意志”的体育教育目标，就是要抓实、做好“开齐开足体育课”。面对体育场地设施建设、体育师资力量配备和校园体育安全保障等方面的严重欠债，迫切需要各级政府和学校进一步完善体育标配的制度体系和加大资金投入。

（3）“享受乐趣、增强体质、健全人格、锤炼意志”构成了新时代学校体育教育“四位一体”目标体系。“四位一体”目标是层层递进，相互联系的，享受乐趣是体育教育的第一目标，也是其他目标的前提，增强体质是体育教育的应有之义，健全人格、锤炼意志是在身体健康基础上的目标提升；第一次提出“享受乐趣”，突出关注了学生体育运动的乐趣，第一次提出“健全人格”，彰显了体育教育在身心健康和人格培养方面的作用；“四位一体”目标体现了中华民族伟大复兴的时代要求，培养具有强健体魄、健全人格、顽强意志的时代新人，是时代重任和历史之托，关乎国家和民族的未来。

三、“五育并举培养人”背景下学校体育的新实践

（1）围绕“立德树人”的根本任务，挖掘促进学生全面发展的体育教育元素。教育家

蔡元培“完全人格，首在体育”的思想，足以彰显体育教育的价值。体育承载着德育、促进着智育、蕴含着美育，联接着劳育，围绕立德树人的根本任务，体育教育需要从体育历史、精神和道德中，不断挖掘促进学生全面发展的教育元素。“健康中国”“体育强则中国强”等观念，是最好的健康教育和爱国教育题材；家喻户晓的奥运精神、女排精神，激励了一代又一代的中国人，体育比赛不仅仅是一种对抗、一种合作，更是重在参与，这些就是体育精神的具体体现，作为体育支柱和灵魂的体育精神是“养成高尚人格的最好方法”；体育道德是体育运动中各种社会角色的行为规范的总和，在公平的体育竞赛中，体育教会学生如何在规则的约束下去赢，教会学生如何体面且有尊严地输，这是什么教育都取代不了的。

（2）突出体育教育生活化、个性化理念，帮助学生在锻炼中“享受乐趣，增强体质”。面对“长于智、疏于德、弱于体、少于美、缺于劳”的现状，如何把学生引导、吸引到体育场、健身房、大自然中去锻炼身体，需要更新观念，形成共识，体育教育既不是单纯的身体活动，也不需要刻意追求技术动作，它是与健康、快乐密切相关的一种生活方式，需要让学生享受运动的乐趣，需要鼓励学生不断超越自己，培养体育运动精神，做到体育教学课程化、体育学习生活化，这是新时代体育教育的新理念。让每个学生掌握1~2项运动技术技能，是学校体育教育的基本要求；学校体育课程设置，要坚持“以人为本”的原则，突出个性化要求，让学生自主选择。体育教学不是简单的以运动指标去衡量学生，而是教会学生一项热爱的、一辈子都能参与的运动，使学生从小润浸在运动中，培养学生运动素养，养成运动习惯，感受生活的真谛，才能达到在锻炼中“享受乐趣，增强体质”的目的。

（3）完善体育教育“学”“练”“赛”体系，帮助学生在锻炼中“健全人格、锻炼意志”。毛泽东主席在发表的《体育之研究》中提出：“体者，载知识之车而寓道德之舍也。”生动形象地说明了“体”是指身体素质，“体”还是德、才赖以存在的载体，体育不仅传授强身健体的技能，更是促进人的身心和谐发展，培养意志品质和人文精神的重要渠道。学校体育教育要进一步遵循体育的教育规律，促进体育课程改革，不断改善学校体育工作机制：一是进一步完善学校体育“健康知识+基本运动技能+专项运动技能”的教学模式，在教学内容方面突破“三重三轻”，重户外教学，轻课堂理论教学，重技术动作讲授，轻体育文化传授，重速度、标准、力量，轻团结、合作、竞争体育精神的融入，教学内容没有展现体育的内涵及魅力，不利于学生综合素养的全面提升。二是要把“学”“练”“赛”三者结合起来，打造课堂教学、课外锻炼、体育俱乐部活动、体育竞赛等体育育人平台。要聚焦“教会”“勤练”“常赛”，体育教师要在“会教”上下功夫，努力教会学生基本的体育知识、技能和体育战术。

第一节　体育与德育教育

体育教学是培养全面发展人才的重要组成部分，体育教师则是通过体育教学去实现培养全面发展人才。德寓于体，身心的和谐和健康对于个体而言是一种完善，也是社会对个体的基本要求。在体育活动的过程中，活动者不仅通过身体运动自身机体得到锻炼，使自己更加强健起来，而且由于体育的形式、规则和要求等，使活动者在运动过程中，其意志品质、道德观念、集体主义思想等得到强化。毛泽东在《体育之研究》中指出：“非第调感情也，又足以强意志。体育之大效，盖尤在此矣。夫体育之主旨，武勇也。武勇之目，若猛烈，若不畏，若敢为，若耐久，皆意志之事。”可见，人们很早就意识到体育运动对于个人道德、意志的培养和塑造都有着特殊的作用，或者说从一开始人们就赋予体育以育人的功效，这种功效随着社会的发展和进步而被强化。作为体育教育者更要重视对学生的思想品德教育，体育课的特点是在不断活动中进行的，我们可利用体育课提供的有利条件，自觉地将德育的丰富内容寓于体育教学的动静之中，加强对学生的思想品德教育，使学生在参加体育活动的过程中，增强体质，陶冶情操，提高品德素养，这是每一位体育教师应尽的职责。

德育在“五育”中处主导地位，对其他方面起定向作用。思想品德在人的个性中处于核心地位，苏霍姆林斯基曾说过，教育者在关心人的每一方面特征完善的同时，任何时候也不要忽视这样一种情况，即人的所有各个方面的特征的和谐都是由某种主导的首要的东西所决定的……在这个和谐里起决定作用的、主导作用的成分就是道德。人的政治观、世界观、人生观、道德品质、理想信念等是支配人的行为的内在动力，德育就是形成人的内在动力系统。德育把一定的政治思想观点、世界观、人生观、道德准则渗透到“五育”中，保证“五育”正确实施，引导学生朝正确的方向发展。

一、体育教学中德育的主要内容

在理论和实践的学习中，使学生明确正确的体育价值观，受到爱国主义、社会主义、集体主义教育，养成良好的社会公德。发挥学生的主体意识和创造性，在体育实践活动中，为学生的个性发展提供表现才能的机会，针对学生的体育特点培养他们顽强拼搏、主动迎接困难和挑战的心理素质、意志品格、加强人际交往，正确处理好人际关系，培养团队精神，正确对待个人和集体、成功和失败，胜不骄、败不馁，能够与同学友好合作。

二、体育教学中德育的教育功能

学生对客观现实的认识是受意识支配的，是在有目的、不断发展的过程中获得的，在这发展过程中既受到学生知识经验水平、情感与意志、个性特征等内在的心理因素的影响，也受到学生所处客观环境，如家庭、学校、社会等外部因素的影响。学校教育促进学生认识客观、现实的外因而迅速、健康发展。学校体育运动是学校教育的重要组成部分，它蕴含丰富多彩而积极的教育功能。我国著名教育家马约翰先生指出，体育是培养学生品格的良好手段。体育可以批评错误鼓励高尚、陶冶情操、激励品质。他还指出运动场上表现的道德品质能产生迁移。事实证明，在教师的主导作用下，有目的、有计划、有组织地对学生进行身心方面的影响，就能发挥体育运动自身积极的教育功能，即增强学生体质、培养学生能力、磨炼学生意志、陶冶学生情操的积极作用，并能对其他学科的学习产生良好迁移。同时，体育运动自身积极教育功能的发挥必须要体育教师的良好诱导才能实现，要对学生加强自觉性的教育，正确引导学生体会体育运动对内心品质的积极影响，逐渐形成稳定的心理品质，从而形成良好的人格特征。

三、体育教学中德育的培养

《国务院关于进一步加强和改进新时期体育工作的意见》指出：“体育作为一种群众广

泛参与的社会活动，不仅可以增强人民体质，也有助于培养人们勇敢顽强的性格、超越自我的品质、迎接挑战的意志和承担风险的能力，有助于培养人们的竞争意识、协作精神和公平观念。”应该说，这一段论述较为完整地总结和阐明了体育对学生的道德意志培养所具有的特殊作用。

（一）培养学生助人为乐的好思想

教师在体育课上要求体质好的学生帮助体质差的学生完成教学任务，教育学生在课堂上做好人好事，帮助有困难的同学解决问题，并教育学生树立见义勇为、敢于同坏人坏事做斗争的思想，培养学生为他人服务的意愿和行为，使学生养成一种助人为乐的高尚品德。

（二）培养学生善良正直的品格

教师在体育教学中培养学生尊师敬长、爱护体弱者的品格。教育学生做事公正，为人和善，言行一致，讲文明礼貌，不损人利己，不投机取巧，爱护公物。

（三）培养学生的合作精神

体育教学靠师生的合作，靠学生之间的合作，只有一个团结、合作、温暖的集体，才能凝聚人心，取得好的教学效果。同时教师也要教育学生关心集体，热爱集体，为集体争荣誉，教会同学相互交往，尊重人，理解人，善于与同学友好相处，让学生明白，只有生活在好的集体中，才能创造出优异的成绩。

（四）培养学生具有坚强的意志和品质

体育课的学习很苦很累，要求学生必须具有吃苦耐劳的精神，必须具备不怕困难、勇往直前的品质。教学中教育学生对应做的事要坚持不懈，培养学生克服困难的意志和毅力，教育学生对失败挫折有一定的承受力，培养学生胜不骄败不馁、顽强拼搏的优良作风。

（五）培养学生自我教育的能力

体育教学重要的是发挥学生的主体作用，教师通过讲解与示范，教会学生锻炼身体的方法和手段，培养学生良好的自我教育能力，让学生逐步达到自我发展、自我完善的目的。综上所述，体育教学，应从“育人”的目标出发，坚持站在“育人”的高度备课，将“思想品德”的内容寓于整个体育教学之中，提高学生的心理素质，养成自觉参加体育锻炼的好习惯，培养独立从事科学体育锻炼的能力，为终身体育打下坚实的基础。

第二节　体育与智育教育

智育在全面发展教育中，为德、体、美、劳的实施奠定了科学文化知识的基础和智力基础。首先，在德育、智育（传授科学文化知识）的同时，也把科学的世界观和人生观等传授给学生，从而影响学生在道德认识、道德行为等方面的分析判断与评价能力，提高学生自我教育能力。其次，美育和智育为学生提供了美的知识，使学生对美的感受、对美的鉴赏、对美的创造都建立在科学的基础上，为提高学生对美的感受、鉴赏和创造能力奠定基础。再次，通过体育、智育把人体解剖学、生理学等知识传授给学生，为学生的体育活动和卫生保健提供科学依据，为学生树立科学的健身观，为科学地提高身体素质提供知识和智力基础。

在体育教育过程中，要向学生传授大量的运动基础知识、技术和技能，因而学生在学习过程中必须发挥其对知识的理解和分析能力，否则对运动技术的学习将会始终停留在表面的机械模仿，而不能充分体会和理解动作技术的原理和效果，不利于学生自主学习能力的提高。另外，随着我国体育课程内容设置的不断改进和完善，学生在体育教育中除了学习运动技术外，还需学习和掌握一定的人体科学和卫生保健等知识。因此，在现今的体育教育过程中，学生的学习不能再简单地认为是肢体模仿活动。它还必须借助着学生对问题的观察、思考、判断和分析等能力的运用。反之，通过运动技术的学习也能对学生的这些智力能力有积极的培养和促进作用，这些都是智育在体育教育和学习过程中的体现。

第三节　体育与美育教育

美育在培养人的道德情操、促进人的智力发展，增强人的身体健康与开展劳动技术教育方面都起着积极的作用，具有辅德益智、育体育技的效应。美育往往以形感人，以情动人，使人在感情上产生共鸣，使性情得到陶冶，在潜移默化中形成良好的品德和个性；美育也能增强人们的体质，如优美的音乐促使人体分泌有益于健康的物质乃至增强食欲，各种色彩的感受对身体也有促进作用；同时美育把什么是身体美的知识教给学生，使他们了解人的健美与体育锻炼的关系，在一定程度上强化了体育锻炼的意识，促进了体育活动的开展。通过体育技术教育和美育教育，激发学生对美好事物的追求和热情，通过美育增加美的知识和创造美的能力，使体育和美育的教育取得更好的效果。

一、体育美学元素的界定与内涵

美的产生有三种：①美是事物的客观存在，它是事物的内在性质或外在表现形式；②美是审美主体产生的积极情感体验，与事物的本身无关，与主体的经验与心理体验密切相关；③美是在实践中主体与客体相互关系的产物。基于此，对体育美学元素概念做如下分析。

目前的体育美学研究成果中直接以“体育美学元素”为关键词的并不多见，只是散落于一些研究之中。体育美学元素与体育美学内容存在相似之处，但又有明显的区别。体育美学研究内容是体育美学研究的对象，包括体育美的各个方面。其中既有美学元素，又有美学元素的相互关系、体育美的发生机制，乃至体育美的价值与应用等，这些都是体育美学的研究内容。而体育美学元素是指构成体育美的基本要素，可以是动作、服饰、表情、精神面貌、团队协作方式的某一方面，也可以是诸多因素的共同作用的某种特征或综合表现，因而体育美学元素的确定必须结合具体的审美活动来确定，这可能是因体育审美的角度不同而导致的。

从客观角度来讲，体育美学元素是体育运动发生过程中的客观事物，包括运动中的环境、服饰、物和人，构成体验活动的各个要素所表现出来的美，可以分别称为环境美、服饰美、器械美、动作美、套路美、节奏美、力量美、柔和美、表情美、精神美等；从主观的角度看体育运动中的美，是指从观赏者的角度感受体育运动的美，包括震撼美、惊险美、刺激美、共鸣美、心灵美、和谐美。体育美学元素是指体育美产生过程中产生体育美感的各个要素，体育美学元素从主客观的相互关系划分，其中既有体育运动过程中的动作、语言、礼仪、环境等客观性物的要素，又有主体的心理要素、个人经验、情感选择等要素。因而，体育美学元素的界定与分析需要从不同的层面进行，从客观事物的层面，即运动中的环境、人和物；从主观层面寻找体育美学元素，即为心理要素和情感要素；从主客体的相互关系来看，则上述两者皆包含其中。

二、体育项目美学元素分析的原则

（一）事物美的客观性

事物美的客观性，即在体育运动中客观存在的美，包括运动环境、运动器具、运动中的人以及人的动作等，这些元素是体育活动得以完成的组成因素，也是体育中美的构成因素，因而称其为美学元素。

（二）心理层面的主观性

在体育美产生的过程中既有事物的颜色、线条、动作、器具等表现的客观美，也包括参与者或审美者自身的心理活动和个体经验。如果缺少主体积极的心理活动，在物理性质上完美的事物也不一定会产生好的审美效果。正如明代哲学家王阳明所说，“树未动，风亦未动，心动了”，看似唯心主义，其实指出了在审美活动中主体心理活动的重要性。

（三）代表性原则

从体育活动中美产生的构成元素来看，包括的元素很多，在分析中不可能全部罗列出来，而是找出其中具有代表性的元素进行分析，对存在共同性的元素进行概括，如力量美、速度美、柔韧美等元素统称为动作美。在高校体育各个项目的美学元素中，选取具有代表性的元素，如分析珍珠球（一项体育运动）时，首先根据珍珠球的特点选取其中表现的形态美、节奏美、精神美、情景美等主要元素。

珍珠球又称“采珍珠”，由模仿采珠人的劳动演变而来，这项体育运动源于满族民间，人们把珍珠当作光明和幸福的象征。这项体育运动需要的运动器材简单，场地的选择不受严格限制，具有广泛的群众性，适合在山区和农村开展。调研发现，温州和台州多个地方开展该项目。在珍珠球比赛中，人们感受到满族捞珍珠时的劳动之美，丰富的美学内涵让比赛有了更多的看点。

珍珠球运动借鉴现代篮球运动的基本规则，属于同场对抗性项目，与篮球运动非常相似。在对珍珠球运动中的美学元素调查时发现，①得分较高的分别是运动员的团结协作精神、具有刚毅顽强的品质和勇敢拼搏的精神；②比赛具有悬念，运动的氛围、运动素质的美，得分较低的分别是运动员的形象和运动场景。由此可以看出，珍珠球运动中的美学元素可以概括为精神美、节奏美、运动美、情境美。

1. 精神美

精神美是指珍珠球运动表现的各种精神品质美的统称。珍珠球运动充满朝气、活力，整个运动情境积极向上。一次进攻可能只需要几秒钟，所有队员都表现斗志昂扬、敢于拼搏的精神状态，因而该项运动具有积极而美好的情境。

珍珠球运动两队各 7 名队员，每队队员之间通力配合，缺一不可，是典型的团体类得分项目。首先，要求队员间彼此信任，相互鼓励，在每一次进攻或防守中都要求每一位成员既要各司其职，又要彼此配合默契。珍珠球比赛要求水区内的4名队员具有良好的个人技术及良好的配合意识，还要求水区队员与抄网队员默契配合，队员之间互相信任、互相团结、互相协作，从而体现运动员的精神美。其次，珍珠球是典型的攻防对抗性项目，运动员在比赛中表现出拼搏、顽强、永不服输的精神品质。由此可以看出，精神美是珍珠球运动中重要的美学元素。

2. 形式美

形式美主要表现为珍珠球运动中各种运动形式之美。在珍珠球运动中运动员表现出优秀的运动能力，从而透出美感。在珍珠球比赛的过程中，极强的竞技特征、快速的攻防转换、各区运动员默契的配合，比赛结果的不确定性，再加上比赛过程中运动员独立作战和集体作战相结合，地面攻守和空间攻守相结合，比赛中的技巧性、计谋性、力量性、对抗性相结合等看点，是珍珠球美学元素的具体体现。

3. 节奏美

该项运动具有强烈的悬念性，有的比赛不到最后一秒也难分胜负，扣人心弦，增强了比赛的观赏性。而整场比赛的胜负则由每一个进攻或防守节奏决定，一方连续得分可能给比赛带来了更好的看点；一方的进攻或防守节奏可能会造成对方阵脚大乱，从而增添了比赛的戏剧性。珍珠球运动充分体现了比赛节奏的美感。

4. 情境美

珍珠球运动中的整体情境给人以朝气、激烈、积极向上的心理体验，其运动情境给人以美的情感体验。珍珠球运动展现了运动者的优美身体姿态、高超的技术水平、流畅的战术配合和永不服输的精神，使人们感悟美的超脱意境。这种优美的动作、快速的节奏和频繁的攻防转换表现，只有体育运动才有，潜藏于人内心却无从表达的意愿得以表现，从而给人以一种极高的美的享受，陶冶人们情操，丰富人们对美的理解和认识。

三、美学元素的价值分析

珍珠球运动中蕴含着较高的实践价值，对当前学校体育的改革，乃至青少年的培养都具有重要的作用。其中的价值包括如下：

（一）欣赏价值

体育中的美使人赏心悦目、扣人心弦、情感共鸣，具有较高的欣赏价值。浙江南拳表现的动作朴实、手法多变、刚猛有力、节奏流畅；黄沙狮子表现为服饰艳丽、惊险刺激、勇敢顽强等特征。这两项体育运动都具有较高的欣赏价值。体育欣赏能丰富人们的文化生活，满足人们精神上的需要。精彩的民族传统体育比赛或表演通常会吸引人们的目光，紧张、激烈、惊险、拼搏的场面紧扣心弦，使人们赏心悦目，激励着不断进取的人们。在珍珠球比赛中，整个比赛跌宕起伏，两队之间相互博弈，你追我赶，不到最后时刻难以分出胜负，充满了悬念，给人以别样的美感体验。有的观众认为，“珍珠球”运动已不单是一种比赛项目，更是一种赏心悦目的艺术汇演，在吸引人们眼球的同时，满足了人们获取艺术享受的心理需求。

此外，在市场经济社会，人们变得浮躁的今天，体育中的美学可以帮助人们对真善美的理解。体育项目可以给个人及家庭带来乐趣和幸福，通过对体育的欣赏，使得更多人认识和参与体育运动，从而促进体育运动的进一步发展。人们在工作学习之余，欣赏体育表演和比赛还能陶冶情操，得到积极性的休息。运动员尽善尽美的表演，健、力、美的和谐统一，鲜明的节奏，默契的配合，表现出诗的情感、艺术的造型，给人以美的享受，从而忘掉忧愁和烦恼，有效地调整失去平衡的心理。体育欣赏促进人们更深入了解拼搏进取、无私奉献的精神。

（二）教育价值

体育对青少年具有重要的教育价值。首先，体育中有丰富的美学内涵，对青少年的身心发展均具有重要的作用。如其中的精神美可以陶冶青少年的情操，让其对体育文化产生认同感，不仅了解体育文化的形式与内容；而且深入接触其中的人文要素和美学元素，对青少年健全人格的培养具有不可估量的作用。其次，当前市场经济带来社会整体的浮躁心理，使得当前的人们急功近利地追逐自身利益，而忽略了本该具备的道德情操。因此，今天的人们需要从民族传统文化中汲取精神养料，而体育文化刚好具备这些内容，可以教导人们学会礼仪、谦让、协作、拼搏、顽强等品质。

（三）促使人们体育行为的产生

体育通过内在的美感吸引人们的眼球，促使更多的人们参与其中，从而形成更广泛的健身群体。浙东南地区的民族传统体育中蕴含着动作美、精神美、服饰美、造型美、氛围美等元素，这些元素使人们产生强烈的视觉感受和情感体验。人们都有对美的向往，因而这些美学元素诱发人们尝试参与其中，进而促使人们产生体育行为。所以，体育项目内在的美学元素对人们体育行为的产生具有积极的作用。

（四）继承体育文化价值

体育扎根于群众之中，长期以来辗转流传，最终被保存下来。今天被保存、延续下来的民族传统体育项目大多来源于生活，具有鲜明的民族特色和广泛的群众基础，它们已经形成了特殊的民族传统体育文化，不仅是国家体育文化的重要组成部分，而且也是中华民族优秀传统文化的瑰宝。分析民族传统体育中的美学元素，有利于挖掘民族传统体育的文化内涵，有利于人们深刻了解民族传统体育的内涵，这对民族传统体育的继承具有重要的作用，因而探析民族传统体育中的美学元素具有继承民族传统体育文化的价值。

第四节　体育与劳动教育

2020 年 7 月 15 日教育部印发的《大中小学劳动教育指导纲要（试行）》指出，劳动教育的内容主要包括日常生活劳动教育、生产劳动教育和服务性劳动教育三个方面，并强调劳动教育途径要注重课内外结合，在开设劳动教育必修课的同时，还要在课外校外活动中安排劳动实践。体育教学是“理论+实践”的课程，而且更侧重于实践。校内外大量的体育活动需要众多的体育志愿者和体育专业人才，学生获得相应的体育知识和运动技能后，通过参与体育活动进行劳动实践，体现体育“服务性劳动教育”的内涵，有助于磨炼学生的意志，树立正确的劳动价值观和养成热爱劳动的品质，增强社会责任担当，实现以劳强体，以体促劳的目的。

一、体育服务性劳动准备素质的培养

“劳动准备素质是一种专门化的教育过程，它通过运用体育的形式、方法和手段，最大限度地保证人的劳动和活动所必要的功能和运动能力得到发展和完善”[1]，通过体育课教学，学习和掌握体育运动的知识及技能，提高劳动者从事体育服务性劳动相关的技能能力，提高体育服务性劳动的社会职业适应能力。

（一）渗透劳动教育元素，提高劳动认知

现有的体育教学体制依然只是要求学生掌握体育的基本知识和技能，发展身体素质，掌握体育锻炼的方法，培养学生参与体育锻炼的习惯，在教学中较少融入劳动教育元素，在课程的设置上基本没有与劳动实践相关的内容。在体劳融合背景下，“数学、科学、地理、技术、体育与健康等学科要注重培养学生劳动的科学态度、规范意识、效率观念和创新精神[2]”，因此，体育教师有责任利用好各种体育教育教学渠道对学生开展劳动教育，提高认知，要结合体育学科历史、人文等渗透对劳动的认知，提高学生对劳动价值观、劳动意识和劳动习惯等的引导和培养。教学中还要经常开展以体育服务性劳动教育为主题，提升学生劳动认识为目的的交流讨论，观看劳模事迹展览等形式，并结合“线上和线下”提升学生对劳动的认识，通过这些有计划、有目的的劳动认知活动，“重在让学生理解和掌握劳动创造了人本身，劳动创造世界等历史唯物主义基本理论，主张以及用劳动相关法律、法规、政策，作为行动的指南”，因此，体育教师要通过不断学习，提高自身体育学科素养，在体育课堂中使学生获得正确的劳动认知。

（二）传授体育技能，培养劳动意识和习惯

体育必修课是一门以实践为主的教学课程，是学校体育教育教学的主渠道。教学中要以学生为主体，使得每一位学生在校期间都能掌握一至两项运动技能，了解每个项目、每项技术的特点、形成和发展，熟悉、学习和掌握专项技术的过程，包括对组织教法也要有所了解。在体劳融合的教育形式下，这些专项技能都能转化为社会实践中的体育服务技能，更大程度地服务于社会。因此，在体育课堂教学中，体育教师要通过强化劳动教育手段，渗透劳动教育元素，教学中可创设不同的教学情境，让学生在情境中扮演不同的角色，使学生全方位认识劳动，体验劳动，养成热爱劳动的习惯。比如，在足球教学比赛中，教师可将学生分成若干小组，一部分同学负责器材借还、场地划线及设备检查工作；另一部分同学负责教练、比赛组织及裁判工作；还有一部分学生充当志愿者负责饮用水、休息放松等后勤服务。通过在劳动中的不同角色体验，让学生懂得尊重劳动、珍惜劳动，并从酸甜苦辣的劳动服务中体会到劳动的价值和意义。另外，还可以安排学生定期对体育场馆和器材设备的检查、卫生打扫，兼职课内外体育辅导等工作，通过这些措施的落实，逐渐让学生养成自觉劳动的习惯。

（三）熟练专项技术，培养劳动能力

学校体育社团（或体育俱乐部）是学校课外体育的重要活动形式，体育社团的各种体育活动丰富了学生的课余生活，满足了他们的体育活动需求，增加了同学间的日常互动机会，增强了团队合作意识，提高了体育实践能力，发展了学生的体育特长。在体劳融合的背

景下，学校体育社团对学生形成参与体育锻炼的行为意识及劳动服务意识都十分重要。在社团中，一方面体育教师的专业辅导必不可少，另一方面体育特长生可起到传帮带的作用。社团定期开展辅导培训、定期进行各项比赛等活动，各个会员都能在社团中找到自己的位置，增长技能，锻炼自己，展现自身的价值。社团在组织活动过程中，每个会员分工不同，在接触体育服务性劳动实践的过程中各尽其职，从而提高了社会适应能力，培养了劳动能力。再有，学生在体育社团进一步学习和巩固了体育技能，更有利于各运动专项向各自的体育服务性劳动技能转化。因此，学校要重视体育社团的建设，吸引更多的学生参与。

（四）提升运动技能，具备劳动特长

每一所高职院校都拥有不同种类的体育运动队，运动队中的部分学生在小学或中学阶段通过各种体育培训具备一定的专项特长，或通过体育课和体育社团的学习在某专项技能上较突出、水平优于普通学生的优秀生。他们被学校运动队录用后，在常年训练中积累了更专业的运动知识和技能。他们是开展课余体育活动的积极分子，也是学校各项体育竞赛中的中坚力量，更是体育教师教学的好帮手，多数通过运动队训练的学生有能力分担部分力所能及的课内外体育工作，如学校各级体育比赛的编排、裁判等赛事组织工作，兼任课外体育辅导等。学校体育部门通过与市或省各体育协会的联合，通过理论和实践的培训，可在其中培养一批优秀的学生，获得相关项目的裁判员证书及体育社会指导员证书等，从而能使他们走出学校后，成为体育服务性劳动的骨干成员。

二、体育服务性劳动的实施

《大中小学劳动教育指导纲要（试行）》指出："服务性劳动教育让学生利用知识、技能等为他人和社会提供服务，在服务性岗位上见习实习，树立服务意识，实践服务技能；在公益劳动、志愿服务中强化社会责任感"。当前我国城乡群众性体育发展迅速，公众健康意识增长，人们的体育锻炼需求日益增长，健身场馆设施齐全，各类体育竞赛活动频繁，与此同时，需要大量的体育服务人员，包括健身教练、体育社会指导员、裁判、工作人员等赛事服务。

（一）建立校内体育服务站

课外体育活动是学校体育工作的重要组成部分，是实现学校体育目标和任务的重要途径之一，其形式包括课外活动、体育俱乐部（体育社团）、学校运动会、运动训练以及校、院（系）、班级等的各级体育竞赛。课外体育活动项目多、内容多、人员多、工作量大，仅靠体育教师的努力是很难做好的，必须建立由主管体育的校领导、学生处、团委及体育部组织实施，班主任、学生会配合管理的课外体育活动管理体系。在课外体育活动制度化、规范化、多样化的情况下，各运动场馆的管理、锻炼辅导、活动组织、裁判员、工作人员等都需要大量的学生参与。在学校体育部门的主要负责下，校学生会体育部可建立"体育服务站"，服务站招募的成员除具备基本的专项体育技能外，各运动专项的体育教师还应有目的、有计划地组织对他们进行本专项运动技能的辅导、竞赛组织、裁判等的学习培训。"服务站"对各成员的体育服务技能基本信息进行网络化管理，实行"体育技能信息"的上报、查询、同步与共享，随时为教职工及学生的各种体育活动提供服务。另外，校内"体育服务站"还可以为来校锻炼的社会人员服务。虽然政府部门也在努力完善公共体育设施，但

是社区体育设施的建设相对来说还是滞后的，很大程度上影响了社区体育的发展，因此，高职院校体育资源的合理开发利用可成为社会大众体育的优势资源，在不影响学校正常体育教学的前提下，向社会开放，提供各种体育活动服务。如高职院校的体育场馆在节假日、周末或平时的早晨和晚上向社区居民开放，利用学校充足的体育设施承接企事业的各种体育比赛等，这时，训练有素的“体育服务站”的成员就可以为训练、比赛、培训等提供各类指导和赛事服务工作。

（二）建立校外社会体育服务实践点

随着我国素质教育的推进，勤工助学作为大学生参与社会实践的重要途径和渠道，在提升学生素质上有着不可替代的作用。高职院校加强与体育行政主管部门、街道社区、中小学、体育培训机构的联系，搭建校外实践平台，为他们提供优质的学生资源，做好体育服务性工作。比如，学校足球队或篮球队的学生在参加市级以上教练员、裁判员培训班后，持证上岗，为中小学的校园篮球和校园足球等的发展提供一份力量。

“学生既是劳动教育的对象，也是巨大的劳动力资源”，通过校内“体育服务站”与校外各政府体育部门、体育培训机构等建立“社会体育服务实践点”，提供各种有偿或公益的志愿活动等的体育服务性劳动，学生在锻炼自己、提高社会适应能力的同时也帮助了他人，收获了劳动成果，这也是体劳融合价值的体现。如为所在地区机关、企事业单位、社区街道等举办的各种体育活动提供体育服务工作；走进社区进行体育健身知识等的宣传、调研；到一些康复机构帮扶失能老人；为残疾人进行基本的康复锻炼等。这样，既能让学生切身体会和感受到劳动的艰辛和劳动成果的来之不易，进一步激励他们更好地学习和锻炼，又能使学生在社会实践中接受和践行文明礼貌、助人为乐等的公德教育，同时也展现和弘扬了当代大学生热爱劳动的精神风貌。

1. 简述“五育”融合的重要意义。
2. 简述体育如何与德育、智育、美育、劳育融合教育。

第 三 篇

体育运动实践

第十章

田径运动

学习目标

知识目标

了解田径运动的分类；了解田径运动的价值。

能力目标

学会田径运动基本项目的基本技术。

素质目标

积极参加田径运动，达到大学体育教学的要求，促进身体健康，体会超越自我的体育精神。

田径项目可以分为径赛和田赛。“径”是指跑道，在跑道上举行的各种形式的赛跑和竞走都属于径赛，包括短跑、中长跑、长跑、马拉松、竞走等。“田”是指宽阔的场地，在跑道所围绕的中央或临近的场地上举行的跳跃、投掷等项目统称为田赛，包括跳高、跳远等。

第一节　跑

跑的分类如表10-1所示。

表10-1　跑的分类

	项目	男子	女子
径赛项目	短距离跑	100 m、200 m、400 m	100 m、200 m、400 m
	中距离跑	800 m、1 500 m、3 000 m	800 m、1 500 m
	长距离跑	5 000 m、10 000 m	3 000 m、5 000 m、10 000 m
	马拉松	42.195 km	42.195 km
	跨栏跑	110 m、400 m	100 m、400 m
	障碍跑	3 000 m	3 000 m
	接力跑	4×100 m、4×400 m	4×100 m、4×400 m
	竞走	25 km、50 km	10 km、20 km

一、跑的技术（以短跑为例）

（一）起跑

起跑的任务是使身体快速摆脱静止状态，为起跑后的加速跑创造有利的条件。

1. 起跑器的安装

直道起跑器的安装方法有两种方式：第一种是“普通式”，前起跑器距起跑线距离为 1.5 脚长，后起跑器距前起跑器为 1.5 脚长；第二种是“拉长式”，前起跑器距起跑线距离为 2 脚长，后起跑器距前起跑器为 1 脚长（见图 10-1）。

弯道起跑器（如 200 m 跑道）的安装，应将起跑器安装在弯道的跑道右侧，正对跑道的切点方向（见图 10-2）。

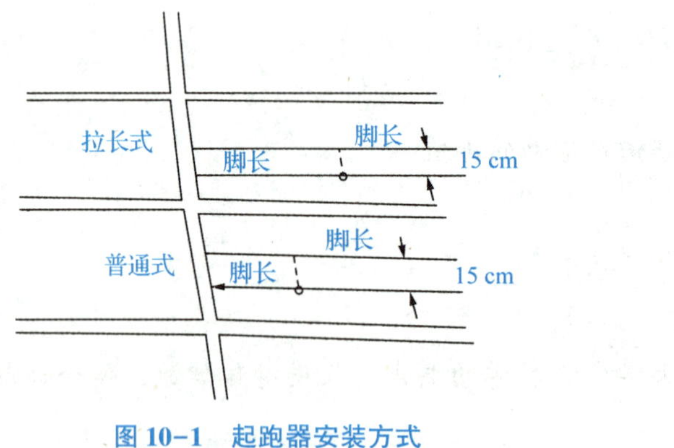

图 10-1　起跑器安装方式

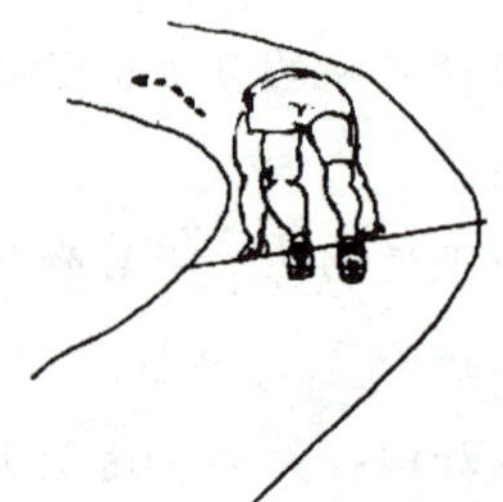

图 10-2　弯道起跑器

2. 起跑技术

起跑技术包括“各就位”“预备”和鸣枪三个阶段。

运动员听到“各就位”口令后，积极调动身体的兴奋性，两手撑地，两脚踏在起跑器上，有力脚在前，后膝跪地，双手四指并拢和拇指成八字形撑地，两臂伸直，肩与起跑线平行，两手间隔略比肩宽。

运动员听到“预备”口令后，臀部慢慢抬起，重心前移，与肩同高或高于肩。肩部稍超出起跑线，重心落在两臂及前腿上。

运动员听到枪声后，两手迅速推离地面，两臂屈肘有力地做前后摆动，两脚迅速蹬离起跑器，前腿快速有力地蹬伸髋、膝、踝关节，后腿蹬离起跑器后快速屈膝向前上方摆出（见图 10-3）。

图 10-3　起跑

3. 起跑后的加速跑

起跑和起跑后的加速跑是一个整体，后腿前摆着地即转入了加速跑阶段。小步幅、低重心、快步频、身体适当前倾，两臂积极有力地前后摆动，随着跑速加快，上体逐渐抬起，步长加大，即转入了途中跑（图 10-4）。

图 10-4 加速跑

弯道起跑时，为了尽快进入弯道跑，加速跑的距离要比直道的距离更短一些，尽早抬起前倾的身体。

4. 途中跑

途中跑时，头、上体保持正直或稍前倾，两臂做前后有力的摆动，高抬大腿、屈膝积极前摆，带动髋向前。大腿积极下压，小腿自然前伸，前脚掌扒地缓冲（见图 10-5）。

图 10-5 途中跑

弯道途中跑时，为了克服离心力的作用，整个身体要向左倾斜，右肩略高于左肩，右臂摆幅和力量都大于左臂，脚落地时，右膝和右脚尖稍向内转，用前脚掌的内侧着地和蹬地。左膝和左脚尖稍向外转，用脚外侧着地和蹬地。

5. 终点跑

终点跑一般在最后 15~20 m 的距离，要加强两脚蹬地的力量和两臂的摆动，并适当加大身体的前倾。离终点最后一步时，上体迅速前倾用胸部或肩部以最快的速度冲过终点线（见图 10-6）。

图 10-6 终点跑

二、练习方法

（一）蹲踞式起跑和加速跑的技术练习

（1）不用起跑器的蹲踞式起跑练习，从蹲踞开始做起跑动作，各种快速反应练习。

（2）两腿分前后站立身体前倒，等身体失去平衡时，顺惯性快跑。

（3）利用起跑器按“各就位”“预备”体会起跑的动作要领，主要体会双脚蹬离起跑器瞬间的感觉。

（4）起跑与加速跑的衔接练习（体会低重心、小步幅的加速跑）。

（二）途中跑技术练习

（1）摆臂技术练习：两脚前后开立，重心在前脚；原地摆臂练习，摆臂要以肩关节为轴，也可以适当负重摆臂练习。

（2）中等速度的 60 m 反复跑练习：要求动作放松、协调，强调支撑腿充分后蹬及摆动腿积极前摆的技术动作。

（3）弯道途中跑技术练习：先慢跑、以中等速度跑，然后再快跑。体会随着速度的加快，身体向内不断加大倾斜程度。

（三）终点跑技术练习

（1）终点撞线技术练习：反复体会上体前倾用胸部做撞线的动作。

（2）终点跑技术练习：快速跑过终点，注意身体适度前倾和加快步频及增大摆幅；快速跑在接近终点 1 m 处做胸部撞线动作，迅速跑过终点，不能跳起和跨大步撞线。

第二节 跳 跃

跳跃项目分为高度项目（跳高、撑竿跳高）和远度项目（跳远、三级跳远）。运动员在快速助跑起跳后，身体克服引力所能达到的高度或远度非周期性运动。高度是决定跳高成绩的基础，远度是决定跳远成绩的基础。跳高技术由助跑、起跳、过竿、落地 4 个部分组成。经常参加跳高运动不仅能增强人的腿部力量，提高弹跳能力，发展技巧和协调性，还能培养勇敢、坚定、沉着、果断、勇攀高峰的意志品质，是一种很好的体育锻炼项目。跳高有跨越式、剪式、俯卧式和背越式等多种姿势，初级阶段多采用跨越式（见图 10-7），目前最流行的是背越式（见图 10-8）。跳远的完整技术由助跑、起跳、腾空、落地四个部分组成（见图 10-9）。

图 10-7　跨越式

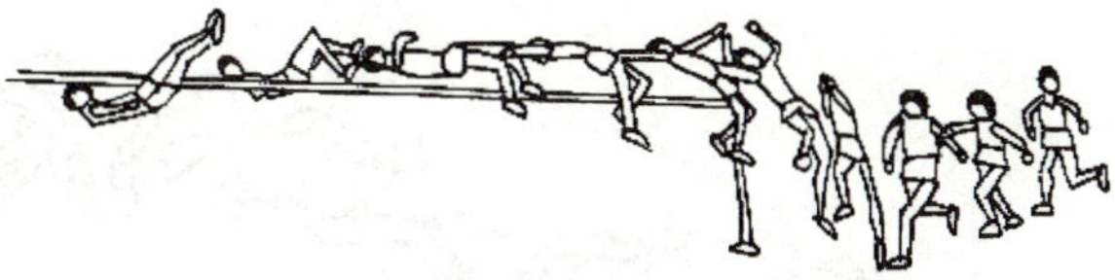

图 10-8　背越式

图 10-9　跳远技术

一、跳跃的技术

（一）跳远

1. 助跑

助跑的目的是为了获得较高的水平速度，为准确踏板和起跳做好准备。

2. 起跳

合理的起跳技术要求在最大限度保持水平速度的同时，又能使身体获得理想的起跳速度，起跳是跳远中的重中之重。

踏板快而准，助跑的最后一步用起跳腿支撑，以全脚掌踏板，上体保持正直，用全力蹬伸起跳腿，使起跳腿的踝、膝、髋三关节伸直，摆动腿积极前摆，两臂配合腿的动作，摆臂摆腿快，伸展上体（见图 10-10）。

图 10-10　腾空步

3. 腾空

腾空初期的姿势称为“腾空步”。“腾空步”一般有蹲踞式和挺身式。

（1）蹲踞式：在“腾空步”至最高点时，起跳腿迅速向前与摆动腿靠拢，两臂自然向下摆，上体稍前倾，在空中成“蹲踞”姿势，前伸小腿（见图 10-11）。

图 10-11　蹲踞式

（2）挺身式：在“腾空步”后，起跳腿放在下方，摆动腿前摆后再下落，两臂向侧下方摆动，同时挺身，用力收腹，上体前倾，双腿迅速前伸，双臂由后上方向前摆动（见图 10-12）。

图 10-12　挺身式

4. 落地

落地前，大腿尽量上提靠近胸部；落地时，小腿积极前伸，屈膝缓冲，臀部前移，上体前倾，双臂后摆，使身体重心快速移过支撑点。

三、跳远技术的练习方法

1. 助跑与起跳的技术练习

（1）原地模仿起跳练习：起跳腿蹬直，摆动腿向前上方摆动，身体各部分配合协调。

（2）上步起跳的练习：起跳腿向前踏跳，摆动腿迅速向前上方摆动，伸展上体，两臂上摆，头向上顶，同时起跳腿用力蹬地跳起。

（3）短距离助跑练习：练习时，要注意快速助跑与有力的踏跳很好地结合。

（4）全程助跑的起跳练习：助跑要快速、平稳，踏跳要准确，起跳时要充分蹬直踝、膝、髋关节。

2. 空中姿势和落地技术练习

蹲踞式的空中姿势比较简单，走步式的空中姿势比较复杂，只有挺身式跳远适宜大学生，重点介绍挺身式跳远空的练习方法。

（1）原地做挺身式的练习，体会展体动作。

（2）踏跳做挺身式的练习。

（3）由高向下跳的练习：站在跳箱上做挺身式跳远的练习，收腹举腿，前伸小腿跳落沙坑。

（4）结合弹跳板的挺身练习：助跑后在弹跳板上起跳，做挺身动作跳落沙坑。

（5）助跑挺身式跳远练习。

3. 三级跳远

第一跳（单足跳），以有力腿起跳，在空中做交换腿，有力腿落地。

第二跳（跨步跳），仍是有力腿起跳，在空中成腾空步姿势。

第三跳（无力腿起跳），同跳远落地（见图 10-13）。

图 10-13　三级跳远

三级跳远技术的练习方法：

（1）快速力量练习：原地模拟练习、杠铃蹲跳、杠铃弓步跳、负重沙背心跳等。

（2）跳跃练习：助跑五级跨步跳、助跑单足跳等。

第三节　投　掷

投掷项目主要包括铅球、标枪、铁饼和链球，重点介绍侧向滑步推铅球。

投掷运动是人类最古老的运动项目之一，它是以远度来计算成绩的。投掷项目所采用的器械形状不同，动作外观差异也较大，但合理的投掷技术都遵循共同的规律，运动成绩主要由器械出手时的初速度、出手角度和出手的高度决定（在不考虑空气作用的情况下）。

一、投掷技术

投掷技术由握球、持球、预备姿势、滑步、最好用力和器械出手的缓冲组成。

（一）握球与持球

1. 握球

五指自然分开，把球放在食指、中指和无名指的指根上，铅球重在食指和中指之间，拇指和小指扶在球的两侧，手腕背屈。（见图 10-14）。

2. 持球

握好球后，将球放在锁骨窝处，贴住颈部，抬起肘关节，掌心向前（见图 10-15）。

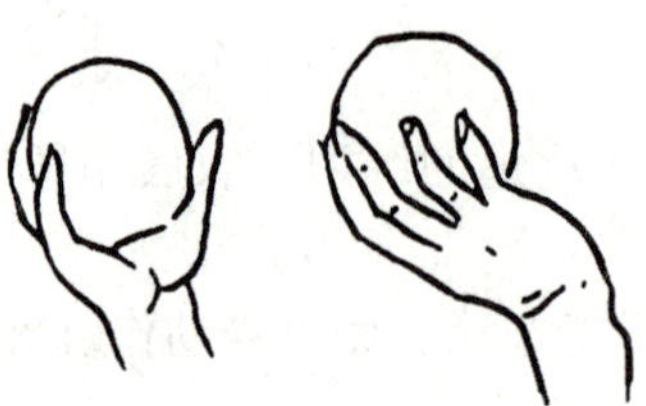

图 10-14　握　球

图 10-15　持　球

（二）预备姿势

持球后侧对投掷方向，左脚在前（右手推球），脚尖靠近投掷圈，右腿在后自然弯曲，上体正直，左臂上举。

（三）滑步

从预备姿势开始，做一两次预摆，然后左大腿带动小腿向低趾扳方向摆出，同时右腿蹬地，带动髋部向前移动，右脚、右膝向内转动，同时左腿积极下压，用前脚掌内侧着地，完成滑步动作，重心在右腿上，左臂向下，拉长腰背肌肉，为最后用力做好准备（见图 10-16）。

图 10-16　滑　步

（四）最后用力

滑步结束后，左腿着地的一刹那开始最后用力，右脚用力蹬地，脚跟抬起，右膝内转，右髋边转边前送，形成了髋在前、肩手在后的“超越器械”状态。当身体与地面垂直的瞬间，上体向投掷方向转动，球离开颈部，抬头、挺胸、转肩、推臂、拨指，使出全力推球，使球沿着 38°~42°的角度飞出（见图 10-17）。

图 10-17　最后用力

（五）器械出手的缓冲

铅球离手后，两腿交换，积极维持身体平衡，防止犯规。

二、推铅球技术的练习方法

（一）辅助练习

（1）原地掷实心球练习。

（2）双手向前、向后抛实心球或轻铅球练习。

（二）推铅球练习

（1）徒手原地推铅球练习。

（2）持球原地推铅球。

（3）滑步练习。

（4）滑步推铅球。

思考题

1. 如何提高短跑技术？
2. 目前流行的跳远姿势是什么？其动作要领是什么？

第十一章 球类运动

第一节　足　球

学习目标

知识目标

了解足球运动的发展史；了解足球运动的特点与锻炼价值。

能力目标

学会足球运动的基本技术、战术及规则。

素质目标

学会足球技战术，懂得欣赏足球比赛；感受参与比赛的乐趣，领会团队精神、拼搏精神等。

一、足球运动概述

足球起源于中国。中国古代足球运动称为“蹴鞠”或“蹋鞠”。这项活动在春秋战国时代就出现了，到了汉代，有了“鞠域”或“鞠室”。

现代足球起源于英国。1863 年 10 月 26 日，英国在伦敦成立了世界上第一个足球运动组织——英国足球协会，并统一了足球规则，英式足球的名称叫“soccer”。到 15 世纪末人们才称为“football”（足球）。

1904 年 5 月 21 日，法国、比利时、西班牙、荷兰、丹麦、瑞典、瑞士等 7 个国家足球协会的代表在巴黎召开会议，成立了足球国际性的组织——国际足球联合会，英文缩写为“FIFA”。

1900 年，足球运动被正式列为奥林匹克运动会的比赛项目。足球运动是世界第一大运动。

中华人民共和国成立后，足球运动得到不断的发展，深受广大群众的喜爱，足球运动水平也有了很大的提高。

二、现代足球运动的特点与价值

（一）足球运动的特点

（1）力量美和智慧美相融合。

（2）民族精神的象征。

（3）技术复杂，战术多样，竞争激励。

（4）比赛时间长、场地大、体能消耗大。

（二）足球运动价值

（1）足球运动是一项全身性、综合性运动，足球比赛要求运动员长距离奔跑，体能消耗大，锻炼效果明显，具有很高的健身价值。

（2）足球运动竞赛规则比较简练，器材设备要求不高，比赛时间、参与人数、场地和器材不受严格限制，是一项十分容易开展的群众性体育运动项目。

（3）足球运动有利于培养勇敢顽强、机智果断、坚忍不拔的意志品质，有助于加强合作意识，培养团队精神和交流沟通能力。

三、足球基本技术

（一）踢球

踢球是最基本的技术，主要用于传球和射门。踢球的方法一般由助跑、支撑脚站位、踢球腿摆动、脚触球部位和踢球后的随前动作五个环节组成。

1. 脚内侧踢球

1）技术运用

脚内侧踢球适用于踢定位球、短中距离的传球、近距离的射门、罚点球、直接踢来自不同方向的地滚球、空中球等。

2）动作要点

踢定位球时，直线助跑，支撑脚踏在球侧约 15cm 处，膝微屈，踢球腿以髋关节为轴由后向前摆动，屈膝外展，脚尖稍翘，脚底与地面平行，小腿加速前摆，踝关节紧张，用脚内侧踢球的中后部（见图 11-1）。

图 11-1　脚内侧踢球

2. 脚背内侧踢球

1）技术运用

脚背内侧踢球适用于踢定位球（平直球、弧线球）、过顶球、中长传、转身踢球及各种距离的射门。

2）动作要点

斜线助跑，助跑方向与出球方向约成45°角，支撑脚踏在球侧后方约25 cm处，微屈膝，脚尖指向出球方向，重心稍倾斜支撑脚一侧，支撑脚着地的同时，踢球腿以髋关节为轴，大腿带动小腿由后向前摆动，当膝关节摆至接近球的内侧上方时，小腿加速前摆，脚背绷直，以脚背内侧击球的后中下部，踢球后随球前摆（见图11-2）。

图11-2 脚背内侧踢球

3. 脚背正面踢球

1）技术运用

脚背正面踢球适用于踢定位球、空中球、反弹球和倒勾球。

2）动作要点

直线助跑，支撑脚踏在球侧方约12 cm处，脚尖正对出球方向，膝微屈，在支撑脚着地的同时，以髋关节为轴，大腿带动小腿由后向前摆，在膝关节摆至球垂直上方的刹那，小腿快速前摆，脚背绷直，脚趾扣紧，以脚背的正面击球的后中部（见图11-3）。

图11-3 脚背正面踢球

（二）接球

运动员有目的地用规则允许的身体有效部位，把运动中的球接停在所需要的位置，比赛中的每一种接球动作大多由移动选位、触球动作、运球支撑、接停球后的跟随移动等环节组成。

1. 脚内侧接球

1）技术运用

脚内侧接球比较容易掌握。因脚接触球的面积大，容易停稳，并且便于改变方向和结合下一个动作，可以用来接停地滚球、反弹球和空中球。

2）动作要点

（1）脚内侧接停地滚球：正对来球，判断来球的速度和方向，停球腿屈膝外转迎球，脚尖稍翘，触球刹那后撤，并用脚内侧接触球，把球控制在需要的位置上（见图 11-4）。

图 11-4　脚内侧接停地滚球

（2）脚内侧接停反弹球：支撑脚踏在球的落点的侧前方，膝关节弯曲，上体稍前倾并微转，同时接停球脚提起，踝关节放松，用脚内侧对准球的反弹路线，当球落地反弹离地时，用脚内侧推压球的中上部（见图 11-5）。

图 11-5　脚内侧接停反弹球

（3）脚内侧接停空中球：根据来球的高度，将接停球脚举起前迎，脚内侧对准来球，在脚与球接触时的刹那开始后撤，后撤过程中用脚内侧触球，把球控制在需要的位置上。

2. 脚底接球

1）技术运用

脚底接球技术，在比赛中常用于接停地滚球和反弹球。

2）动作要点

（1）脚底停地滚球：支撑脚踏在球的侧后方，膝微屈，脚尖正对来球，同时停球脚提起，脚尖翘起（脚跟不得高于球），踝关节放松，用前脚掌触球的中上部。

（2）脚底接停反弹球：支撑脚踏在球落点的侧后方，当球着地一刹那，用前脚掌对准球的反弹路线，触球的中上部。

3. 大腿接球

1）技术运用

大腿接球技术在比赛中一般适用于高空落球或平行于大腿高度的来球。

2）动作要点

（1）大腿接高落球：面对来球，将接停球腿抬起，以大腿中部对准下落的球，在大腿与球接触的刹那，大腿迅速撤引挡球，使球落于需要的位置上（见图 11-6）。

图 11-6　大腿接停高落球

（2）大腿接低平球：面对来球，以大腿中部对准来球，屈膝前迎，当大腿与球接触的刹那，快速后撤挡球，使球落在需要位置上。

4. 胸部接球

1）技术运用

胸部接球技术在比赛中接停高球和空中平直球（见图 11-7）。

图 11-7　胸部接球

2）动作要点

（1）收胸式接停球：一般接停胸部高度的平直球。接停球时，面对来球，两脚开立，两臂张开，上体前倾，当球与胸部接触刹那，重心快速后移，收胸、收腹挡压球，缓冲来球的力量，使球落在身前。

（2）挺胸式接停球：一般接停高于胸部以上的高球。正对来球，两臂张开，两腿开立，膝缩屈，收下颚挺胸迎球。当球与胸部接触的刹那，上体稍后仰，同时展腹挺胸使球弹起落于体前。

（三）头顶球

比赛中的头顶球由移动、身体摆动、头击球和随前动作四个环节组成。头顶球可分为前额正面顶球和前额侧面顶球两种方法，都可以做原地顶球、跳跃顶球、跑动中顶球和鱼跃顶球（见图 11-8）。

图 11-8 头顶球

1. 技术运用

头顶球是处理空中球最积极和快速的技术动作，在比赛中是传球、射门和抢截球的有效手段。

2. 动作要点

（1）前额正面头顶球：原地头顶球时，正对来球，两脚开立，膝微屈，上体后仰，注视来球，当球与身体垂直的刹那，脚用力蹬地，身体迅速向前摆体，颈部收紧张，收颚甩头，用前额正面顶球的中后部，然后上体随球继续前移。跳起头顶球时，双脚起跳，挺胸展腹，准备顶球时，身体成背弓，当球与身体垂直的刹那，快速收腹，前屈并甩头，用前额正面将球顶出，顶球后，两腿屈膝落地。

（2）前额侧面头顶球：两脚开立，膝微屈，上体和头部向来球方向异侧转动，重心在后脚，头部触球时，后脚蹬地，上体向来球方向扭转，同时甩头，当球与同侧肩前上方时，用前额侧面顶球的中后部。

（四）运球

运球是运动员在跑动中用脚连续推拨球，使球处于自己控制范围内的触球动作。运球是运动员个人控制球能力和个人进攻能力的集中体现。在比赛中，运球可以调节比赛节奏，摆脱对手，破坏对方的防守阵形，造成以多打少的主动局面，为传球和射门创造有利的机会。

运球时眼睛要看球兼顾对手和场上的情况；运球时跑动步子小而短促，重心低；运球时动作不宜太大，始终将球处在自己的控制范围内；运球过人时，要控制好自身的身体重心。

1. 脚背正面运球

放松跑动，上体稍前倾，两臂协调摆动，小步幅。运球脚屈膝提起前摆，脚背绷直，脚尖下指，在着地前，用脚背正面推拨球前进。

2. 脚背外侧运球

放松跑动，上体稍前倾，两臂协调摆动，小步幅。运球脚屈膝提起前摆，脚尖稍内转，在着地前，用脚背外侧推拨球。

3. 脚背内侧运球

放松跑动，上体稍前倾，两臂协调摆动，小步幅，上体前倾并稍向运动方向转动。运球脚屈膝提起前摆，脚尖稍外传，在着地前，用脚背内侧推拨球。

四、足球战术

足球战术是指在足球比赛攻守过程中，为了战胜对手，根据主客观的实际情况采取的个人行为和集体配合的总称。

足球比赛是在进攻和防守不断转换过程中进行的，足球战术分为进攻战术和防守战术。进攻战术的主要目的是积极创造射门机会，争取破门得分。防守战术的主要目的是保护球门不被攻破和转守为攻。全队的进攻战术和防守战术都由个人和两三人单次或多次的协同配合组成，全队的协同配合形成全队的进攻和防守战术。足球技术、战术意识和身体素质是实施战术配合的基础，而心理素质是战术配合得以完成的保证。

足球战术：进攻战术包括个人战术（传球、射门、摆脱和跑位）、局部战术（运球突破、两人的传切配合、三人的传球配合）、全队战术（定位球进攻战术、中路进攻战术、边路进攻战术）。防守战术包括个人战术（选位、盯人）、局部战术（保护、补位、封堵、围抢）、全队战术（人盯人战术、区域战术、综合战术、造越位战术、定位球战术）

思考题

1. 足球运动的锻炼价值是什么？
2. 常用的足球技术有哪些？
3. 足球防守战术有哪些？

第二节　篮　球

学习目标

知识目标

了解当代篮球的趋势；熟悉篮球运动的锻炼价值。

能力目标

学会足球运动的基本技术、战术及裁判规则。

素质目标

通过篮球运动的学习，掌握篮球运动的多种运动技能，活跃身心，增强体质，尊重篮球运动的规则精神、尊重比赛、尊重裁判、尊重对手。

一、篮球运动起源与发展

篮球运动是在1891年由美国马萨诸塞州斯普林菲尔德市基督教青年会训练学校的体育教师詹姆士·奈史密斯博士借鉴其他球类运动项目设计发明的。目的是为了能够让学生在室内开展体育活动，提高学生参加体育活动的兴趣。起初，他将两只桃篮钉在体育馆两端的墙上，利用传递、运拍，将球向篮内投掷，投球入篮得1分，按得分多少决定比赛胜负。

1892 年，詹姆士·奈史密斯制订篮球规则 13 条，比赛时间规定为上、下半场各 15 min，对场地大小也做了规定；到 1893 年规定上场人数为各队 5 人。随着篮球运动在美国的推广与开展，场地、器材、技战术的不断改进，形成一项具有现代化特点的攻守激烈的竞技项目。现代篮球运动正向着技术全面、攻守更快、对抗更激烈、商业化和职业化发展。

二、篮球运动的锻炼价值

篮球运动是一项直接对抗的集体项目，具有复杂性、多样性、激烈性等特点。经常参加篮球运动，可以提高身体素质，有利于培养团结合作、尊重对手、公平竞争的基本素养，有利于扩大交往、增强团结，在运动中不断完善人的气质、性格、能力，促进社会和谐发展。

现代篮球比赛中娴熟的运球、巧妙的传球、精彩的扣篮等，可以使人得到心理上的满足和愉悦，给观众带来一场赏心悦目的视觉盛宴。

三、篮球的基本技术

篮球的基本技术分为进攻技术和防守技术。进攻技术包括传接球、投篮、运球、持球突破等；防守技术包括防守对手、抢球、打球、断球等。移动和抢篮板球既是进攻技术又是防守技术。

（一）移动

移动是通过各种快速、突然的脚步动作，达到摆脱或防守的目的，关键在于随时掌握好身体重心的平衡和变化。

1. 基本站立姿势

动作要领：两脚开立，两膝微屈，上体稍前倾，两臂屈肘置于体侧，身体重心在两脚之间，两眼注视前方（见图 11-9）。

图 11-9 基本站立姿势

2. 起动

动作要领：起动时，重心移动，脚用力蹬地上体向启动方向侧转、前倾。起动后，前两步应短促、快速，重心逐渐前移，上体逐渐抬起，在最短时间内发挥最快速度。

3. 跑

跑是篮球运动中最常见的进攻和防守的手段。

（1）侧身跑。动作要领：脚尖对准跑动方向，头部和上体向有球方向扭转，观察场上情况。

（2）变向跑。动作要领：向左变方向为例，右脚落地，脚尖左转，用力蹬地，上体向左转，左脚快速向左前方迈出。

（3）变速跑。动作要领：加速时，上体前倾，前脚掌积极后蹬，同时迅速摆臂，前两步小，加快频率。减速时，上体直起，步幅加大，用前脚掌抵地，缓冲降速。

4. 急停

（1）跨步急停。动作要领：急停时，向前跨出一大步，第二步落地的同时，快速屈膝，腰胯用力，重心下降，全脚着地，落地时，脚尖稍内扣，前脚掌内侧蹬地，重心移至两脚之间。

（2）跳步急停。动作要领：跑动中，单脚或双脚起跳，两脚同时落地，屈膝降重心，保持身体平衡，重心落在两只脚之间。

5. 转身

（1）前转身。动作要领：转身时，重心移向中枢脚，移动脚的前脚掌蹬地跨出，以肩带腰转动。中枢脚蹬地后迅速从左脚前面跨过落地。转身过程中，身体重心要在一个水平面上，不能上下起伏。

（2）后转身。动作要领：后转身时，重心移向中枢脚，移动脚前脚掌蹬地，同时用力向右后方转胯、转肩，移动脚蹬地后，迅速从左脚后面跨步落地，身体不能上下起伏。

6. 滑步

（1）侧滑步。动作要领：两脚开立，两膝微屈，两臂张开，上体稍前倾。向左侧滑步时，右脚前脚掌内侧迅速蹬地，同时左脚向左横跨出，贴着地面滑动。移动中重心要在一个水平面上，不能上下起伏，重心始终在两脚中间。向右侧滑步时动作相反。

（2）前滑步。动作要领：前滑步的动作要领与侧滑步相同，只是方向不同。

（3）后滑步。动作要领：后滑步的动作要领与侧滑步相同，只是方向不同。

（4）交叉步。动作要领：两脚开立，两膝微屈，两臂张开，上体稍前倾。向左移动时，右脚用力蹬地，快速从左脚前迈出，上体稍向左转，右脚落地，左脚迅速向左跨步。两脚交叉要快，身体不能上下起伏。交叉步后重心落在两脚之间。

图 11-10 所示为移动技术训练方法，具体如下：

（1）讲解示范，做起动跑的练习。

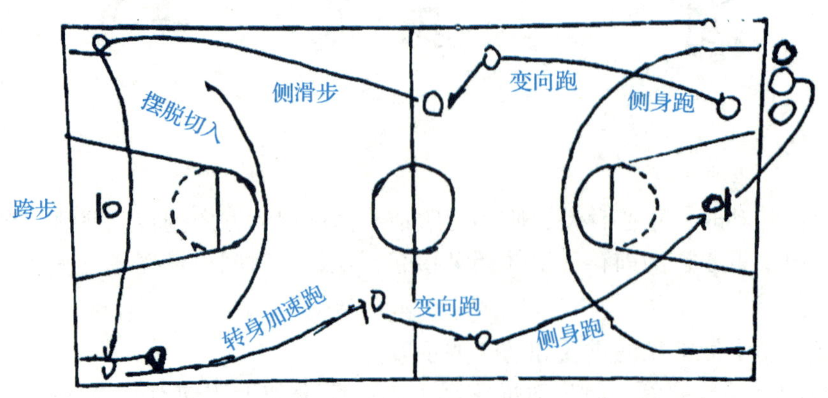

图 11-10　移动技术训练方法

（2）徒手全场做急停、滑步、转身等练习。

（3）综合练习。

（二）传接球技术

篮球运动要求运动员在运用传球技术时做到隐蔽、及时、多变、准确。从整个传球方式来看，传球由持球手法、传球用力、球的飞行线路和球的落点四种要素组成。

1. 传球动作方法

1）双手胸前传球

双手胸前传球是一种最基本、最常用的传球方法，具有传球快速有力、准确性高、容易控制的优点。适合不同距离的传球。

动作方法：身材成基本站立姿势，双手持球于胸腹之间，手指自然分开，用指跟以上部位触球，掌心空出，拇指相对成“八”字形，两肘自然弯曲于体侧，两眼平视传球目标。传球时后脚蹬地，重心前移，两臂前伸，手腕翻转，拇指用力下压，食指、中指用力拨球将球传出，球出手后，两手心向下向外（见图 11-11）。

图 11-11　双手胸前传球

2）单手肩上传球

单手肩上传球是一种常用于中远距离的传球方法。传球时用力大，球飞行速度快，一般在发动长传快攻时运用。

动作方法：双手持球于胸前，两脚开立，右手传球时，左脚向传球方向跨出，右手将球引至右肩侧上方，右肩关节舒展，手臂弯曲，手腕稍后屈，持球的后下方，重心落至右脚上。传球时，右脚蹬地同时转体带动上臂，肘领先前臂，手腕前屈，食指、中指、无名指用力拨球将球传出（见图 11-12）。

图 11-12　单手肩上传球

3）单手体侧传球

单手体侧传球是一种近距离隐蔽的传球方法。外线队员传球给内线同伴时常用这种方法。

动作方法：两脚开立，双手持球于胸前。右手传球时，左脚向左侧前方跨步，同时将球引至身体右侧。传球时，手心向前，手腕后屈，前臂作弧线摆动，手腕前屈，食指、中指、无名指拨球将球传出（见图 11–13）。

图 11–13　单手体侧传球

2. 接球动作方法

1）双手接球

动作方法：两眼注视来球，两臂伸出迎球，双手手指自然张开，两拇指成“八”字形，其他手指朝前上方，两手成一个半圆形。当手指触球后，双手将球握住，两臂顺势屈肘后引缓冲来球的力量，两手持球于胸腹之间，成基本站立姿势。双手接高部位球时，要求两臂必须向前上方伸出迎球。双手接低部位的反弹球时，接球时跨步迎球，上体前倾。两臂向前下方伸出迎球，掌心斜对来球的反弹方向，手指放松自然张开（见图 11–14）。

图 11–14　双手接球

2）单手接球

动作方法：接球手向来球方向伸出，五指自然张开，掌心正对来球，腕指放松。当手指触球后，迅速收臂置球于身体前方或体侧，另一手迅速扶球，保持身体平衡，做好下一个动作的准备姿势（见图 11–15）。

图 11–15　单手接球

3. 练习方法

（1）两人一组，面对站立，做传球的模拟练习。

（2）两人一组，一人握球，一人做双手胸前传球时的正确模仿练习。

（3）图 11–16 所示为四角弧线跑动传接球。站位成四组，⑧传球给⑤后，切入接⑤的回传球再传给⑥，然后跑到⑥组的队尾；当⑧传球给⑤时，⑤紧跟着起动切入接⑥的传球并传给⑦，并跑至⑦的队尾，依次连续进行。

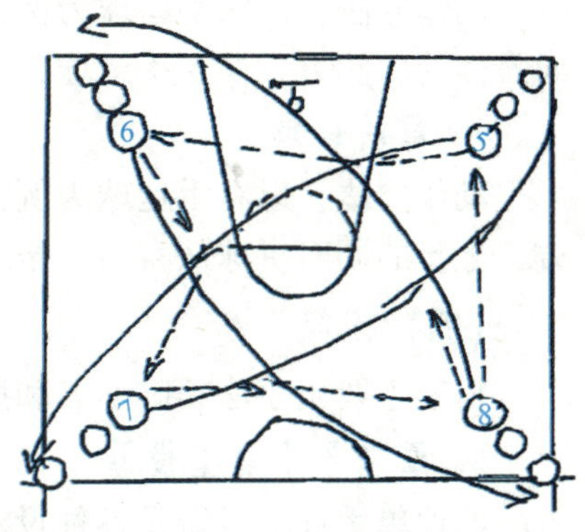

图 11–16　四角弧线跑动传接球

（三）运球

运球技术由身体姿势、手臂动作、球的落点和手脚协调配合四个环节组成。运球技术的关键是手对球的控制能力和支配能力，脚步移动的熟练程度以及手、脚、身体三者的紧密结合。

1. 高运球

动作方法：两脚前后开立，膝微屈，上体稍前倾，目视前方。以肘关节为轴，用手按拍球的后侧上方，球的落点在身体侧前方，球的反弹高度在腰、胸之间（见图 11–17）。

2. 低运球

动作方法：膝深屈，低重心，上体前倾。手短促地按拍球，球的反弹高度在膝关节以下（见图 11–18）。

图 11–17　高运球

图 11–18　低运球

3. 运球急停急起

动作方法：运球急起时，身体重心快速前移，后脚用力蹬地跨出，用手按拍球的后上方；运球急停时，用跨步急停动作，用手按拍球的前上方，变为暂时的原地运球。

4. 体前换手变向运球

动作方法：根据对手防守情况，先向一侧运球，当对手晃动时，突然变向另一侧，用另外一手按拍球的侧上方，同时跨步超越对手。换手时，球要低，动作要快。

5. 体前不换手变向运球

动作方法：根据对手防守情况，将球从身体的一侧拨到体前中间位置，当防守队员重心移动时，突然将球拔回，脚跨出，借以摆脱防守。

6. 运球后转身

动作方法：以右手运球为例，左脚为中枢脚，右手按拍球的右侧前方，后转身，将球拉向身体的后侧方，换左手运球，从对手的右侧突破。

7. 背后运球

动作方法：以右手运球为例，变向时，用右手将球拉至身体右侧后，转腕按拍球的右后方，上步的同时讲球从身后拉至左侧前方，用左手运球突破对手。

（四）投篮

投篮主要由手法、瞄准点和抛物线三个要素组成。

1. 原地单手肩上投篮

原地单手肩上投篮是各种投篮方法的基础，具有出手点高、突然性强、便于结合其他技术动作和不易被防守的特点，适用于不同位置和不同距离的投篮。

动作方法：以右手投篮为例，右手五指自然分开，用指根以上的部位持球，手腕后屈，手心空出，左手扶球左侧，右臂屈肘，置球于右肩前上方，目视球篮。两脚开立，两膝微屈，重心落在两脚掌上。投篮时，两脚蹬地，右臂向前上方抬肘伸臂，手腕前屈，食指、中指用力拨球，通过指端将球投出。球出手的瞬间，身体随投篮动作向上伸展，脚跟提起（见图 11-19）。

图 11-19　原地单手肩上投篮

2. 原地双手胸前投篮

原地双手胸前投篮的优点是投篮的力量大，距离远，便于与传球和运球突破相结合；缺点是投篮时持球和出手部位较低，容易被干扰。

动作方法：双手持球于胸前，肘关节自然下垂，两脚开立，两膝微屈，重心落在两脚之间，目视篮圈。投篮时，两脚蹬地，两臂向前上方伸出，同时两腕外翻，拇指下压，手腕前屈，食指、中指用力拨球，通过指端将球投出。球出手后，身体随投篮出手方向自然伸展。

3. 行进间单手肩上高手投篮

行进间单手肩上高手投篮是在比赛中切入到篮下时常用的一种投篮方法。

动作方法：以右手投篮为例，右脚向前跨一大步同时接球，左脚蹬地起跳。右脚屈膝上抬，举球于右肩前上方，当身体跳到最高点时，右臂向前上方伸展，手腕前屈，食指、中指用力拨球，通过指端将球投出。球出手后掌心朝下，球向后旋转（见图 11-20）。

图 11-20　行进间单手肩上高手投篮

4. 行进间单手低手投篮

行进间单手低手投篮是在快速跑动中超越对手后在篮下最常用的一种快速投篮方法。它具有动作速度快、出手平稳的优点，多在快攻中或强行突破时应用。

动作力法：以右手投篮为例，右手将球引至右肩侧前方，持球手五指自然分开，手心朝上，托球的下部。投篮时，手臂向前上方伸展，用屈腕、挑指的动作，通过食指、中指端向前投出。出手后掌心向上，球向前旋转（见图 11-21）。

图 11-21　行进间单手低手投篮

行进间投篮结合规则的改动而改进技术动作。

5. 原地跳起单手肩上投篮

原地跳起单手肩上投篮具有突然性强、出手点高而快和不易防守的优点，动作方法与原地投篮相同，只是跳起在空中完成投篮动作。

动作方法：以右手投篮为例，双手持球于胸前，两脚开立，两膝微屈，重心落在两脚之间，脚掌蹬地向上起跳，同时举球到右肩上方，右手持球，左手扶球的左侧方，当身体接近最高点时，左手离球，右臂向前上方伸展，手腕前屈，食指、中指用力拨球，通过指端将球投出，落地时屈膝缓冲（见图 11-22）。

图 11-22 原地跳起单手肩上投篮

6. 接球急停跳起投篮

接球急停跳起投篮是在原地跳起投篮的基础上在移动中接球后常用的一种投篮方法。

动作方法：在移动中用跨步或跳步接球急停，两膝微屈，重心下降，突然向上起跳，同时持球上举，当身体至最高点时，前臂向前上方伸展，手腕前屈，食指、中指用力拨球，通过指端将球投出（见图 11-23）。

图 11-23 接球急停跳起投篮

7. 运球急停跳起投篮

运球急停跳起投篮是在运球过程中寻找战机，突然急停快速进行跳起投篮的技术方法。

动作方法：在快速运球中，采用一步或两步急停接球，两膝微屈，重心快速移动至两脚之间蹬地向上起跳，当身体接近最高点时，右臂向前上方伸展，手腕前屈，食指、中指用力拨球，通过指端将球投出。

四、篮球的基本战术

（一）进攻战术基础配合方法

1. 传切配合

传切配合是指队员之间利用传球和切入技术组成的简单配合。它包括一传一切和空切两种方法。传切配合是一种最基本的简单易行的进攻方法，一般在对方采用扩大盯人或扩大联防时运用。

2. 突分配合

突分配合是指持球队员突破对手后，遇到对方补防或协防时，及时将球传给进攻时机最佳的同伴进行攻击的一种配合方法。当对方采用人盯人防守或区域联防时运用突分配合，可打乱对方的整体防守部署，给同伴创造最佳的外围投接或篮下进攻机会。

3. 掩护配合

掩护配合是指进攻队员选择正确的位置，运用规则限定的合理的身体动作挡住同伴防守者的移动路线，使同伴借以摆脱防守，获得接球投篮或其他进攻机会的一种配合方法。

掩护配合有许多形式和方法，根据掩护者和同伴防守者的身体位置和方向的不同可分为前掩护、侧掩护、后掩护三种形式。掩护者根据人数、移动路线、方法和变化，可分为定位掩护、行进间掩护、反掩护、假掩护、运球掩护、连续掩护、双人掩护等。

4. 策应配合

策应配合通常高大中锋运用较多，策应时进攻队员背对或侧对球篮接球后，以他为轴，通过多种传球方式与外线队员相配合，借以摆脱防守，创造各种里应外合进攻机会的配合方法。

（二）快攻与防快攻

快攻是防守队获球后由守转攻时力争在对手布阵未稳之际，抓住战机以最快的速度、最短的时间，果断而合理地发动攻击的一种进攻战术。

1. 组织快攻战术的基本要求

（1）全队要有强烈的整体快速反击意识，不放过任何一次发动快攻的机会。

（2）获球后，队员要迅速有组织、有阵形、有层次地合理分散。

（3）发动、接应、阵形分散快下和跟进的整体行动要始终保持纵深队形，扩大攻击范围，增加攻击点。

（4）在整个快速反击过程中，个人和整体行动都要避免延误时机，尽量缩短推进的时间。

（5）快攻结束时，动作要果断、快速、隐蔽，不要降低速度，要果断投篮和抢进攻篮板球，减少限制区内不必要传球。

（6）树立勇猛顽强、敢打敢拼的作风。

（7）在展开快攻反击过程中，要善于把握和调整进攻的节奏，避免盲目性，同时要重视由攻转守的部署。

2. 发动快攻的时机

发动快攻的时机，即当获后场篮板球时，抢、断、打球及跳球时，对方投中后掷端线界外球时。

3. 快攻战术的形式

长传快攻是队员在后场获球后，用一次或两次传球把球传给快下的同伴进行攻击的一种方法。特点是时间短、速度快、战术组织简单。但要求快下的队员意识强、速度快，发动队员传球要及时、准确、视野开阔。

4. 快攻的练习

抢篮板球长传快攻投篮：①和②各持一球各自抛向篮板，并自抢篮板球后分别传给沿边线快下的③和④投篮，然后站到⑥和⑤的队尾，③和④自抢篮板球再传给快下的⑥和⑤。（见图 11-24）

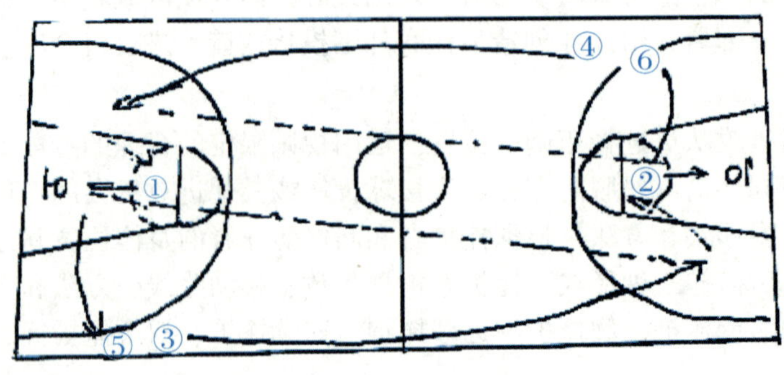

图 11-24　长传快攻

5. 防守快攻

（1）防守快攻的方法：提高进攻成功率，积极拼抢前场篮板球，堵截快攻的第一传和接应，控制对手的推进，防守快下队员，提高队员以少防多的能力。

（2）防守快攻的练习方法：半场二防三练习。练习中要求防守队员协同配合。

（三）人盯人防守与进攻人盯人防守

人盯人防守战是每个防守队员防守一个进攻队员，在防守自己对手的基础上相互协助全队防守战术。人盯人防守战术分为半场人盯人防守和全场紧逼人盯人防守。

进攻人盯人防守战术，根据对方防守的范围和特点，分为进攻半场人盯人防守和进攻全场紧迫人盯人防守。进攻队运用传切、策应、掩护、突分等配合组成进攻人盯人防守的各种全队战术。

1. 半场人盯人防守的基本要求

（1）防守应根据双方队员的身高、位置和技术水平合理地进行防守分工，尽量与对手的力量相当。

（2）由进攻转入防守时，要迅速退回后场，找到自己的对手，在控制自己对手的基础上，积极枪、断球，夹击和补防。

（3）防守有球队员要逼近对手时，主动攻击球，积极封盖投篮，干扰传球，堵截运球，并伺机抢球，迫使对方处于被动局面。

（4）防守无球队员要根据对方、球和离球篮的距离选择人球兼顾的位置。防守离球近的队员要贴身防守，切断对手的传球路线，不让对手接球。防守离球远的队员要缩小防守，在控制自己对手的基础上，协助同伴防守。

2. 进攻半场人盯人防守

进攻半场人盯人防守是最基本的进攻战术，在比赛中运用得最多、最普遍，所以，每个篮球队都应该掌握进攻半场人盯人防守的战术。

进攻半场人盯人防守的基本要求：

(1) 根据本队队员的身体条件、技术水平，选择进攻战术配合和适宜的战术队形，以便扬长避短，发挥本队的优势。

(2) 由守转入进攻时，在前场要迅速落位，形成战术队形，立即发动进攻。

(3) 在组织战术中，应该注意各种进攻基本配合之间的衔接和变化，既要明确每个进攻机会，又要明确全队的进攻重点，还要保持进攻的战术连续性。

(4) 组织进攻战术时，应该尽量做到内外结合、左右结合，要扩大进攻面，增加进攻点，增加战术的灵活性。

(5) 在进攻配合中，既要积极地穿插移动，又要注意保持攻守平衡，在进攻结束后，既要有组织抢前场篮板，又要有组织地进行退守。

3. 全场紧逼人盯人防守与进攻全场紧逼人盯人

全场紧逼人盯人防守是指进攻转入防守时，防守队员在全场范围内分工负责紧逼自己的对手，并利用各种防守配合破坏进攻的一种攻击性防守战术。全场紧逼人盯人防守战术能充分发挥运动员的速度和灵活性，培养运动员积极主动、勇敢顽强的作风，提高运动员的身体素质和促进技术的全面发展。

全场紧逼人盯人防守战术的基本要求：

(1) 由进攻转入防守时。全队要思想统一、行动一致，每个队员要以先声夺人的气势迅速找人，抢占有利的位置防守自己的对手。

(2) 防守无球队员时，以防止或减少对手接球为主，人球兼顾，随时准备补防和断球。

(3) 防守持球队员时，首先要防止对手投篮、切入和传球，当对手运球突破时，要迫使对手向边线运球，并设法使其早停球。当对方停球后，要立即贴近防守，封堵其传球。

(4) 全队要有良好的配合意识，前后、左右要相互呼应，密切配合。

(四) 区域联防与进攻区域联防

区域联防由攻转守时，防守队员迅速退回后场，每个队员分工负责防守一定的区域，严密防守进入该区域的球和进攻队员，并与同伴协同防守，用一定的队形，把每个防守区域有机地联系起来组成全队防守战术。

1. 区域联防的基本要求

(1) 根据区域联防的形式、队员的条件和技术特长，合理分配队员的防守区域，发挥队员在各自防区的作用。

(2) 进攻转入防守时，要积极阻止对方的攻势，有组织地快速退守和及早落位布阵防守。

(3) 防守队员要协同一致，随球积极移动，并张开和挥动双臂，相互照应，形成整体防守。

(4) 防守持球队员时，应按照人盯人防守的要求，积极阻挠对手投篮、传球和运球，严防运球突破。

(5) 防守不持球队员时，要根据离球的远近和防区中进攻队员的行动，积极抢位或堵截，不让对手在有威胁的区域内接球，随时准备协同同伴进行“关门”“补位”等防守配合。

(6) 当进攻队员采用穿插移动时，应根据其运动方向，进行跟防或接防，并迅速调整防守位置或队形，当进攻队投篮后，每个防守队员都要堵位和抢位，有组织地争抢蓝板球，及时地发动快攻。

2. 区域联防的形式

常用的区域联防形式有“2-1-2”“2-3”“3-2”“1-3-1”等。

3. 进攻区域联防的基本要求

进攻区域联防是针对区域联防的形式和变化特点采用的进攻战术。

（1）防守转入进攻时，要积极发动快攻，打乱对方的战略部署。

（2）防守队已组成区域联防时，进攻队应针对防守队形，采用插空站位的进攻队形组织进攻。

（3）组织进攻区域联防战术时，应耐心运用快速的传球转移进攻方向和积极穿插移动，调动和牵制防守，创造进攻机会。

（4）进攻区域联防要用准确的中、远距离投篮，迫使对方扩大防区有利于内外结合的攻击，要在防守薄弱的区域组织进攻，要在局部地区以多打少，拼抢篮板球，争取二次投篮机会，还应注意保持攻守平衡，准备退守。

思考题

1. 简述篮球运动的锻炼价值。
2. 试述篮球进攻技术。
3. 试述篮球方式技术。
4. 简述掩护的要求。
5. 简述发动快攻的时机。

第三节　排球与气排球

学习目标

知识目标

了解排球、气排球运动的发展史；掌握排球、气排球竞赛主要规则与裁判法。

能力目标

学会排球、气排球运动的基本技术、战术。

素质目标

掌握排球、气排球运动技能，愉悦身心，深刻体会女排精神。

一、排球运动的起源与发展

1895 年，美国马萨诸塞州霍利沃克城的基督教青年会干事摩根发明了排球运动，取名“空中飞球”。1897 年，美国首次公布了 10 条排球比赛规则。

1905 年，排球运动传入中国，20 世纪 50 年代引进 6 人制排球。1930 年，根据球在空中被来回拍击和参加者成排站位这两个特点，将此运动称为“排球”。1947 年，在巴黎正式成立国际排球联合会（FIVB），会员国由成立时的 16 个成员国，发展到如今已有 218 个会员国，是世界上最大的单项体育运动联合会。1949 年在布拉格举办了第一届世界男子排球锦标赛。1952 年在莫斯科举办了第一届女子排球锦标赛，1964 年东京奥运会上排球被接纳为奥运会项目，1965 年在华沙举办了第一届男子世界杯排球赛，1973 年在乌拉圭举办了第一届女子世界杯赛。至此，形成排球锦标赛、世界杯排球赛、奥运会排球赛三项健全的世界大赛制度，各项赛事每隔四年举办一届。此外，为了进一步推动排球运动的发展，1988 年国际排联制定了“世界排球发展计划”。迄今为止，排球已在高度、速度、力量上更趋完善，排球运动已成为深受各国人民喜爱的运动项目。

二、气排球运动简介

气排球运动是一项大众性体育项目，它可以满足各个年龄段人们锻炼的需求，具有很强的趣味性，运动量适中，男女可以同场竞技，深受广大群众和学生的喜爱。长期从事此项运动，可以培养团结奋进的精神品质，展现良好的道德风尚。

二、排球基本技术

（一）准备姿势和移动

1. 准备姿势

两脚左右开立比肩稍宽，两脚尖适当内扣，膝关节弯曲，上体前倾，重心前移，两臂自然放松置于腹前，两眼注视球的飞行，随时准备向各个方向移动。

2. 移动

（1）并步与滑步：当来球距身体较近时采用。移动时，两膝弯曲，两前脚掌蹬地，重心移动，移动方向一侧的脚先动，另一脚快速跟上成准备姿势。主要用于完成传球、垫球、拦网等技术动作的移动。

（2）交叉步：当来球距身体 3m 左右时采用。向右侧移动时，上体稍右转，左脚从右脚前面向右交叉迈出一步，然后右脚再向右跨出一步，同时身体转向来球方向，成准备姿势。向左移动时动作相反。交叉步主要用于去完成防守、一传、拦网等。

（3）跨步：当来球较低且距身体较近时采用。向移动方向跨出一大步，同时屈膝，上体前倾，重心移至跨出腿上，后腿跟着上步成准备姿势。跨步可向前、向侧或向侧前方。

3. 练习方法

（1）看教师的手势，向前、后、左、右，做一步、两步的移动。

（2）双人对面拉手侧滑步，交叉步（也可一前一后）。

（3）两人一组，相距 6m，用两个球，一人固定位置做两侧地滚球，另一人左、右移动把球滚回到固定位置人那里。

（4）两人一组，用两个球，一人向前、后、左、右抛球，另一人移动把球接住，然后立即抛回给抛球人。

（二）垫球

垫球是排球运动的基本技术之一，是保证接发球进攻和防守反击的主要技术动作。垫球的技术动作包括正面双手垫球、侧面双手垫球、背垫球、单手垫球和挡球等。

1. 正面双手垫球

垫球时手形、击球点、触球部位如图 11–25、图 11–26 所示。当球接近腹前时，手臂插入球下，两手重叠，掌根靠拢，合掌互握，两拇指平行朝前，手臂相夹伸直，含胸收肩，压腕抬臂用前臂腕关节以上 10 cm 左右桡骨内侧平面击球的后下方。击球点在腹前一臂左右距离，便于控制用力大小并可根据垫球的方向，调整手臂的角度。

图 11–25　垫　球　　　　图 11–26　垫球部位

击球用力顺序如下：

插臂——重心下降，手臂插到球下。

提肩——两臂靠拢、夹紧，含胸收腹，提肩压腕。

顶肘——两臂充分伸直，突出前臂的垫球部位，给球以弹击力。

移动——对脚的要求。垫球时，脚步要灵活，移动到适合垫球距离，正对来球。

蹬送——对腿的要求。两脚支撑平稳，用蹬地伸腰跟重心的协调力量垫球。垫球用力的大小，要以来球的力量和垫出球的距离远近而定。

2. 侧面双手垫球

以右侧为例，当球向右侧飞来，左脚前脚掌内侧蹬地，右脚向右跨出一步，右膝弯曲，重心随即移到右脚上，两臂夹紧向右伸出，左肩微向下倾斜，用向左转腰和提右肩的动作，使两臂击球面截住球的飞行路线，垫击球的后下部。

3. 捧球（气排球）

捧球（气排球）：半蹲姿势。来球较低时，判断好落点，双手置于腹前，两肘弯曲，掌心朝上，五指张开成半球形，击球时插入球下捧住来球，用前臂、手腕和手指力量挑送来球，击球点在腹部前方，适用对方速度快的追身球。

4. 插托球（气排球）

插托球（气排球）：半蹲与肩同宽，五指张开，肘关节微屈，一上一下对准来球。击球时，下面的手向斜下方做铲插动作，插入球底托住来球，另一手挡住来球，微向前上方托、送的动作，两臂上抬，手腕、手指弹力将球送出。适用来球较高、力量较大、不利于传球或垫球的情况。

5. 捞球（气排球）

捞球（气排球）与捧球动作基本相似，区别在于捞球重心低于捧球，前臂和上臂的夹角大于90°。击球点在膝盖以下部位，适用于来球速度快的低球。

6. 抓球（气排球）

稍蹬姿势，两肘弯曲，五指张开，大拇指朝上，掌心相对，击球时，两臂前伸，两手夹住来球，手指手腕转动抛出来球，击球点在腰部以下正前方位置。适用于脚步移动较慢的队员。

7. 单手托球（气排球）

单手托球（气排球）：稍蹲姿势，单臂置于腰腹前，五指张开，掌心朝上，肘关节微屈，击球时，前臂主动引球，置球于掌心上，利用手指、手腕的力量托住并击打来球。特点是稳定性较差，初学者容易掌握。击球点在腰腹部。适用于近距离快速送球，防守短距离接送球。

（三）传球

正面双手传球：

1. 准备姿势

“三屈，二仰，一稳定。”即膝、髋、肘关节要有适当的弯曲度。头稍仰起看准来球，手腕后仰对准来球。身体重心要稳定。

2. 击球手型

当来球接近头上方时，双手由额前上方主动迎球，缓冲至额前一球距离。传球时，正面对准来球，两脚开立，两臂弯曲，手腕稍后仰，两手自然张开成半球形，两手掌心相对，小指在前，拇指相对接近“一”字形，以拇指、食指、中指负担球的压力，无名指和小指帮助控制球（见图 11–27）。

图 11–27 正面双手传球

3. 用力顺序

用力顺序：下肢蹬地、展体、伸臂，全身协调用力，通过手指、手腕的弹力将球传出。

（四）发球

排球比赛是由发球开始的，其目的在于破坏对方进攻和力争直接得分。发球技术包括正面下手发球、正面上手发球、正面上手飘球、勾手发飘球、勾手大力发球和跳发球等。下面介绍正面下手发球和正面上手发球两种方法。

1. 正面下手发球

面对球网，两脚前后开立，左脚在前，两膝微曲，上体前倾，重心落在后脚，左手持球于腹前，右臂自然下垂。左手将球平稳地抛在体前右侧，离手约一球多的高度。在抛球的同时，右臂伸直，以肩关节为轴向后摆动。击球时，右腿蹬地，在腹前用掌根击球的后下部。重心随击球动作前移，迅速进场比赛，如图 11–28 所示。

图 11–28　正面下手发球

2. 正面上手发球

面对球网站立，左脚在前，左手持球于体前。左手将球平稳地垂直抛于右肩的前上方，高度在头上方三个球左右，上体稍向右侧转动，挺胸展腹。上体向左转动，迅速收腹带动手臂向前上方挥动，伸直手臂，用全掌击球的后中部，手腕适当向前推压，如图 11–29 所示。

图 11–29　正面上手发球

（五）扣球

扣球技术包括正面扣球、快球、勾手扣球短平快等。下面以正面扣球为例介绍扣球技术。

正面扣球：准备姿势为两脚开立，膝微屈，上体稍前倾，两臂自然下垂，观察二传来球，根据二传的方向、落点、弧度、速度选择起跳点和起跳时间，随时准备向各个方向助跑起跳。助跑时，左脚向前迈出一步，接着右脚跨出一大步，身体重心降低，两臂摆动，两脚尖稍向内收准备起跳。助跑的第一步要小，目的是对正上步方向；第二步要大，目的是调整人与球的距离和提高助跑的速度，右脚落地支撑点在身体重心之前，利于制动。起跳后，挺胸展腹，上体稍向右转，右臂向后上方抬起，左手至于体前，身体成反弓形。挥臂时，迅速转体、收腹发力，带动肩、肘、腕各关节成鞭甩动作向前上方挥动。击球时，五指微张成勺形，用全手掌包满球，击球的后中上部，主动用力屈腕屈指向前推压，击球点在起跳和手臂伸直最高点的前上方。空中完成击球动作后，身体自然下落，双脚的前脚掌着地过渡到全脚掌，同时顺势屈膝，缓冲身体下落的力量，如图 11-30 所示。

图 11-30 扣 球

（六）拦网

拦网包括单人拦网和集体拦网两种。

单人拦网。面对球网，两脚左右开立与肩同宽，距网 30~40 cm，膝微屈。两臂弯曲置于胸前，准备移动和起跳。起跳时，降低重心，两膝弯曲，两脚用力蹬地，两臂上摆，带动身体向上垂直起跳。起跳后稍收腹，控制身体平衡。根据对方二传球的高低、远近、快慢以及扣球队员的起跳时间和动作特点等掌握好拦网起跳的时间。拦高球时，一般应比扣球队员晚跳；拦快球时，可以和扣球队员同时起跳或提前起跳。在起跳的同时，两手向网上沿的上方伸出，两臂伸直，两手尽量伸向对方上空接近球，两手张开，屈指屈腕成勺形，两手之间距离不超过一个球，防止球从两手之间漏过。当手触球时，手腕要用力下压盖住球的上方，站在靠近边线的拦网队员，外侧手掌心在拦击球时要内转。拦远网扣球时，要尽量向上伸直手臂，不要采用压腕动作，以提高拦击点，如图 11-31 所示。

集体拦网应避免互相干扰和冲撞，注意移动并协同配合。

图 11-31 拦 网

四、排球基本战术

排球战术是运动员在比赛中根据排球规则、排球运动的规律及彼我双方的具体情况和临场的发展变化，合理地运用技术配合，所采取的有组织、有目的和有预见性的行动。

排球战术体系包括接发球进攻战术体系（简称“一攻”），防守反攻战术体系（简称“防反”）。

（一）阵容配备和位置交换

1. 阵容配备

阵容配备其目的在于把全队的力量有效地组织起来，最大限度地发挥每个队员的优势。阵容配备的主要形式如下：

（1）“四二”配备：即安排四个进攻队员和两个二传队员，四个进攻队员又分为两个主攻队员，两个副攻队员，他们分别站在对角位置上，这样安排可攻守平衡。这种配备方法在中、低水平的队中采用较多。

（2）“五一”配备：即安排五个进攻队员和一个二传队员，进攻战术变化丰富，加强拦网和进攻力量，同时也可以充分发挥主力二传的作用。同时还需要一个具备二传能力的进攻队员作为接应二传，以弥补二传队员有时来不及传球出现的被动局面。目前高水平的队中普遍采用这种配备。

（3）“三三”配备：由三个进攻队员和三个防守队员组成。初学者或基层比赛中常采用这种配备。

2. 位置交换

为了有效调动一切积极因素和发挥队员特长，以弥补队员身体、技术及阵容配备上的缺陷。比赛中，在规则允许的条件下，可以采用换位的方法。当发球队员击球后，双方队员可以在本方场区内交换位置，一般有下列情况：

（1）前排队员之间的交换：

①为了加强进攻力量，把攻击能力强的队员换到二号位和四号位上，把善于扣快球的队

员换到三号位，把二传换到二号位或三号位。

②为了加强拦网力量，把拦网好的队员换到三号位或对方重点进攻队员的相应位置。

（2）后排队员之间的交换。在比赛中运用“插上”战术，可把二传换到一号位或六号位，以缩短插上时的距离，便于组织进攻。

（二）进攻战术

接发球进攻也称“一攻”。“一攻”就是接起对方发过来的球，传球到位，组织进攻战术。

1. “中一二”进攻战术

由前排中间的3号位队员作二传，把球传给两边的2号位或4号位的队员进攻。当对方发球时，二传队员轮到2号位或4号位可以在对方发球后换到3号位（见图11-32）。

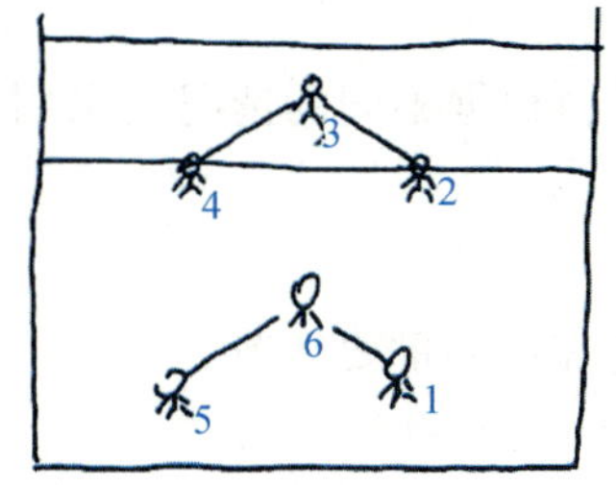

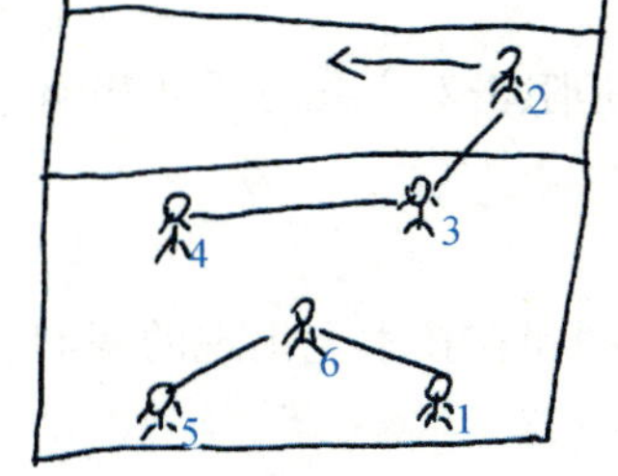

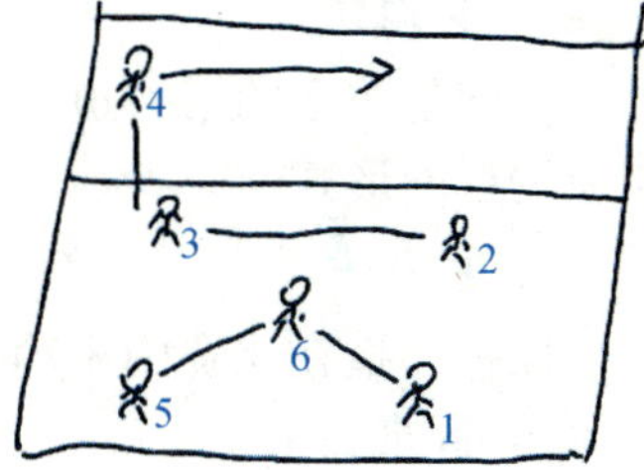

图 11-32 “中一二”进攻战术

2. “边一二”进攻战术

由前排2号位队员作二传，把球传给3或4号队员进攻，这种进攻的组织形式称作“边一二”进攻阵形。当对方发球时，二传队员轮到4或3号位，可以在对方发球后换到2号位，如图11-33所示。

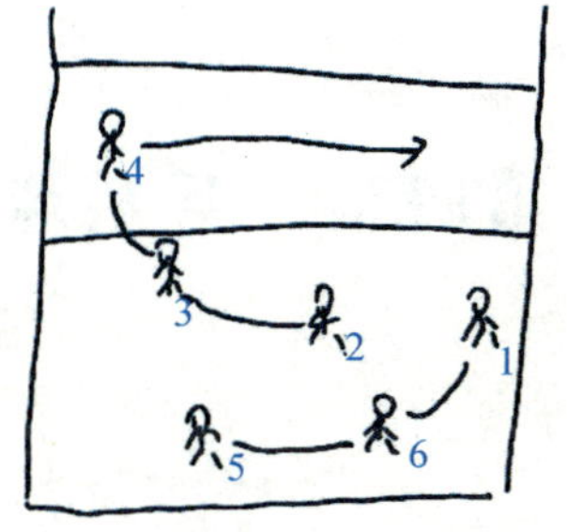

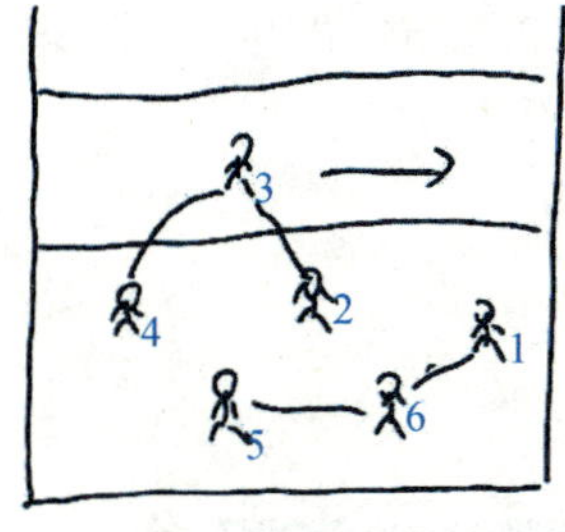

图 11-33 “边一二”进攻战术

3. “插上”进攻战术

在对方发球后，由后排一个队员插上到前排担任二传，把球传给前排4、3、2号位队员其中之一，进攻，这种进攻的组织形式称作“插上”进攻阵形。当对方发球时，本方二传在1、6、5号位时的接发球站位，如图11-34所示。

图 11-34　“插上”进攻战术

（三）防守战术

排球的防守战术包括拦网、保护、后排防守、调整二传和反攻扣球几个环节。

1. 栏网

拦网是防守的第一道防线，是阻击对方扣球手积极有效的手段，根据不同的情况，采用相应的栏网形式。

2. 保护

保护是指在比赛中主动弥补同伴在技术上出现的漏洞，这是防守中的重要环节。

3. 后排防守

双人拦网“心跟进”时，由于 6 号位队员跟进保护，后场中央容易造成空当，后场 1、5 号位队员应注意补防。

思考题

1. 简述排球运动的锻炼价值。
2. 试述“边一二”进攻战术。

第四节　乒乓球

学习目标

知识目标

了解乒乓球的起源与发展；熟悉握拍方法。

能力目标

学会乒乓球运动的基本技术。

素质目标

掌握乒乓球运动技能，积极参与乒乓球运动，感受乐趣，体会乒乓精神。

一、乒乓球运动概述

乒乓球运动起源于英国。它是由网球派生而来的，因此也叫“table tennis”（桌上网球）。

世界乒乓球发展经历了五个时期。即 1926—1951 年，欧洲乒乓球运动的全盛时期；1952—1959 年，日本队称雄世界乒坛时期；1961—1969 年，中国乒乓球运动的兴起；1971—1978 年，欧洲乒乓球运动的复兴与欧、亚展开争夺；1980 年至今，奥运会时代，欧、亚竞争激烈。

乒乓球运动的特点：球小、速度快、变化多、趣味性强，设备比较简单，比较容易开展和普及。乒乓球是我国的国球，参与的人数比较多，“乒乓精神”是一代又一代乒乓人集体智慧的结晶。乒乓球运动具有较高的锻炼价值。

二、乒乓球基本技术

（一）握拍法

1. 直握拍法

（1）近台快攻型握法，简称中钳式：拍前，以食指第二指关节和拇指第一指关节扣拍；拍后，三指弯曲贴于拍的 1/3 上端，如图 11-35 所示。

图 11-35 直握拍法

（2）弧圈球型握法：拍前，拇指紧贴在拍柄的左侧，食指扣住拍柄，形成一个小环状，紧握拍柄；拍后，三指自然弯曲顶住球拍中部。此握拍法适用于弧圈球的打发，如图 11-36 所示。

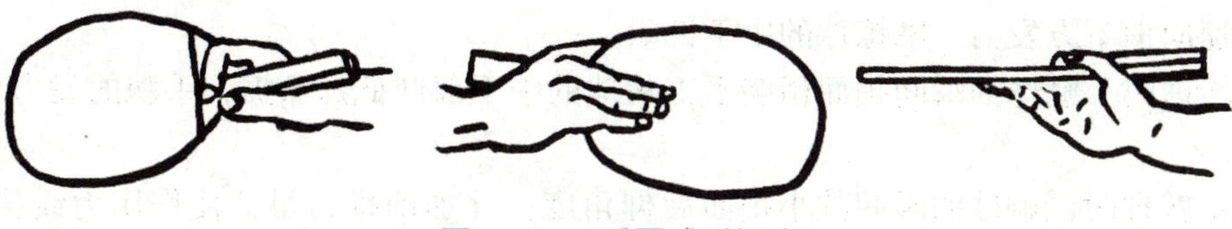

图 11-36 弧圈球型握法

（3）直拍削球握法：大拇指弯曲，紧贴拍柄的左侧，用力下压，其余四只自然分开托住拍的后面，如图 11-37 所示。

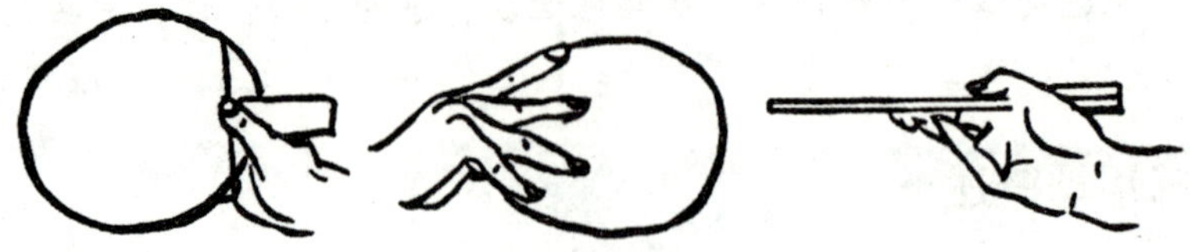

图 11-37　直拍削球握法

2. 横拍的握法

横柏握法：虎口贴拍，食指在拍前，拇指在拍后。又称“八字式”，如图 11-38 所示。正手攻球时，食指稍向上移动；反手攻球时，拇指稍向上移动。

图 11-38　横拍握法

（1）基本站位。一般站位距球台 50~150 cm。进攻型打法的站位距离球台近些，削攻型打法的站位距离球台远些；个高的离球台远些，个矮的离球台近些；擅长正手侧身强攻的偏右站位，擅长打相持球或反手的可站于球台中间略偏反手的位置。

（2）姿势。进攻型打法的基本姿势为（均以右手执拍者为例）：两脚开立比肩稍宽，一脚稍前，其一脚稍后，前脚掌内侧着地，脚后跟略抬起，两膝微屈，重心在两脚之间，含胸收腹，身体略前倾，下颚后收，两眼注视来球，执拍手位于身前偏右处，拍略高于台面。

（二）发球

1. 各种发球技术

（1）平击发球：左手托球右手执拍置于身体右侧。执球手将球向上抛起，同时右臂稍向后引拍，在球略低于网时，执拍手向前挥拍，拍面稍前倾，击球的中上部。

（2）反手发球：右脚在前，将球至于掌心，将球抛起，右手执拍向前挥动，拍面稍前倾，击球中上部。

（3）正（反）手发旋转球、不旋转球：

①发下旋短球时，抛球时将球引至肩高，手腕略向外展，拍面略后仰，球回落时，手腕和前臂迅速向前下方发力，摩擦球的中下部。

②发转球时，触球的瞬间拍面稍躺平，从球的中下部向低部摩擦，手腕的发力要大于前臂的发力。

③发不转球时，触球的瞬间减小拍面后仰角度，并加前推力量，使作用力线接近球心，从而形成不转。

④反手发不转球时，触球的刹那间拍面立起，击球的中下部，手臂迅速向前加推力将球

发出，以前臂发力为主。

（4）正手高抛发球：将球平稳地往上抛直，腰和腿顺势向上挺伸，重心在前脚。待球下落到接近腰部偏右处，执拍手臂向左前方挥拍击球，身体重心顺势移到右脚，击球瞬间，手臂和身体其他部位集中发力摩擦球，主要以手腕发力。

2. 发球的练习方法

（1）徒手做发球的准备姿势，模仿抛球、发球的动作。

（2）用多球做发球练习。

（3）练习发斜线球，练习发直线球；练习发不定点球，练习发定点球。

（4）练习发各种旋转的球。

（5）练习用同一手法发不同旋转和落点的球。

3. 接发球

接发球的方法主要包括点、拨、拉、搓、推、削、摆短、撇等方法。要比较全面地掌握接发球技术，并加以灵活运用。

接发球的技术：

（1）根据对方发球的位置来决定自己的站位，观察对方发球摆臂振幅的大小和手腕用力的程度来推断来球落点的远近和旋转的强弱。

（2）接台内短球时，多用手腕手指的突然发力，用点、拨、摆短、撇、搓等方法接回。

（3）接长球、快球时，多用前臂的力量进行快带、借力挡、发力攻、发力拉的方法接回。

4. 档球和推挡球

挡球是初学者首先应学习的一项技术。推挡球站位距球台近，动作小，球速快，常以速度和落点变化压制对方攻势。

挡球与推挡球技术：

（1）挡球（均以右手为例）：离球台 50 cm 左右，前臂与台面平行伸向来球，前臂和手腕向前移动，将球挡回。在上升期击球的中上部，拍面与台面接近垂直。击球后，迅速还原，准备下个动作。

（2）减力挡：在触球的刹那，手臂前伸的动作要突然停止，球拍轻轻后移，以减弱来球的反弹力。

（3）快推：击球时，前臂向外推击，同时手腕旋转，食指压拍，拇指放松使拍面前倾。在上升期击球中上部，快推球。

（4）加力推：击球时间比快推稍慢。前臂向后收，球拍稍提高，调整拍面角度，在上升期击球中上部，前臂向前推压发力。

5. 攻球技术

乒乓球的攻球技术分为正手攻球、反手攻球和侧身攻球。

（1）正手快攻：近台站，前臂与地面略平行，主要以前臂发力，手腕控制拍面与台面约成 80°角触球中上部将球直接向前向下击出。

（2）正手扣杀：根据来球的长短定站位远近。挥拍击球时用腰腿部带动手臂增大击球的力量。用手腕控制球的落点，与整个手臂一起向前向下用力，触球中上部。

(3) 直拍反手攻球：两脚分开，略向左后侧转重心，双膝微屈，前臂稍向后摆，举拍稍高。击球时，髋关节略向右转，前臂向右前方用力，肘部内收，左肩稍向后，击球中部偏左，手腕辅助发力，捎带摩擦球，食指掌握拍面，中指决定发力方向。

(4) 横拍反手攻球：引拍时，前臂略向后引拍，手腕略后屈。击球时，向右转的同时，前臂手腕向前右方发力，触球中部或中上部，拇指控制拍面和击球弧线。以前臂发力为主，击球上升期，触球中上部反手回击。

6. 搓球

(1) 慢搓：击球时，拍面稍后仰前臂向前发力，配合手腕动作，击球下降期，击球的中下部。

(2) 快搓：摆短时，重心前移，手臂前伸，击球上升前中期，拍面较后仰，触球中下部，动作幅度较小，手腕在摩擦球时带一定的减力动作。长球时，击球的上升期后段或高点期，手腕前臂用力向前下方砍去，动作幅度比摆短大。

7. 削球

削球，是一种防御性技术，威胁性比不上攻球。

(1) 正手削球：双膝微屈，拍面竖立，引拍至肩附近，在来球的下降期击球，前臂在上臂的带动下，向下、向前、向左挥动，触球中下部，手腕控制好拍面并有摩擦球的动作。

(2) 反手削球：拍面竖立，前臂在上臂的带动下，向下、向前、向右挥动，在来球的下降期触球中下部，手腕控制好拍面并有摩擦球的动作。

8. 弧圈球技术

(1) 正手拉加转弧圈球：引拍时，右脚稍后，两膝微屈，身体向右扭转，右肩略低于左肩，微腹收，手腕略向后拉，球拍低于来球；击球时，右脚蹬地向左转，伸膝，以腰髋的扭转带动手臂向前挥动，击球瞬间，快速收前臂，击球的中部或中上部；击球高点期或下降期，拍面与台面垂直或稍前倾。

(2) 反手拉弧圈球：引拍时，两脚平行站立，略大于肩，双膝弯曲，腰髋略向左转，稍收腹，前臂弯曲；击球时，两脚用力蹬地，伸膝、展腹、腰髋向转，前臂带动手腕向右前方发力，击球的中部，用拇指调节击球的弧线。

9. 乒乓球基本步法

(1) 单步：

动作方法：一脚为轴，另一只脚向前、后、左、右不同方向移动，重心随之跟上。

特点：移步简单、灵活和中心平稳。一般在离身体较近时使用。

(2) 跨步：

动作方法：一脚蹬地，另一只脚向移动方向跨一大步，蹬地脚随之跟上。

特点：移动范围较大。一般在来球距身体较远时使用。

(3) 并步：

动作方法：一脚先朝另一只脚方向移动一小步，落地后另一只脚向同方向移动。

特点：移动范围较大，但比跳步移动范围小，重心的稳定性比跳步好。

(4) 跳步：

动作方法：以来球近侧方脚蹬地，两足有瞬间的腾空，离来球远的脚先落地，另一只脚再落地。

特点：获得范围较大，一般在来球距身体较远时使用。

（5）交叉步：

动作方法：近来球方向的脚为支撑脚，脚尖转向来球方向，远来球方向的脚向来球方向跨一步，在体前瞬间成交叉状态，身体随之向来球方向转动，另一只脚再跟上一步，身体中心随手臂挥动方向略转。前交叉步是在体前交叉，后交叉步是在体后交叉。

特点：移动范围比其他步法大，在来球距身体较远时使用。

（6）小碎步：较高频率的原位小垫步，或小范围的小跑步。

（7）小跳步：两脚掌几乎同时轻跳或垫一下。

三、乒乓球基本战术

（一）快攻型打法的基本战术

近台快攻包括左推右攻和两面攻两种打法。其共同特点是近台站位，以速度为主，攻在前面，先发制人。

1. 发球抢攻

（1）反手发右侧上、下旋球，发至对方中路靠右近网处，伺机攻对方左方。

（2）发追身急球，使对方不能发挥其正反手攻球的威力，然后侧身进攻对方中路或两角。

（3）发急下旋长球至对方左角，配合近网短球，然后侧身抢攻。一般针对对方弱点攻击。

2. 左推右攻

（1）当推挡略占上风时，或在侧身抢攻获得成功后，对方往往会主动变线到正手，此时应以有力的正手攻球予以回击。

（2）主动推变直线，引诱对手回斜线，用正手攻直线反袭对方空当。

（3）佯作侧身，诱使对方变线，给自己创造正手回击的机会。

3. 两面攻战术

（1）反手发右侧上（下）旋球至对方右方近网处，造成正反手抢攻的机会。

（2）反手发底线急球或急下旋球至对方左方，然后伺机用正反手抢攻。

（3）正手发左侧上（下）旋或转与不转球，伺机进行抢攻。

4. 反手攻直线

（1）连续用反手攻对方的反手后，穿插先调右再攻左方。此战术对左推右攻选手比较有效。

（2）当对方侧身进攻时，用反手攻或推挡变直线反袭对方正手空当，然后用正手扣杀。

5. 正反手连续进攻

（1）以正反手连续攻打对手较弱的一方，然后伺机重扣。

（2）以正反手连续攻对方左右两角，伺机扣杀。

(二) 弧圈球型打法的基本战术

1. 发球抢拉

(1) 正手(或侧身)发强烈下旋球至对方左侧近网处，迫使对方以搓回击，然后拉加转弧圈球到对方反手或中路。

(2) 反手发右侧上、下旋转球至对方中路偏右或偏左的地方，然后拉前冲弧圈球至对方两大角。

(3) 反手发急下旋球至对方中路偏右或偏左方大角。当对方以搓球回击时，拉前冲弧圈球至对方正手。

2. 接发球抢拉

对方发侧上旋球和不太转的球时，用前冲弧圈球回击，对方发侧下旋或强烈下旋球时，用加转弧圈球回击。

3. 搓中拉弧圈球

(1) 在对搓短球时，突然加力搓左角长球，然后侧身拉加转弧圈球找机会扣杀。

(2) 多搓对方正手，使其不能逼左大角，伺机抢拉弧圈球到对方反手或中路，再冲两角。

4. 对攻打法的基本战术

(1) 在对付两面攻打法时，应充分利用正手拉弧圈球攻其中路，可压其反手或突击正手。

(2) 对左推右攻打法时，可先以弧圈球抓住对方左角，然后转拉中路靠右或正手。

5. 弧圈球结合扣杀

(1) 拉加转弧圈球结合扣杀。

(2) 拉前冲弧圈球迫使对方远台回击。然后放短球，再扣杀。

(3) 拉加转弧圈球与不转弧圈球相结合，伺机扣杀。

6. 拉搓结合

以拉攻为主，配合搓攻。在拉球中利用突然性的搓球，把对方引到近台再伺机进行突击。

7. 搓攻

(1) 搓转与不转球迷惑对方，伺机进攻。先加转再不转，或先搓不转，突然加转。

(2) 用搓球控制落点，调动对方，伺机进攻。交叉搓两角，突击两角或中路，连续搓一角，突击另一角，先搓短球，突然搓底线长球，伺机突击或拉弧圈球。

四、双打

双打是乒乓球运动中由两个人共同合作进行比赛的项目。两人团结合作，互相配合，互相鼓励，互相谅解，互相信任。

双打比赛一般以同类别打法的搭配为多，利于互相发挥特长。但也出现了多样的配对形式，取得了良好的成绩。

(一) 双打的竞赛方法

乒乓球台中间一条线叫“中线”，这条线将球台分为左右两个半区，其中右半区是发球区。发球必须从本方的发球区发入对方的发球区。

发球和接发球的秩序如下：

甲 1 发球，乙 1 接发球；乙 1 发球，甲 2 接发球；甲 2 发球，乙 2 接发球；乙 2 发球，甲 1 接发球。这样周而复始，直到一局比赛结束。

（二）双打的练习

（1）一方发球和发球抢攻为主的练习。

（2）一人接发球为主的练习。

（3）发球区为限的近台或远台对攻。不同落点定点打。

（4）限左半台练习。

（5）一人对两人的练习。

（6）在移动中控制击球路线，使同伴缩小移动范围。

（7）移动中配合与控制回球落点的专门练习。

（8）提高发球抢攻质量的练习。

思考题

1. 简述发球的几种方法。
2. 简述乒乓球的旋转技术有哪几种？实战中如何运用？

第五节　羽毛球

学习目标

知识目标

了解羽毛球的起源与发展；熟悉羽毛球运动的特点与锻炼价值。

能力目标

学会羽毛球运动的基本技术、战术。

素质目标

掌握羽毛球运动技能，积极参与此项运动，体会乐趣，感受羽毛球运动的拼搏精神与团结合作精神。

一、羽毛球运动概述

现代羽毛球运动诞生于英国，大约在 1800 年，由网球派生而来。1870 年，出现了用羽毛、软木做的球和穿弦的球拍。1873 年，英国公爵鲍弗特在格拉斯哥郡伯明顿镇的庄园里进行了一次羽毛球游戏。从此，羽毛球运动便逐渐开展起来，“伯明顿”即成了羽毛球的名字，英文的写法是“Badminton”。

1901 年将比赛场地改作长方形。1877 年，第一次成文的羽毛球规则在英国出版。1934 年，国际羽毛球联合会在英国成立。1978 年，世界羽毛球联合会成立。目前由国际羽联组织的世界性比赛有汤姆斯杯赛、尤伯杯赛、世界羽毛球锦标赛三项。

现代羽毛球运动于 1910 年前后传入我国。20 世纪 80 年代，中国羽毛球运动蒸蒸日上，在世界各大比赛的赛场上连续取得了优异的成绩，男女羽毛球队先后进入了世界最强者的行列。羽毛球运动是一项适合全民健身的运动项目。

二、羽毛球基本技术

（一）握拍

1. 正手握拍

用左手拿住球拍，使拍面与地面垂直，张开右手，使手掌下部靠在球拍的握柄底托部位，虎口对着球拍框。小指、无名指、中指并拢，食指与中指稍稍分开，自然弯曲并贴在球拍上。握拍不要过于用劲，手部肌肉要放松，在击球的一刹那，手指紧握拍把发力。

2. 反手握拍法

拇指前内侧部位贴在球拍把的窄面部位，食指往中指、无名指、小指方向稍收回。

（二）发球

发球主要包括正手发高远球、正手发平球、正手发网前球、反手发平球、反手发网前球。下面分别介绍正手发高远球、正手发平球、正手发网前球、反手发网前球。

1. 正手发高远球

面对球网，左脚在前，右脚在后，身体重心在右脚，身体微微向后仰，右手向右后侧举起，左手拿球并自然地抬至胸前，如图 11-39 所示。发球时，左手放球，使球下落，右手由上臂带动前臂，以前臂加速球拍的从右后方向前方挥动。当球落到击球人腰部稍下的一刹那，紧握球拍，手腕向前上方鞭打击球。

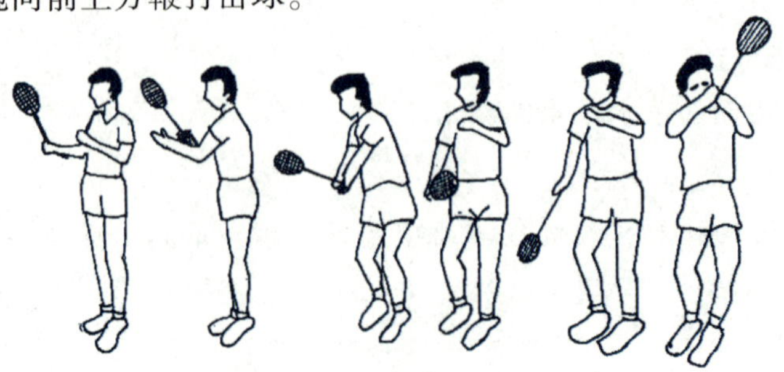

图 11-39　正手发高远球

2. 正手发平球

发球动作同正手发高远球，但击球动作小，如图 11-40 所示。

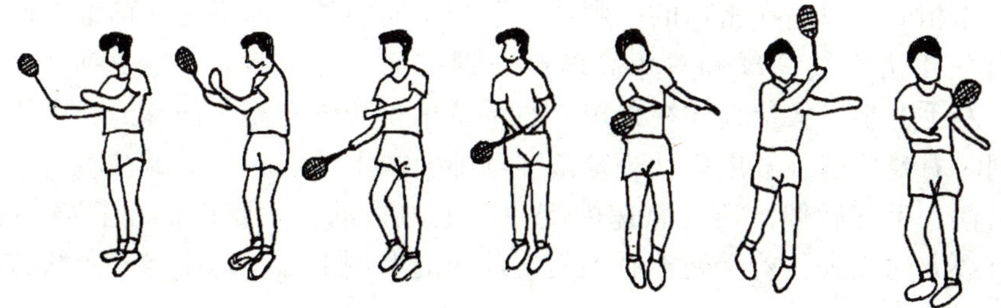

图 11-40　正手发平球

3. 正手发网前球

正手发网前球时，站位稍前，球拍触球时，拍面从右向左斜切击球，使球刚好越网而过，落在对方前发球线附近。

4. 反手发网前球

站位靠近前发球线，身体重心在前脚，上体前倾后脚跟提起。右手反握，肘部关节提起，手腕稍前屈，球拍低于腰部，斜放在小腹前。左手持球在球拍面前方。发球时，球拍推送击球，球的最高弧线略高于网顶，通过拍面的切削动作使球落到对方场区的前发球线附近。

（三）击球法

羽毛运动的各种回击球技术，统称为击球法（也称手法）。

1. 高手击球

（1）正手击高远球：判断好来球的方向和落点，身体侧对球网，左脚在前，重心在后脚前脚掌上，屈肘将拍举到肩上，拍面对网，当球下落时，引拍至头后，后脚蹬地，腰腹协调用力，上臂带动前臂向上，肘关节向上，前臂向前甩腕，触球时手臂伸直，将球击出，如图 11-41 所示。

图 11-41　正手击高远球

（2）反手击高远球：判断来球，向左跨步并且向左后方转体，移动到适合的击球位置，背对球网，反手握拍，球拍由身前举到左肩附近，以上臂带动前臂转动，击球时前臂内旋，手腕伸直闪动，手指紧握球拍，以手腕往右后上方鞭打击球。击球后回中心位置。

（3）击平高球：击平高球与击高远球一样，平高球也可以分别用正手、头顶或反手技术去击打。动作相似，只是在击球的一刹那，手腕是向前使劲而不是向前上方使劲的。

（4）跳起正手击直线高球和对角高球：一脚在前，另一脚在后，稍屈膝，侧身对网，重心在右脚，左手上举，头抬起注视来球，右手持拍于身体右侧。击球前，重心下降准备起跳。起跳的同时右臂后引，舒展胸。当球落至额前上方击球点时，上臂往右上方抬起，肘部领先，前臂后摆，手腕后伸，前臂急速内旋往前上方挥动，手腕向前鞭打发力击球托的后部，球即朝直线方向飞去，若手腕控制拍面击球托的右侧下部，球则向对角线方向飞行。如图 11-42 所示。

图 11-42　对角高球

2. 吊球

（1）拦吊（也叫拦截吊）：击球时拍面正对来球，当拍面和球接触时，只要轻轻拦切或点击，球即以较平的弧线，较慢的速度越过球网垂直下落。

（2）轻吊：击球前动作和打高球相似；击球时，拍面正对来球在接触球的刹那，突然减速轻点或轻切来球，使球刚一过网就下落。

3. 扣杀球

（1）反手接杀挑后场高球：前臂内旋，手腕外展，引拍至左侧肩前，击球时，前臂急速往右前方挥摆，手腕由外展至后伸闪动，握紧球拍，全速挥拍击球，使球向直线方向飞行。若向对角线方向挥拍，则球向对角线方向飞行。

（2）正手接杀挑直线后场高球：一脚侧跨一大步到位，随步法移动引拍，手臂后摆的同时稍带有外旋，手腕后伸，球拍迅速后摆，手臂快速向前挥动略有外旋，手腕从后伸到伸直闪腕，拍面对准来球，击球托的下部，使球向直线高远方向飞行。

（3）头顶扣杀直线球：准备姿势同头顶击高球，不同之处是挥拍击球时，靠腰腹带动大臂、前臂、腕的鞭打动作，全力往直线下方击球，拍面和击球用力方向水平面的夹角小于 90°。

4. 网前击球

网前击球：要求握拍活，击球点高，步伐快，搓、推、钩击球动作一致。

5. 低手击球

低手击球：常用于抽球、网前接杀球。

6. 步法

运动员在场上为了跑到适当的位置击球常采用蹬步、垫步、交叉步、跨步等快速准确移动的方法，称为步法。

(1) 蹬步：左（右）脚用力蹬地，右（左）脚向来球方向跨出一大步，身体迅速向来球方向移动，击完球后，右（左）脚先着地，左（右）脚紧跟着着地，并迅速制动，返回球场中心位置，准备下一次击球。网前球用得比较多。

(2) 垫步：左（右）脚迅速向来球方向迈出一步，右（左）脚迅速跟上，右（左）脚蹬地使右（左）脚向前迈出一大步。脚跟、脚掌外侧先着地，然后全脚着地立即缓冲，右腿成弓箭步，制动身体，保持下一次击球的正确姿势。网前球用得比较多。

(3) 交叉步：一脚蹬地，身体转向蹬地方向，向来球方向迈出一步，另一脚经体前叉移，然后一脚快速再移动一步，经脚前面超越的为前交叉步，经脚后面超越的为后交叉步。当击球完成时，脚着地时要缓冲、制动、回蹬连接紧凑，使身体迅速返回球场中心位置。后退打后场时用得比较多。

(4) 跨步：左（右）脚迅速蹬地向前迈出一步，当左（右）脚刚着地时，右（左）脚加速蹬地向前跨出，右（左）脚向前大跨一步，着地时，以右（左）脚跟、脚掌外侧的顺序着地。上体前倾，右（左）腿成弓箭步，前腿用力缓冲，制动身体，保持正确的击球姿势。网前球用得比较多。

三、羽毛球基本战术

在实战中，战术是根据双方的打法和场上的具体情况而定的。“以己之长，攻彼之短”是一大原则，下面介绍一些常用的战术。

（一）发球抢攻战术

从发球的第一拍起，争取控制对方，以攻杀得分。这种战术，一般为发网前低球结合平快球、平高球，争取第三拍的主动进攻。用这种战术对付应变能力较差的对手，或用于比赛的关键时刻，效果往往很好。

（二）攻后场战术

此战术通过击高球、重复压对方的底线两角，造成对方被动，然后寻找机会进攻。用它来对付初学者、后场还击能力较差、后退步子较慢以及急于上网的对手都很有效。

（三）攻前场战术

对于网前技术较差的对手，可运用此战术。先将对手吸引到网前，然后再攻击其后场。采用此战术，自己首先要有较好的网前击球技术。

（四）打四方球战术

若对手步子较慢、体力较差、技术不全面，可以快速、准确的落点攻击对方场区的四个角落，寻找机会向空当进攻。

（五）杀、吊上网战术

对手打来的后场高球，本方以杀球配合吊球把球下压，落点选在场区的两条边线附近，致使对手被动回球。若对手回网前球时，本方迅速上网搓球、勾对角球或平推球，创造在中场大力扣杀的机会。

（六）打对角线战术

对付身体灵活性差、转体较慢的对手，不论是进攻还是防守，均应以打对角线为主。对方会因移动困难而处于被动，为我方创造进攻机会。

（七）防守反击战术

在对方主动进攻，我方被动防守时，我方可高质量地接杀挡网，或抓住对方攻杀力量减弱，或落点不好的机会，以平抽底线球还击对方后场，扭转被动局面，并进行反击。

（八）攻人战术

双打比赛中，应集中攻击对方有明显弱点的队员，并伺机攻击另一队员因疏忽而露出的空当，或对此队员偷袭。

（九）后攻前封战术

双打比赛中，当本方处于主动进攻前后站位时，站在后场的队员见高球就杀或吊网前球，迫使对方接球挡网前，为本方前场队员创造封网扣杀的机会。

思考题

1. 羽毛球运动的特点及锻炼价值是什么？
2. 羽毛球常用的发球技术有哪些？
3. 羽毛球基本战术有哪些？

第六节　网　球

学习目标

知识目标

了解网球运动的起源与发展；熟悉网球握拍技术。

能力目标

学会网球基本技术。

素质目标

使学生积极参与网球运动，享受乐趣，培养能吃苦、不叫苦、不服输的精神。

一、网球运动概述

现代网球起源于19世纪，孕育在法国，诞生在英国。1873年，英国人温菲尔德少校最先对草地网球的玩法做了几条简单的规定，成为网球运动最早的规则。1881年，英国草地网球协会宣告成立，并制订了一系列的规定，使网球成为一项正式的比赛项目。

现代网球比赛的场地有草地、沙地和硬地三种，球场长23.77 m，宽8.23 m。网球比赛分为男女团体、男女单打、男女双打、混合双打7个项目，除男子单打采用5盘3胜制外，其余项目都采用3盘2胜制。

1885年前后，网球运动传入中国。1898年，上海圣约翰书院举办了中国最早的校内网球比赛。在20世纪80年代，我国首次举办了“万宝路广州网球精英赛”和国际性网球比赛。自20世纪90年代起，中央电视台增加了国际网球大赛实况录像的播放，各地相继修建了网球场地，并成立了许多群众性网球组织，群众性网球活动越来越得到普及。

二、网球基本技术

（一）握拍的方法

网球握拍法（以右手为例）分为东方式握拍法、大陆式握拍法、西方式握拍法、双手握拍法。

1. 东方式握拍法

（1）东方式正手握拍法：大拇指与食指形成的“V”字形虎口，对准拍柄右上斜面，五指紧握拍柄，手掌与食指下关节压住拍柄垂直面，拍柄底部与手掌根部齐。

（2）东方式反手握拍法：在正手握拍法基础上向左转动1/4，使“V”字形虎口对准拍柄左上斜面上，拇指末节贴住左下斜面，食指下关节压在右上斜面上。

2. 大陆式握拍法

“V”字形虎口对准拍柄上平面与左上斜面的交界线上，手掌根部贴住上平面，拇指直伸围住拍柄，食指下关节紧贴在右上斜面上。

3. 西方式握拍法

将“V”字形虎口对准拍柄的上面和左上斜面之间，正反手用同一拍面击球。

4. 双手握拍法

右手是东方式反手握拍法，握在拍柄的后方；左手是东方式正手握拍法，握在拍柄的前方。

（二）发球与接发球

1. 发球

发球包括握拍法、准备姿势、抛球与后摆动作、前挥击球和随挥跟进等动作。主要的发球技术一般分为平击发球、切削发球和旋转发球三种。发球时，两脚开立与肩同宽，前脚与端线成45°角，重心在后脚。左手抛球到位，右手同上将球拍后引呈击打姿势，抬头看球。击球时，在身体前击球做扣腕动作，并使重心跟进，球拍横挥至身体的另一侧，完成随挥动作（见图 11-43）。后摆是缓慢的，但击打动作是快速的，击球点在抛球至最高点球开始下落的瞬间。

图 11-43　发　球

2. 接发球

接发球由握拍法、准备姿势、站位击球和随挥跟进等四个环节组成。从球离开发球员手的一刹那，眼睛始终不能离开球，站位要正确，两脚要提起脚跟，重心偏前，在身前击球。

3. 击球的方法

（1）正手击球：是网球技术中最基本的击球方法，该击球方法由准备姿势、后摆引拍、挥拍击球和随挥跟进四个动作技术环节组成。正手击球分为正手上旋球、正手平击球、正手削球（下旋球）。击球全过程眼睛要始终盯住球，尽早、尽快地后摆引拍，击球点正对着前额，击球时，握紧球拍，绷紧手腕，球拍随球送出，充分随挥至左前上方，如图 11-44 所示。

图 11-44　正手击球

（2）反手击球：是网球基本技术中最常见的击球方法，该击球方法由准备姿势、后摆引拍、挥拍击球和随挥跟进四个动作技术环节组成。反手击球分为反手上旋球、反手平击球、反手削球（下旋球）。击球前迅速转体、转肩，球拍要早后摆，眼睛自始至终盯球，握紧球拍，绷紧手腕，向上挥拍，球拍随球送出（反拍下旋球是向下向前挥拍），随挥动作在旁侧的高处结束，如图 11-45 所示。

图 11-45　反手击球

（3）双手握拍打反手：根据来球，迅速移动到击球位置，并正确做好后摆，击球时前臂保持伸直，绷紧手腕，在身体另一侧的高处结束随挥动作，如图 11-46 所示。

图 11-46　双手握拍打反手

（4）截击球：截击技术包括握拍法、准备姿势和击球动作。击球动作又包括正手截击球、反手截击球、截击高球、截击低球、截击近身球、中场截击球等多种截击球法。截击球时眼睛始终盯球，握紧球拍，绷紧手腕，在身体前面击球，保持拍头向上。用较短的推击动作击球。

（5）高压球：是指在头上用扣压的动作完成的一种击球方法。高压球可分为落地高压球和凌空高压球。高压球时眼睛自始至终盯住球，当对方挑高球就马上后退侧身对网，调整好步法，跟进重心，在身体前面击球，用力扣腕，充分完成随挥动作。

（6）挑高球：挑高球技术分为防守性挑高球和进攻性挑高球，握拍法同打落地球。防守性挑高球时眼睛盯住球，边移动，边向后引拍，击球时，手腕固定，加长击球时间，跟着球击出去的方向，向高处做随挥动作。进攻性挑高球时眼睛盯住球，击球前拍头低于来球，击球时抖动手腕，产生摩擦力，使球剧烈向前旋转。

（7）放小球：是指把球轻轻击到对方网前的打法。放小球时眼睛始终盯住球，准备动作要尽量隐蔽，球拍触摸球，使球速下降，随挥动作较小。

（8）反弹球：是在来球落地后刚弹起的一刹那，进行击球的一项技术。反弹球时，眼睛盯住球，后摆引拍幅度小，降低身体重心击球；击球时，绷紧手腕，拍面靠近地面并稍向前倾适度地随挥动作。

（三）基本步法

1. 关闭式步法

关闭式步法：向前迈一步，成左侧身或右侧身站位，准备击球时重心移至前支撑腿上，可运用于正、反拍技术上。

2. 开放式步法

开放式步法（以右手执拍为例）：右脚向右迈出一步，重心在右脚掌前部，上体侧身后与下身成“十”字，击球时，重心在蹬地时向前移。

3. 其他辅助性步法

其他辅助性步法：主要有并步、滑步、交叉步、跑步、后退步、左右前上步、跨步、垫步等。

1. 为什么网球运动深受大家喜爱？
2. 简述正手击球的动作要领。

第十二章

休闲运动

第一节 健 美

学习目标

知识目标

了解健美运动的发展；了解健美运动的锻炼价值。

能力目标

学会健美的基本动作和练习方法。

素质目标

掌握健美锻炼方法，根据自身情况制订运动计划，提高审美能力，培养吃苦耐劳的精神品质和坚强的毅力。

一、健美概述

健美运动是一项强壮体格、改善形体的体育项目。它主要以哑铃、杠铃、专用健身器械为工具，通过系统训练把全身肌肉练得粗壮发达、棱角分明、比例匀称。健美运动是雕琢人体的运动项目。

健美运动自欧洲兴起。这项运动的创始者是德国人欧琴 · 山道。1901 年山道在伦敦举办了世界上第一次健美比赛，1902 年以后他先后在澳大利亚、新西兰、英国及北美洲创建了体育学校。他对开展世界健美运动贡献巨大，世人称其为“健美运动鼻祖”。

20 世纪 30 年代中期，加拿大人本 · 韦德和乔 · 韦德俩兄弟，使健美运动的研究和发展向前跨进了一大步，由于他们的努力，在 1946 年创立了国际健美协会，本 · 韦德先生是协会的终身主席。

赵竹光先生是我国健美运动的“开山人”。我国于 1983 年举办了全国性的健美比赛，以后每年一届。1986年第四届健美邀请赛增设了女子和男女混合双人的比赛项目；自1987年第五届起将邀请赛改为锦标赛，并从当年起设立每年一届的全国健美冠军赛；从1989年开始在全国冠军赛上，增设了“单项特别奖”。我国于1985年11月加入国际健美协会。1989年加入亚洲健美协会，国家体委蒋德明先生被增补为亚洲健美协会副主席。中国举重协会健美运动委员会于1986年11月在广东省深圳市举行了成立大会。

二、健美锻炼中的生理特点与肌肉功能

人体运动系统由骨、骨连接和肌肉共同组成。它以骨为杠杆、关节为枢纽、肌肉收缩为动力而产生运动。肌肉围绕着关节而遍布全身，一般附着在两块或两块以上的骨骼上，跨越一个或一个以上的关节。肌肉的基本特点是收缩与伸展。在锻炼中利用伸肌和屈肌运动以形成肌肉阻抗，增加肌纤维粗度，增大肌块。人体主要肌肉功能如表12-1所示。

表12-1　人体主要肌肉功能

部位	肌肉	功　能
颈部	胸锁乳突肌	头后仰、侧屈、转动、上摆胸部
胸部	胸大肌 前锯肌	拉引上体向上臂靠拢、臂向胸前内收、内旋，使肩胛骨回旋，使肩胛骨离开脊柱向前
腹部	腹直肌 腹外斜肌	使上体前屈 使上体侧屈、转体、前屈
背部	斜方肌 冈上肌 大圆肌 背阔肌 髋棘肌	肩胛骨上提、放下，靠近脊柱，一侧收缩使头侧屈，两侧收缩使头后仰 使臂外展 使臂内收、后伸和外旋 拉引上体向上臂靠拢，使上臂内收、内旋、后伸 使上体伸展、转动、侧屈
肩部	三角肌	使上臂上举、侧举、平举
上臂	肱二头肌 肱三头肌	使肘关节弯曲 使肘关节伸展
前臂	前肌群 后肌群	使手腕和手指弯曲 使手腕和手指伸直
臀部	臀大肌	使大腿后伸、外旋，弯腰或蹬坐站起
大腿	缝匠肌 股四头肌 股二头肌	屈髋、屈膝、髋外展、外旋、膝内收 屈髋、伸膝 伸髋、屈膝
小腿	腓肠肌 比目鱼肌	屈膝、屈足趾 屈足趾

健美锻炼中采用的动作，都是根据人体结构的生理特点而设计的，每个动作的练习都有特定的技术要领，而每个动作的体姿和技术的正确与否又与肌肉的收缩和伸展关系密切，直接影响锻炼的效果。通过一定的动作方式和重量使受力肌群受到刺激，以获得一个最佳的

“肌肉酸胀”反应。

综上，练习者必须依据人体的生理特点和肌肉功能，掌握和运用正确的基本技术，方可达到提高锻炼效果的目的。

三、健美锻炼基本技术、注意事项、遵循的要点及保护帮助

健美课的设置，是在保证学生不断地增强体质的基础上，在发达肌肉、改善形体和陶冶情操的同时，向学生进行必要的人体解剖学、运动生理学、运动医学和美学的基础教育，在实际锻炼中，培养学生克服困难的坚强毅力和相互帮助共同提高的优良品德。

（一）健美锻炼基本技术

（1）站位：分为两脚平行、自然分开、两脚内扣和并拢站位。

（2）站距：分为两脚窄站距、正常站距和两脚宽站距。

（3）蹲法：分为两腿全蹲、半蹲、稍蹲和跨蹲及两腿前后蹲。

（4）握法：分为两手正常握法、空提法、锁提法和两手正反提法。

（5）握距：分为两手窄握距、正常握距和宽握距。

（6）预备姿势：分为坐姿、俯坐姿、斜坐姿、托臀坐姿、俯立姿、直立姿、俯跪姿、俯卧姿、平卧姿、上斜卧姿、下斜卧姿和斜卧姿等。

（二）健美锻炼注意事项

1. 健美锻炼中经常交换运用的三个不同

①不同的握距、站距要变换使用，以使肌束受力均匀；②不同的弯曲角度、内收外旋要经常变化，以使肌组全面得到刺激；③不同的弯曲深度要变换使用，以增加肌肉的美感。

2. 健美活动中的四个结合

为让肌肉更有弹性，应做到上举快，下放慢，在锻炼过程中应做到4个结合：①速度掌握要快与慢结合；②次数要多与少结合；③重量要轻与重结合；④动力练习与静力练习相结合。

（三）健美锻炼须遵循的要点

1. 一定要掌握正确的动作要领

掌握正确的动作要领，非常重要。开始教学时，必须让学生用适当的重量，反复体会动作要领。体会锻炼对肌群起着质的变化，但在大重量练习时，往往又会破坏动作的规范性。

2. 必须做好准备活动

从一开始就要注意做好准备活动，逐步养成习惯，避免在锻炼中出现伤害。不论天冷天热，都要做好准备活动，克服肌肉的黏滞性，进入兴奋状态。

3. 认真做好放松

疏散淤积在肌肉中能引起肿胀和疼痛的物质，促进体内代谢过程，让紧张的肌肉松弛下来，加快消除疲劳和恢复机能。

4. 正确掌握呼吸的方式和方法

在锻炼过程中，体内需氧量及产生二氧化碳量快速增加。如果呼吸不正确，则会过早感

到疲劳，甚至出现恶心并伴有呕吐感，严重者会出现脑供血不足而出现暂时休克状态。在锻炼中，必须根据不同的练习动作运用不同的呼吸方式，以摄取更多的氧气并排出二氧化碳。

正确的呼吸方法应该是短促而有力、口鼻兼用，当吸气后立即紧闭声门，此时嘴仍呈自然稍张开状。

（1）一次动作一次呼吸：多数练习动作皆用此方式，即在完成一次练习动作后及时换气。

（2）几次动作一次呼吸：此方式用于练习动作较快或负重很轻时。如双杠屈臂振、单杠引体向上、斜板腰腹练习等。

（3）几次呼吸一次动作：此方式在重量较大的练习时采用，为的是给脑部提供充足的氧气。如仰卧推举的最后几次练习时、深蹲练习时。

（4）自由调节呼吸：此方式多用于有氧训练时。如连续纵跳、连续蛙跳、上山跑和下山跑。

5. 强度逐步加大

健美运动是对身体肌群不断地进行刺激，以达到增粗肌肉和减少脂肪的目的。初学者应遵循循序渐进的原则，由轻到重、由少到多、由小到大、由简单到复杂。增大肌肉体积和力量的关键是强度，肌肉受刺激的强度越大、持续时间越长，大脑皮层的兴奋性就越高，锻炼的效果也越好。

在锻炼中要处理好强度、密度、组数、次数和间歇的关系，才是唯一正确的途径。

6. 锻炼时意念要集中

只有意念集中，才能恰当地掌握用劲的强度、动作的频率、受力的重点、质量、组数和次数的多少，获得最佳效果。

7. 要整体发展

健美教学器械训练是主要手段，但必须补充跑及球类等项目，以培养柔韧、灵巧和协调等素质，这样才能使健美运动得以改善和提高，尤其要十分重视腿部肌群的练习。

8. 合理运用锻炼时间、强度、密度、组数及次数

（1）运用时须掌握的原则：

①要根据训练对象的状况。

②要考虑营养摄取和休息情况。

③要注意锻炼后的身体反应。

（2）每周锻炼次数与时间：

①初学班为 3 次，每次 90 min。

②中级班为 3~4 次，每次 120 min。

③提高班为 4~6 次，每次 150 min。

（3）动作数量与组数：

①初学班为 4~5 个动作，30 组左右。

②中级班为 4~5 个功作，35 组左右。

③提高班为 5~6 个动作，45 组左右。

（4）密度（即组与组之间的间歇时间）：

①初学班为 1~2 min。

②中级班为不超过 1½ min。

③提高班为 1 min 之内。

（5）每组次数：

①1~5 次为低次数，为增长力量时采用。

②6~10 次为中次数，专为发达肌肉块采用。

③15~20 次为高次数，为发展小肌肉群和增强肌肉弹性时采用。

④30 次以上至无限为超高次数，为削减脂肪时采用。

（四）保护与帮助

保护与帮助既是一种安全措施，又是提高锻炼效果的好方法，可分为自我保护与帮助法、一人保护与帮助法和二人保护与帮助法。

1. 自我保护与帮助法

自我保护与帮助法：是指个人在锻炼中，出现困难和危险时所采用的方法。此时要镇静，采取助力或者变换动作自救。

2. 一人保护与帮助法

一人保护与帮助法：视练习动作和练习者的情况而定，保护者站在练习者的背后或是前面。如仰卧推举练习时，保护者应站在靠近练习者头部位置，视情况适当给点助力即可。

3. 两人保护与帮助法

两人保护与帮助法：一般在使用杠铃进行练习时，帮助的两人分别站在杠铃的两端，做好准备。两人要在时间、用力程度、动作快慢上和谐一致，防止一头高一头低、一边力大一边力小的情况。如果是不正确的保护与帮助，反而会给练习者帮倒忙。

四、健美体型简易评价法

健美体型=身高上等或中上等+头正+上下身比例协调+身体充实度适中+匀称+上身宽窄适中+腰粗围合度+小腿围度和谐+富有光泽的皮肤。

当然，这仅针对一般健美型体提出的大致标准，对健美运动员来说标准则更高。

五、健美锻炼方法

（一）锻炼课程内容

（1）训练频度。

（2）主要锻炼部位及重量次序排列。

（3）有氧练习采取的手段。

（4）准备活动与放松活动手段。

（二）适合大学生的锻炼方法

1. 循环锻炼法

这种锻炼方法适用不同的体质，全身各部位主要肌群都能得到刺激。先按体能分成若干小组，各组选定的重量、试举组数次数以及间歇时间大致相同。

（1）三组式循环法：三人为一组，三种器械，同时循环使用。

（2）四组式循环法：四人为一组，四种器械，同时循环使用。

2. 常规锻炼法

根据学生体能情况分成若干组，以 2~3 人为一组较合适。一次课锻炼 4~5 个动作，每个动作做 6~8 组，每组以 8~10 次为宜。采用器械不停的连续方法，重量掌握在每组动作做到最后几次时要有吃力感。

模式：每周一次教学课，课余时间有 1~2 次复习锻炼。

3. 渐增负荷锻炼法

让身体逐渐接受超负荷刺激，能使肌肉在一定时间里得到超补偿。如在锻炼过程中，逐渐增加举重量和动作难度，还要根据情况不断地增加动作、组数、次数和缩短组与组之间的间歇时间来匀称地雕琢肌群。

4. 递增强度和助力锻炼法

这些方法皆属于训练健美运动员的方法，一般不太适合在高等学校学生中推广。但在教学过程中可以向学生讲授，以拓宽知识面。

六、发达各部位肌肉的主要练习方法

（一）斜方肌群

下面介释肌群的练习方法主要锻炼斜方肌，兼发展三角肌、肩背部协同肌群、前臂肌群。

1. 斜方肌上束

1）哑铃 Y 形上举

（1）要领：利用斜凳支撑，俯身，单手直臂持哑铃，这是起始动作。后缩肩胛，然后向上抬起，吸气。斜方肌发力感受肩胛骨向上旋转，直到手臂和肩部身体成一条直线（见图 12-1、12-2），停留 1 s，然后再慢慢回放，呼气，重复动作。

（2）注意事项：保持正常的肩肱节律，让肩胛骨活动起来，不要沉肩。

2）Y 形上举

要领：可以俯身，斜板支撑，俯卧或站姿都可以。俯卧，手臂笔直向前伸，分别处于 10 点钟和 2 点钟方向。拇指笔直指向天空，然后向上抬起。斜方肌发力，感受肩胛骨向上旋转，直到手臂和肩部身体成 Y 形，停留 1 s，吸气，然后再慢慢回放，呼气。

注意事项：动作中注意肩胛骨向上旋转带动手臂。

图 12-1　哑铃 Y 形上举（一）

图 12-2　哑铃 Y 形上举（二）

3）负重耸肩

要领：两肩同时向上耸起，使肩峰尽量触及耳朵，然后在这个顶点位置上慢慢地使两肩向后转，吸气，再慢慢由后向下转至两臂下垂的原位，呼气。重复做上述动作，如图 12-3 和图 12-4 所示。注意：在耸肩过程中，不要曲肘。

变化动作：可以手持哑铃、背后持杠铃等做动作。

图 12-3　负重耸肩（一）

图 12-4　负重耸肩（二）

2. 斜方肌中束

1）弹力带肩胛后收缩

要领：手臂屈膝 90°角，上手臂贴住身体，肩膀进行外旋的方式来进行。利用肩膀往后夹方式将弹力带往外拉紧（肩胛骨后收）。切记，不是用手掌、手腕或手臂出力，而是肩膀往后夹（收），理想的状态上，你的肩胛骨可以夹住一支笔，如图 12-5、图 12-6 所示。

类似的动作还有弹力带肩水平外展、俯身飞鸟等。

2）杠铃过顶耸肩

要领：利用推举的姿势把杠铃推到头顶，这是起始动作（见图 12-7）；吸气，斜方肌用力向上举，然后稳住杠铃，下放呼气，如图 12-8 所示。

图 12-5　弹力带肩胛收缩（一）

图 12-6　弹力带肩胛收缩（二）

注意事项：在做动作过程中保证腹部绷紧，肋骨下压，屁股夹紧，让脊椎处于正常的生理位置。

图 12-7　杠铃过顶耸肩（一）

图 12-8　杠铃过顶耸肩（二）

3. 斜方肌下束

锻炼斜方肌下束采用反向耸肩的方法。

要领：起始姿势和撑双杠一样，双手伸直撑住，保持身体稳定，上半身挺直，这是起始动作；然后下沉肩胛骨，呼气，（感觉肩膀快要碰到耳朵）上提肩胛骨，吸气。利用肩胛的移动，去感受身体往上带的感觉；回到起始姿势（见图 12-9、图 12-10）。

图 12-9　反向耸肩（一）

图 12-10　反向耸肩（二）

（二）胸部肌群

1. 中胸部

1）平板杠铃卧推

要领：水平躺在卧推凳上，双脚接触地面以保持平衡，双手握距根据个体的情况来定（这里以中握距为例子），即将杠铃放至胸口位置时，双手间的距离应该宽到足以让前臂与地面垂直。吸气，将杠铃从架子上拿起来，之后有控制地缓慢放下，直到它触碰到胸大肌下端（乳头的位置）。稍作停顿后，再次推起杠铃，呼气，在顶点时坚持几秒（尤其注意顶峰收缩），再缓慢下放，如此反复练习（见图 12-11、图 12-12）。

图 12-11 平板杠铃卧推（一）

图 12-12 平板杠铃卧推（二）

2）哑铃卧推

要领：手臂弯曲，将哑铃慢慢下降到胸部两侧，同时吸气，直至胸部被拉伸至极限。向上伸直手臂，将哑铃快速上推到胸部上方，同时呼气。在顶端稍适停留，感受胸部肌肉的收缩，如图 12-13、图 12-14 所示。

3）平板哑铃飞鸟

要领：吸气，向身体两侧有控制地放下哑铃，划出一个很大的扇形弧度，在做动作的过程中手肘是略微弯曲的（保护肘关节）。下放到能最大限度拉伸胸大肌，这时候保持一定时间的静止。呼气，以同样的弧线轨迹将哑铃举回空中，如此反复练习，如图 12-15、图 12-16 所示。

图 12-13 哑铃卧推（一）

图 12-14 哑铃卧推（二）

图 12-15　平板哑铃飞鸟（一）

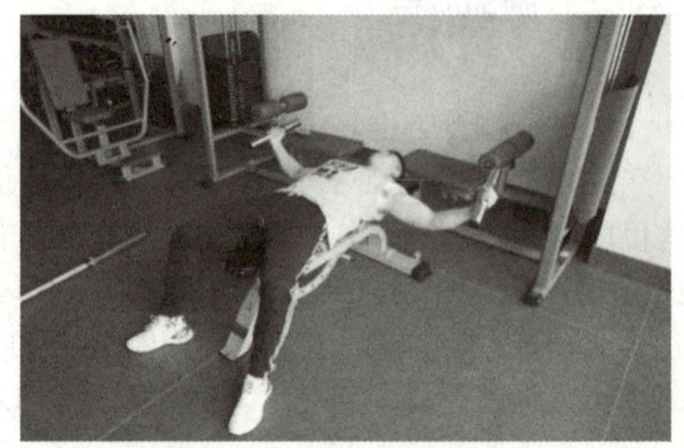

图 12-16　平板哑铃飞鸟（二）

4）蝴蝶机夹胸

要领：吸气，将双臂向内推，此时背部要紧贴靠垫，头也要靠住后面，肘部要轻微弯曲以免受伤，在动作的最后，人的前臂应该和地面平行，整个手臂还是弯曲的。尤其注意，在动作最后要用力紧缩一下胸肌，让胸肌额外受到更大的刺激。呼气，返回初始的动作，这时注意不是完全放回去，要找到一个最紧绷的点，也就是做下一个动作时最需要用力、最有弹性的点（见图 12-17、图 12-18）。

图 12-17　蝴蝶机夹胸（一）

图 12-18　蝴蝶机夹胸（二）

2. 上胸部

1）上斜卧推

要领：同平板杠铃那样卧推，但角度不同。

注意事项：杠铃上斜卧推最重要的是轨迹，也就是在推起杠铃时，手应该是差不多与地面垂直；而在下放杠铃时，杠铃应该在锁骨偏下一点的位置。如果杠铃太靠下，上胸完全不会有感觉的（见图 12-19、图 12-20）。

2）上斜哑铃卧推

（1）要领：同哑铃卧推，可以根据个体情况微调凳子的角度。

（2）注意事项：将哑铃高举到头顶，记住肩胛骨不要动，哑铃推到头顶时如果不运用肩膀，那么两只哑铃相互之间是碰不到的。至于手臂摆放的位置，应该是竖直的，也就是差不多和地面垂直（不是完全垂直，角度为 70°~80°），如图 12-21、图 12-22 所示。

图 12-19 上斜卧推（一）

图 12-20 上斜卧推（二）

图 12-21 上斜哑铃卧推（一）

图 12-22 上斜哑铃卧推（二）

3）上斜哑铃飞鸟

要领：同平板哑铃飞鸟。

注意事项：

（1）在整个动作过程中，要想象你的胸肌一直在发力，用意念去控制它。

（2）在动作的最低点要彻底感觉到胸肌的撕裂，在动作的最高点要用力挤一下胸肌，刻意地紧缩胸肌可以让胸肌上侧尤其是最中间部分受到很好的刺激。图 12-23、图 12-24 所示为上斜哑铃飞鸟。

图 12-23 上斜哑铃飞鸟（一）

图 12-24 上斜哑铃飞鸟（二）

3. 下胸部

1）下斜杠铃卧推。

要领：同平板杠铃卧推。

注意：选择合适的重量，在过重的情况下，应找个搭档协助做好后续的保护工作，以免受伤。新手也应找个搭档在后面做好保护工作。全程注意控制，下降所花费的时间应该是上推所花费时间的 2 倍。下斜杠铃卧推如图 12-25 和图 12-26 所示。

图 12-25　下斜杠铃卧推（一）

图 12-26　下斜杠铃卧推（二）

2）下斜哑铃卧推

要领：同哑铃卧推。

注意事项：

（1）注意，腰部不要弓得太厉害，如果腰弓得很厉害，说明选择的重量不适合（这个原则同样适用于上斜和平板卧推）。

（2）记住手臂和身体的角度在 60°~90°（具体哪个角度有感觉，要自己去试），如果想练的是上胸，那就要超过 90°角。

（3）做这个动作时，肘部要向外打开，不然锻炼不到胸肌，如图 12-27、图 12-28 所示。

3）下斜哑铃飞鸟

要领：同哑铃飞鸟。变化：可以采用掌心向前的卧姿，以获得不同部位的刺激感。

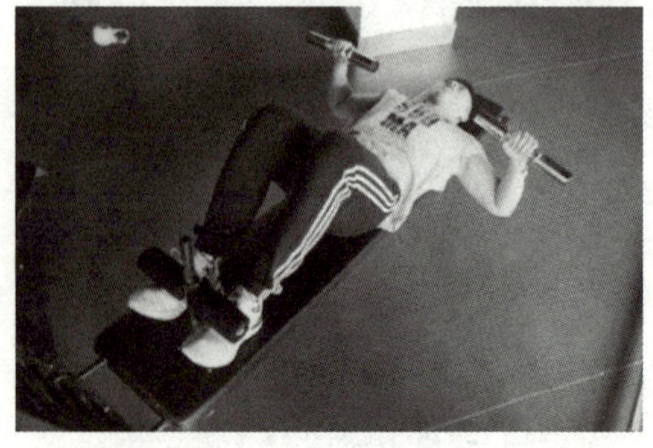

图 12-27　下斜哑铃卧推（一）

图 12-28　下斜哑铃卧推（二）

注意事项：整个动作不是简单的上下推举，而是像鸟类扇动翅膀。运动的轨迹与地面垂直，而不是与身体垂直，如图 12–29、图 12–30 所示。

图 12–29 下斜哑铃飞鸟（一）

图 12–30 下斜哑铃飞鸟（二）

4）双杠臂屈伸

要领：双手支撑起身体，肘关节处可以锁住，吸气，躯干向前倾斜 30°角，慢慢地下放身体，下放身体的时候肘部稍微向两侧张开，直到你感到胸部有轻微的拉伸；利用胸部的力量将身体撑起同时呼气，回到起始姿势；在撑起到最顶部时紧缩胸大肌，如图 12–31、图 12–32 所示。

图 12–31 双杠臂屈伸（一）

图 12–32 双杠臂屈伸（二）

4. 综合运动：拉力器夹胸

1）低位拉力器十字夹胸

要领：吸气，两只手一边向上提，一边相互靠近，动作过程中肘部始终保持轻微弯曲。在动作最高点保持一段时间，并紧缩胸肌去感受胸肌中部的刺激，然后有控制地放回起始位置，如图 12–33、图 12–34 所示。

2）高位拉力器夹胸

要领：身体向前倾，向两侧伸开双臂，手臂要几乎伸直，肘部弯曲，双手要环绕地向前动作，在整个动作过程中要注意胸肌的收缩。有控制地回到起始位置，同样不要完全放回原位，要在一个最有弹性的点停下来，如图 12–35、图 12–36 所示。

图 12-33　低位拉力器十字夹胸（一）

图 12-34　低位拉力器十字夹胸（二）

图 12-35　高位拉力器夹胸（一）

图 12-36　高位拉力器夹胸（二）

注意事项：

每次交叉手上下顺序要换。比如，第一次是左手上右手下交叉，下一次就要左手下右手上交叉。

前倾 15°角：锻炼下胸外侧，下胸中缝比较多。

前倾 30°角：锻炼胸肌中部外侧，中部中缝比较多。

前倾 45°角：锻炼胸肌上部以及和三角肌前束的衔接处比较多。

（三）肩部肌肉

1. 三角肌前束

1）直臂前平举

动作要领：自然站立，或紧靠 45°角斜凳站立，两手正握杠铃或哑铃垂于腿前，握距与肩同宽。这是起始动作。把杠铃（或哑铃）向前上方举起（肘部稍屈），直至高于视线平行高度，同时呼气；在顶端稍作停留，然后，慢慢放下还原，吸气，如图 12-37、图 12-38 所示。

2）哑铃交替前举

动作要领：自然站立，或紧靠 45°角斜凳站立，两手各持哑铃下垂于腿前，这是起始动作。把左手哑铃向前上方举起（肘部稍屈），直至高于视线平行的高度，同时呼气；然后，慢慢放下还原；放下左手哑铃同时向前方举起右手哑铃，如图 12-39 ~ 图 12-41 所示。依次交替重复做上述动作。

图 12-37　直臂前平举（一）

图 12-38　直臂前平举（二）

图 12-39　哑铃交替前举（一）

图 12-40　哑铃交替前举（二）

图 12-41　哑铃交替前举（三）

3）杠铃提拉

动作要领：自然站立，手背向前握住横杠中间，握距比两肩稍窄，两臂下垂腿前，这是起始动作。持铃慢慢贴身提起，两肘上提始终处于握手上方同时呼气；直到上拉至接近颈前水平位，稍停；然后，循原路慢慢贴身放下至下垂于腿前，吸气如图 12-42、图 12-43 所示。重复做上述动作。

图 12-42　杠铃提拉（一）

图 12-43　杠铃提拉（二）

4）杠铃颈前推举

动作要领：自然站立，也可以坐姿，两手握住横杠，握距比肩稍宽 2~5 cm，这是起始动作。提杠铃至肩上，掌心向上；把杠铃贴脸向上推起至两臂伸直在头顶上方同时呼气；然后，慢慢循原路放下至肩上，如图 12-44、图 12-45 所示。重复上述动作至合理次数。

变化动作：用哑铃做。

图 12-44　杠铃颈前推举（一）

图 12-45　杠铃颈前推举（一）

5）阿诺德推举

动作要领：①两手各握一哑铃弯举，站立或坐立，要求挺直腰背，哑铃举到肩的位置，掌心面对自己；②类似哑铃推举动作上举，并开始旋转手腕，以使哑铃举到最高点时，掌心朝前，呼气；③最高点停顿，然后向上举相反的轨迹下放哑铃，吸气，如图 12-46、图 12-47 所示。重复上述动作。

6）斯科特举

动作要领：

双手持哑铃于胸前，掌心相对，然后肘部向侧后方摆动，使掌心向前，再向前夹肘至胸前，如图 12-49、图 12-49 所示。重复上述动作。

呼吸要领：向侧后方摆动时要吸气，前摆时呼气。

图 12-46 阿诺德推举（一）

图 12-47 阿诺德推举（二）

图 12-48 斯科特举（一）

图 12-49 斯科特举（二）

2. 三角肌中束

1）哑铃直臂侧平举

动作要领：两脚开立、与肩同宽、自然站立，收腹挺胸，背部挺直，保持身体的稳定，双手抓握哑铃垂于身体两侧，肘微屈，拳眼向前，这是起始动作。两手持铃同时向两侧举起，同时呼气，举到上臂与地面平行即可，这样能保持三角肌持续紧张，而超过此位置哑铃重量不再落在三角肌肉上；然后慢慢地循原路落下回原位，吸气，如图 12-50、图 12-51 所示。再重复做上述动作。

图 12-50 杠铃直臂侧平举（一）

图 12-51 杠铃直臂侧平举（二）

2）单臂哑铃侧平举

动作要领：一手握哑铃，另一手扶住可调整的上斜凳或机器支架；身体稍微向手握哑铃的一边倾斜，这是起始动作。哑铃稍微碰触身侧，然后向身侧抬高手臂直到哑铃高过肩膀。在最高点稍作停留，再缓缓将哑铃降下，回到身侧，如图 12-52~图 12-54 所示。重复上述动作。

呼吸要领：振臂时呼气，还原放下手臂时吸气。

图 12-52　单笔哑铃侧平举（一）

图 12-53　单笔哑铃侧平举（二）

3）坐姿哑铃侧平举

动作要领：正坐，挺胸，收腹，立腰，或上背及骶部靠垫，腰部空出；双臂微屈，双手掌心相对握持哑铃，这是起始动作。保持稳固的坐姿，吸气，集中以肩部肌群，尤其是三角肌中束的收缩力拉引双臂侧上举，至双臂呈水平或稍过水平面止，停约 1 s，维持并清晰地感受肌肉收缩状态，呼气，退让性还原，如图 12-55、图 12-56 所示。

图 12-54　单笔哑铃侧平举（三）

图 12-55　坐姿哑铃侧平举（一）

图 12-56　坐姿哑铃侧平举（二）

4）侧卧直臂平举

动作要领：侧卧垫上，右手持铃，左手屈臂撑垫。最好的方法为使用上斜板或腹肌板，与地面成 30°角，身体的左侧贴靠在上斜板上，右手抓握一只哑铃放在大腿右侧上，哑铃的重量应稍轻于站姿侧平举。吸气，右臂直臂上抬至最高点。右臂稍弯曲，用半圆弧度举起哑铃过肩避免借力完成动作。呼气，缓慢放下还原。在完成 10~12 次/组后，交换到身体另一侧，左手持铃重复动作练习，如图 12-57、图 12-58 所示。

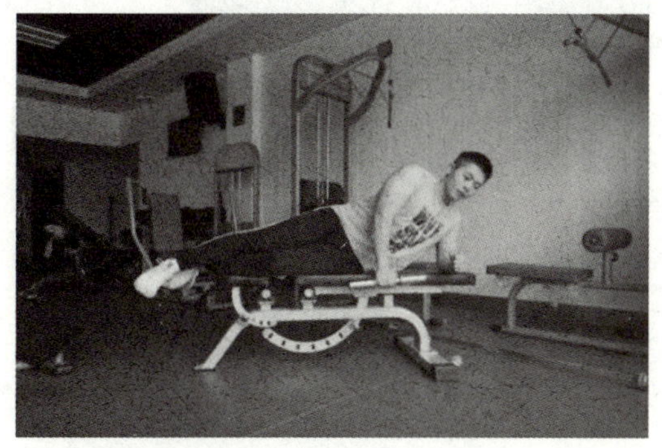
图 12-57　侧卧直臂平举（一）

图 12-58　侧卧直臂平举（二）

5）哑铃肩上推举

动作要领：①坐在平凳上，双脚自然打开，双腿稳定住身体，尽量向靠背上贴紧，腰部收紧不要贴住靠背，收腹挺胸，双手持铃握于头部两侧，双手握住哑铃中间的位置，从身体两侧举起，保持在大臂和小臂的夹角为 90°，手心朝向正前方。这是起始动作。②深吸气将哑铃分别从身体的两侧推起，拳眼相对，相交于头的正上方，但是哑铃彼此不要触碰到，下落时吸气，如图 12-59、图 12-60 所示。反复进行练习。

图 12-59　哑铃肩上推举（一）

图 12-60　哑铃肩上推举（二）

6）轮换坐推哑铃

动作要领：①两手各握一个哑铃放在肩上，坐在长凳上，腿勾住坐凳使身体坐直；这是起始动作。②轮换做手臂上举动作，一只手臂下落时另一手臂再上举，依次重复。③呼吸要领：哑铃为轻重量，自然呼吸，尽量不要憋气；大重量，则在用力前吸一口气，然后憋气直至完成动作再调整呼吸，如图 12-61~图 12-63 所示。

图 12-61　轮椅坐推哑铃（一）

图 12-62　轮椅坐推哑铃（二）

图 12-63　轮椅坐推哑铃（三）

3. 三角肌后束

1）反式碟机展肩

动作要领：坐在反式碟机上，胸口紧靠软垫。握紧把手，把手应调至与肩膊同一高度。手肘微曲，准备向后拉，这是起始动作。吸气，向后拉时，逐渐收紧后束三角肌。后拉到尽头时，再慢慢恢复放回起到始点，呼气，放回时切勿将负重块迅速放下以换来时间休息，肌肉慢慢有控制地放下以保证三角肌得到持续性的拉力，如图 12-64、图 12-65 所示。重复上述动作。

图 12-64　反式碟机展肩（一）

图 12-65　反式碟机展肩（二）

2）俯立侧平举

动作要领：①两脚分开站立同肩宽，两手掌心相对持哑铃，上体向前屈体至与地面平行，两腿稍屈，使下背部没有拉紧感，背部保持挺直，这是起始动作。②吸气，两手持铃分别向两侧举起，直至上臂与背部平行（或略为超过），稍停，然后放下哑铃还原，呼气，如图 12-66、图 12-67 所示。重复做上述动作。

3）坐姿俯身侧平举

动作要领：双手各握一哑铃，坐在平凳的末端；双脚平放在地上，双足距离近一些；身体向前倾，直到你的胸口几乎碰到大腿为止；双臂向下垂，将哑铃保持在小腿和平凳之间；双手伸直，双肘接近锁定。然后用力抬举两臂，以半圆的轨迹将哑铃抬高至手臂与地面平行，与耳朵同样高度。最高处稍停，然后放下哑铃还原，如图 12-68、图 12-69 所示。重复做。

呼吸要领：向侧上抬臂时吸气，放松还原时呼气。

图 12-66　俯立侧平举（一）

图 12-67　俯立侧平举（二）

图 12-68　坐姿俯身侧平举（一）

图 12-69　坐姿俯身侧平举（二）

4）俯卧侧平举

动作要领：面朝下躺在一个较高的平凳上。双手握哑铃，掌心相对，手臂向下垂，手臂伸直但手肘不要完全锁定，这是起始动作。用哑铃画个半圆的动作向两侧抬高到肩膀的高度，最高点跟耳朵位于同一水平线；慢慢下降至起始位置，如图 12-70、图 12-71 所示。再重复上述动作。呼吸要领：向上抬臂时吸气，放松还原时呼气。

图 12-70　俯卧侧平举（一）

图 12-71　俯身侧平举（二）

5）杠铃颈后推举

动作要领：①最好采用坐姿，紧靠座椅，两手持铃置于颈后肩上，上体保持挺胸收腹紧腰的姿势，这是起始动作。②随即吸气，持铃向上推起至头顶后上方两臂完全伸直为止，稍停 2~3 秒钟，再慢慢放下还原。③注意放下负重时尽可能向下。杠铃推举动作如图 12-72、图 12-73 所示。重复上述动作。

图 12-72　杠铃颈后推举（一）

图 12-73　杠铃颈后推举（二）

6）后肩划船

动作要领：俯身，身体接近水平位置，膝关节稍屈；或直接平趴在长凳上，肩在长凳前段露出；正手宽握杠铃或哑铃，握距比肩宽，这是起始动作。开始时，上臂垂直躯体向下持杠铃；吸气，向上拉杠铃或哑铃；展肩直至上臂超过水平位置。原路缓慢有控制地放下，呼气，如图 12-74、图 12-75 所示。重复上述动作。

图 12-74　后肩划船（一）

图 12-75　后肩划船（二）

（四）臂部肌肉

1. 肱二头肌

1）直立杠铃弯举

动作要领：身体直立，中握距（同肩宽）正握杠铃，垂于体前，这是起始动作。两上臂贴紧身体两侧，向上弯举。注意力集中在整个肱二头肌上，至肱二头肌完全收紧稍停，同时吐气。然后缓慢有控制地还原，以使肘部得到完全的伸展，同时吸气。如果屈臂难以刺激到嵌入肘弯的肱二头肌下端。做标准次数组时应刻意伸直胳膊，但应在 8 次以下（因承重较大），避免肘关节和肌腱受伤，应保持胳膊自然的屈伸度，如图12-76、图12-77所示。

图12-76 直立杠铃弯举（一）

图12-77 直立杠铃弯举（二）

2）哑铃交替弯举

哑铃弯举可以坐姿、站立，也可上斜仰卧。

动作要领：身体直立（也可坐在凳端或垂直靠背凳上），双手持哑铃垂于体侧，掌心相对，两肘贴靠身体两侧，这是起始动作。以肘关节为支点，向上弯举，同时呼气，同时前臂外旋掌心朝上，举至最高点收紧肱二头肌，稍停。然后控制性还原，同时吸气。接着另一臂做相同动作。前臂和腕外旋是为了充分收缩肱二头肌和锻炼肱二头肌内侧头，更好地分离肱二头肌（见图12-78~图12-80）。

图12-78 哑铃交替弯举（一）

图12-79 哑铃交替弯举（二）

图12-80 哑铃交替弯举（三）

3）斜托杠铃弯举

动作要领：①坐在斜托凳（牧师椅）上，也可采用站姿，胸靠斜板，上臂放在斜板上，两手反握杠铃，臂伸直，保持身体稳定。②用力将杠铃弯举到最高点，吸气，稍停。③然后缓慢还原，呼气，注意臂应充分伸展，动作要慢，在杠铃降到最低点时肘关节应微屈，用力控制住杠铃，但不要完全伸展。

4）哑铃斜托弯举

动作要领：用右手抓住一个哑铃，把上臂放在牧师凳上或上斜的长椅上，哑铃与肩同宽，胸部抵住上斜板板面保持背部挺直，膝关节微曲将被腋窝置于斜板的顶部，三头肌置于下斜板板面之上，另一只手扶在斜板的顶端。手握哑铃中间部分，眼睛看着哑铃下方的地板有助于集中精力，这是动作的起始位置。当吸气时，慢慢放下哑铃，直到上臂得到伸展而且肱二头肌被充分拉伸。当呼气时，利用肱二头肌弯举重量直到肱二头肌完全收缩，哑铃在肩膀的高度。再次，要记住小拇指位置要高于大拇指，以达到肱二头肌完全收缩。匀速弯举哑铃，不要发力过猛也不要刻意放慢节奏。单纯凭借二头肌力量，不要借助身体惯性。顶峰收缩 1 s（见图 12-81、图 12-82），重复动作至推荐的重复次数。

变化：可以使用低位滑轮代替哑铃来进行这个动作。在这种情况下，需要在滑轮前的位置上放置一台长凳。

图 12-81　哑铃斜托弯举（一）

图 12-82　哑铃斜拖弯举（二）

5）俯卧上斜弯举

动作要领：立在斜板后，两手握杠铃或哑铃，手心向上，将整个臂部或是上臂平贴在斜板上。收缩二头肌，将前臂向上弯起，直到可能的最高点时，彻底收缩二头肌 1 s，然后慢慢松展肘关节，让杠铃徐徐回落到板上。呼吸方法：弯起前臂时吸气，落下时呼气（见图 12-83、图 12-84）。

图 12-83　俯卧上斜弯举（一）

图 12-84　俯卧上斜弯举（二）

6）哑铃集中弯举

动作要领：起始姿势：蹲在地上或坐在凳上，一手握哑铃，让上臂肘部贴在同侧大腿内侧，前臂向下直垂放松。另一只手手指向内扶压在另一大腿上，手微曲。动作过程：收缩握铃一臂的二头肌将前臂向上弯起，到可能的最高点时，彻底收缩二头肌 1～2 s，然后伸展肘关节，让哑铃徐徐下落到开始位置（见图 12-85、图 12-86）。练完一侧，换练另一侧。如此反复练习。呼吸方法：弯起前臂时吸气，到最高点时开始呼气直到最低点。

图 12-85 哑铃集中弯举（一）

图 12-86 哑铃集中弯举（二）

7）哑铃锤式弯举

动作要领：立姿（或坐姿），手持哑铃垂于体侧，掌心相对，上臂紧贴体侧，肘关节是唯一运动的关节，这是起始动作。吸气，用力向上弯举，可感受到肱二头肌外侧膨胀隆起。最高点进行顶峰收缩，并坚持片刻，然后缓慢地还原；呼气，最低点时手臂完全伸直（见图 12-87、图 12-88）。做完一侧换另一侧再做。为避免在动作过程中身体借力，躯干可稍前倾。

图 12-87 哑铃锤式弯举（一）

图 12-88 哑铃锤式弯举（二）

8）反握引体向上

动作要领：准备动作：反握单杠（手心朝身体），双手间距以舒适为宜，略窄于双肩宽度。身体悬在单杠上，手臂伸直，双脚在身后相互勾起。训练动作：吸气，缓缓屈肘，将身体向上拉起，直到下巴高于单杠；稍稍停顿，呼气，然后慢慢放低身体，直到手臂重新伸直（见图 12-89、图 12-90）；重复上述动作。

图 12-89　反握引体向上（一）

图 12-90　反握引体向上（二）

9）拉力器弯举

动作要领：如果采用直杆把柄，类似直立杠铃弯举；如果采用单柄把手，类似哑铃单手弯举；如果采用绳束把柄进行弯举，则综合了杠铃弯举和哑铃弯举的一些优点，锻炼范围包括屈臂的三块肌肉，但重点是肱二头肌。此外拉力器也可以托臂弯举、俯姿弯举、侧弯举等（见图 12-91、图 12-92）。

图 12-91　拉力器弯举（一）

图 12-92　拉力器弯举（二）

2. 肱三头肌

1）杠铃颈后臂屈伸

动作要领：反坐在牧师椅上、肩胛骨下沿抵靠座椅，也可坐在长凳前端；如果采用立姿，则要求全身直立，在做动作过程中保持不晃动。动作过程：将杠铃举在头顶，双臂伸直，但两肘并不锁紧，上臂正好位于双耳外侧；屈肘缓缓向颈后下低杠铃并吸气，停止在前臂刚刚超过同地面平行的位置；稍稍停顿，然后上臂发力，将杠铃举回起始的位置并呼气（见图 12-93、图 12-94）。重复上述动作。

2）哑铃颈后臂屈伸

（1）双臂颈后臂屈伸动作要领：两手合握一个哑铃，将其高举过顶后，屈肘，让前臂向后下垂。两上臂贴近两耳，保持竖直，不摇动；收缩三头肌，逐渐伸展肘关节，把前臂向上挺伸，直到臂部完全伸直，三头肌彻底收紧；静止 1 s，再屈肘，让前臂徐徐下垂到开始位置，使三头肌尽量伸展。

图 12-93 杠铃颈后反臂屈伸（一）

图 12-94 杠铃颈后反臂屈伸（二）

（2）单臂颈后臂屈伸

动作要领：正坐在凳上，两脚平踏在地上，右手持铃，掌心向前，伸直在头顶上方；左手托于左侧腰间，这是起始动作。右上臂紧贴右侧耳旁，不准移动；持铃以半圆弧落下至左肩上方，持铃下落越低越好。然后，以右臂肱三头肌的收缩力，持铃向上举起还原（见图 12-95、图 12-96）；重复做上述动作，左、右手交替做时，要完成同样次数。

图 12-95 单臂颈后臂屈伸（一）

图 12-96 单臂颈后屈伸（二）

3）仰卧杠铃臂屈伸

动作要领：身体平躺在长凳上，双手窄握曲柄杠铃，两臂伸直，保持与肩同宽的位置并且垂直于身体。动作开始时吸气，此时上臂不动，弯曲肘关节，使前臂缓慢向头部上方下落，到离额头 2 cm 的位置时，运用肱三头肌的力量将小臂挺直，同时呼气，手臂再次垂直于身体时，停顿 1 s 再次下落（见图 12-97、图 12-98）。反复上述动作。

4）哑铃俯身臂屈伸

动作要领：起始姿势：向前屈体，单手握哑铃，另手撑开或一手扶膝后腿上，让握铃的上臂贴靠身侧，与上体平行。屈肘，让前臂自然下垂。动作过程：上体和上臂保持不动，收缩三头肌，把前臂向后上方挺伸，直到臂部完全伸直，同时彻底收缩三头肌。静止 1 s，再屈肘，让前臂徐徐下垂到开始位置（见图 12-99、图 12-100）。呼吸方法：挺伸前臂时吸气，下垂时呼气。

图 12-97 仰卧杠铃臂屈伸（一）

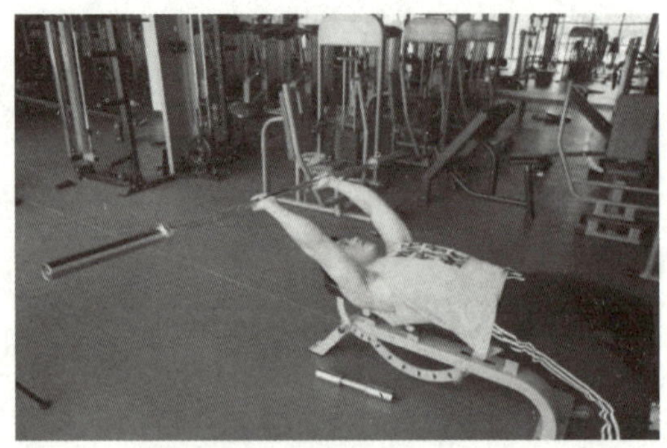
图 12-98 仰卧杠铃臂屈伸（二）

图 12-99 哑铃俯身臂屈伸（一）

图 12-100 哑铃俯身臂屈伸（二）

5）拉力器屈臂下压

动作要领：面对臂力训练机两脚分开站立，身体呈挺胸收腹紧腰状，屈臂两手紧握阻力杠两端把柄（直杆、V 形、绳索套等不同形式），两手间距小于肩宽，肘关节紧贴体侧。吸气，小臂用力向下压撑阻力杠，使臂伸直，稍停 2~3 s；然后呼气，缓慢还原，感受肱三头肌在用力（见图 12-101、图 12-102）；重复练习上述动作。

图 12-101 拉力器曲臂下压（一）

图 12-102 拉力器曲臂下压（二）

6）凳上反屈伸

动作要领：身体仰卧，两手背后撑在稍高的凳子上，两脚放在较矮的凳子上，身体其他部分悬空。呼气，两肩放松，两臂慢慢屈肘，身体尽量下沉（尤其要沉臀），稍停 2～3 s。在身体下沉时，动作要平稳，始终控制住让肱三头肌慢慢下降，直至感到肱三头肌充分伸展，然后吸气，用力伸两臂撑起身体还原。以肱三头肌收缩力，使手臂伸直和肱三头肌处于“顶峰收缩”位，稍停（见图 12-103、图 12-104）。重复以上动作过程。

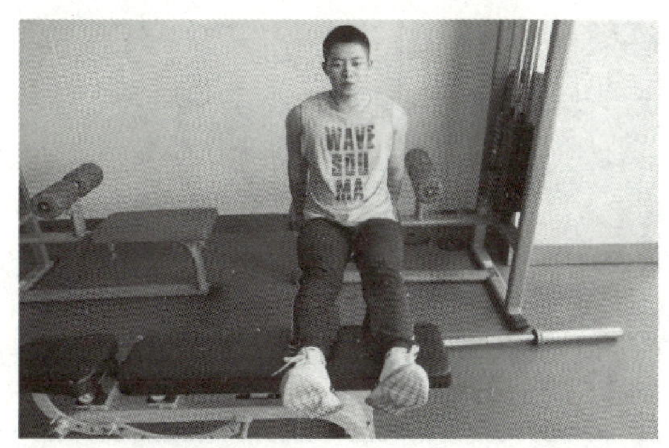

图 12-103　凳子上反屈伸（一）

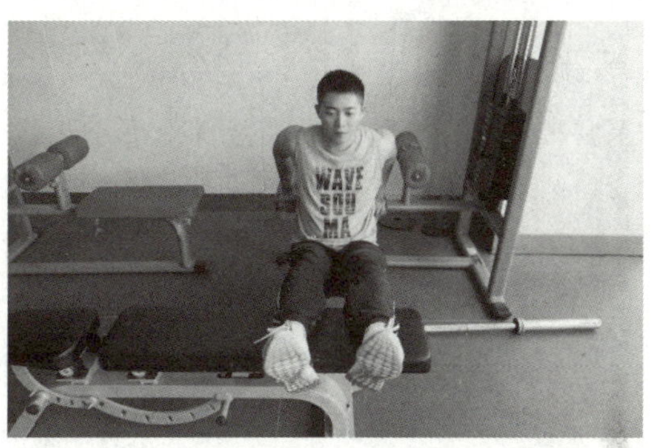

图 12-104　凳上反屈伸（二）

7）窄距俯卧撑

动作要领：面朝下俯撑在地板上，身体挺直，腹部收紧，脚尖着地。手臂伸直支撑身体，双手间距比肩窄，这是动作的起始位置。保持身体挺直，慢慢弯曲手臂使身体下降，同时吸气。直至胸部接近地面。然后快速伸直手臂，将身体撑回起至始位置，同时呼气。在顶端稍适停留，再进行下一次动作（见图 12-105、图 12-106）。

图 12-105　窄距俯卧撑（一）

图 12-106　窄距俯卧撑（二）

3. 前臂肌群

1）正握弯举

动作要领：两脚分立，与肩同宽，双手正握杆杠铃，中距握位；双臂下垂，将杠铃持在大腿前；大臂贴紧身体两侧，膝盖微屈。训练动作：吸气，缓缓屈肘举起杠铃，能举多高举多高，但上臂不要参与动作；稍稍停顿，呼气，然后慢慢下低杠铃，回到起始位置（见图 12-107）。重复上述动作，直至完成一组练习。

2）正握腕弯举

动作要领：双手正握（手心向下）杠铃或哑铃，握位与肩同宽，双膝跪在地板上，面对长凳的横边，或采用坐姿；放在长凳上，手在长凳另一侧下垂；小臂不动，弯曲手腕，向地面下低杠铃或哑铃；将杠铃或哑铃停止在你不移动小臂尚能刚持住重量的手位。稍稍停顿，然后将杠铃朝你的小臂缓缓屈起并呼气，能屈多高就屈多高；再稍稍停顿，然后慢慢下低杠铃，呼气，回到起始位置（见图 12-108）。

图 12-107　正握弯举

图 12-108　正握腕弯举

3）反握腕弯举

动作要领：双手反握（手心向上）杠铃或哑铃，握位与肩同宽，双膝跪在地板上，面对长凳的横边，或采用坐姿；小臂放在长凳上，手在长凳另一侧下垂；小臂不动，弯屈手腕，向地面下低杠铃或哑铃。将杠铃或哑铃停止在不移动的小臂尚能刚刚持住重量的手位。稍稍停顿，然后将杠铃或哑铃朝小臂缓缓屈起并吸气，能屈多高就屈多高；再稍稍停顿，然后慢慢下低杠铃或哑铃并呼气，回到起始位置（见图 12-109、图 12-110）。

图 12-109　反握腕弯举（一）

图 12-110　反握腕弯举（二）

4）旋内和旋外

动作要领：一种是练习臂握重自然下垂，旋内时掌心向前为开始位，旋外时掌心向后为开始位。较慢、有控制地转动前臂，同时体察目标肌的变化，转动至安全的限度时停，然后回转。另一种是前臂弯起与上臂成直角，手心向上（旋内动作）和向下（旋外动作）握重，然后保持在安全的限度内，向下或向上转动重量器械（见图 12-111、图 12-112）。

图 12-111 旋内和旋外（一）

图 12-112 旋内和旋外（二）

5）背后腕弯举

动作要领：直立，挺胸、收腹，稍屈膝、髋，双手身后掌心向后握持杠铃，直臂，调整好身体重心。稍屈或直垂手腕，稍向下滚杠铃。目标肌群用力屈腕弯举杠铃至可能的“顶峰收缩”的极限位置，停约 0.5 s，有控制地还原动作，吸气（见图 12-113、图 12-114）。重复上述动作。

图 12-113 背后腕弯举（一）

图 12-114 背后腕弯举（二）

6）悬垂持铃腕屈伸

动作要领：两脚开立，与肩同宽，身体呈挺胸收腹紧腰的姿势，两手各持哑铃或相同重量的易握器械，两臂伸直下垂于体侧，前臂肌尽量放松，两手松握哑铃。练习开始，两手同时或两手交替做屈腕动作，使腕关节弯曲到最大限度，稍停顿 3～4 s，让前臂肌群达到极力收缩的紧张状态。然后还原放松（见图 12-115、图 12-116）。自然呼吸，重复练习。

7）前臂持铃绕环

动作要领：身体直立，两脚开立与肩同宽，上体呈挺胸收腹紧腰状。两手对握哑铃屈肘弯举于体侧，上臂紧贴躯干固定夹肘。练习开始以肘关节为轴，前臂按顺时针或逆时针方向由屈到伸，再由伸到屈地进行绕环运动。屈肘时手心相对，伸肘时手心朝后（见图 12-117、图 12-118）。重复练习上述动作。呼吸：一动一呼，一动一吸，力求自然流畅。

图 12-115　悬垂持铃腕屈伸（一）

图 12-116　悬垂持铃腕屈伸（二）

图 12-117　前臂持铃绕环（一）

图 12-118　前臂持铃绕环（二）

8）指撑俯卧撑

动作要领：俯撑，双手五指分开，用手指撑住上体，两臂伸直与地面垂直，两手距约与肩同宽，挺胸、收腹、紧腰，两腿并拢伸直，脚尖部位撑地，全身挺直。屈臂，使身体下落，两臂弯曲置于体侧，两肘自然向外张开，上臂与地面平行，稍停 2~3 s。然后吸气，两手五指用力撑地将肘关节伸直，同时抬头挺胸还原成预备姿势，再呼气（见图 12-119、图 12-120）。重复练习上述动作。

图 12-119　指撑俯卧撑（一）

图 12-120　指撑俯卧撑（二）

（五）背部肌肉

1. 背阔肌

1）背阔肌上侧和外侧部分

（1）引体向上。动作要领：手掌向前以适合的方法抓握引体向上杠杆。抓握时注意：宽握时双手距离超过肩宽；中握时双手距离与肩同宽。窄握时双手距离小于肩宽。双臂在前方伸直，抓紧杠杆，身体向后倾斜30°角，尽量让身躯挺直，下背弯曲，挺胸，这是动作的起始位置。向后下方拉动拉动肩膀和上臂，让身体向上，直至杠杆碰到上胸。在进行这部分运动时吐气。提示：在达到完全收紧状态时注意力集中收缩后背肌肉。在移动时上躯应保持固定，只有手臂运动。前臂应仅抓握杠杆，没有其他动作。在收紧状态1 s后，开始吸气，并缓慢地降下躯体还原至起始状态，让手臂完全伸直，背阔肌完全伸展（见图12-121、图12-122）。

图12-121 引体向上（一）

图12-122 引体向上（二）

（2）坐姿下拉动作要领：坐在下拉训练器上，采用宽握正握方法握住把手。调整膝垫至合适位置。然后握稳横杠，身体微微后倾，肩膀微微外旋，稳定住身体，或者拉至颈后。启动肩胛，背阔肌发力收缩带动肱骨内收同时屈肘下拉。把把手拉到胸部锁骨上方，保持肘部靠近身体，停留2 s，挤压背阔肌，同时挺胸（吸气）。然后慢慢地伸展背阔肌（呼气），同时将手臂伸直尽量向上延伸（感觉背阔肌整个被拉伸）回到起始位置（见图12-123、图12-124）。注意整个过程中都保持背阔肌张力。

2）背阔肌下部

（1）窄握引体向上、窄握下拉都是锻炼背阔肌下部的好方法。

动作要领：坐在拉背练习机的固定座位上，两手按握距和握法要求分别握住上方横杠两端的把柄。吸气，从头上方位置垂直下拉横杠至颈后与肩平，或者从头上方位置垂直下拉横杠至胸前，稍停2~3 s；然后呼气，沿原路缓慢还原。重复做上述动作。

（2）俯身窄握T杠划船动作要领：两脚分开站立在“T”形划船机上，两腿自然伸直，挺胸塌腰体前屈，两手臂伸直正握住“T”形杠把柄。吸气，用背阔肌的收缩力量，使“T”杠提起至胸腹间，稍停2~3 s。然后呼气，持杠缓慢放下还原（见图12-125、图12-126）。

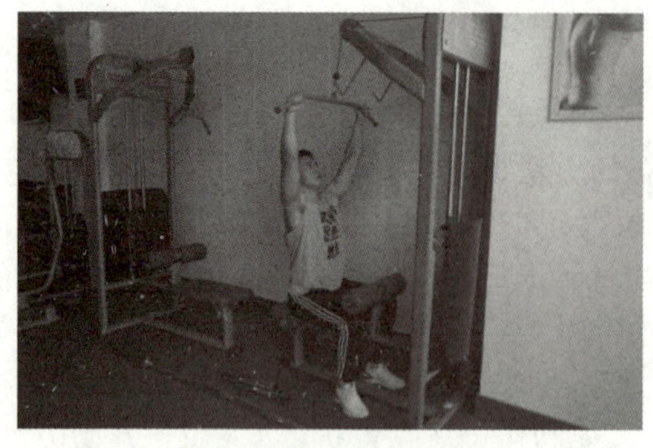
图 12-123 坐姿下拉（一）

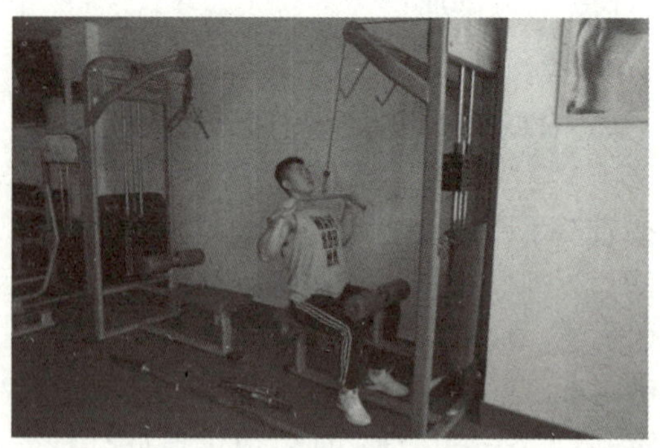
图 12-124 坐姿下拉（二）

图 12-125 俯身窄握 T 杠划船（一）

图 12-126 俯身窄握 T 杠划船（二）

3）背阔肌中部

（1）单臂哑铃划船动作要领：将哑铃放在平板凳的两侧，一条腿跪在凳子上，同侧手臂也放在凳子上支撑身体。另一只手拿起地上的哑铃，手臂自然下垂，掌心向内。腰部弯曲，背部挺直，上身与地面平行，抬头挺胸，这是动作的起始位置。呼气的同时，用背部的力量将哑铃上拉到胸部侧面，上臂紧贴身体，上身保持不动。在顶端稍适停留，感受背部的肌肉收缩，然后缓缓地将哑铃降回至起始位置，同时吸气。把重量放到尽量地低，掌向身体，将重量拉起；尽量保持身体静止，用背而不是用手臂将哑铃拉到体侧；缓慢地放下，保持对重量的控制，一侧练完再练另一边（见图 12-127、图 12-128）。重复以上动作至推荐次数，然后换另一边继续锻炼。

变化：也可以使用高滑轮或低滑轮代替哑铃来进行单臂划船。

（2）杠铃俯身划船动作要领：宽距站姿，双手正握，握距比肩稍宽，双臂完全伸直；微微屈膝，从臀部屈背，保持身体成 45° 角不变；持铃在身前，稍稍低于膝盖。收紧肩胛骨，绷紧整个上身，将杠铃提至上腹部，同时呼气。注意肘部紧贴身体两侧。稍停顿，然后缓缓下铃回复到起始位置，同时吸气（见图 12-129、图 12-130）。重复上述动作，直至完成一组训练。

图 12-127　单臂哑铃划船（一）

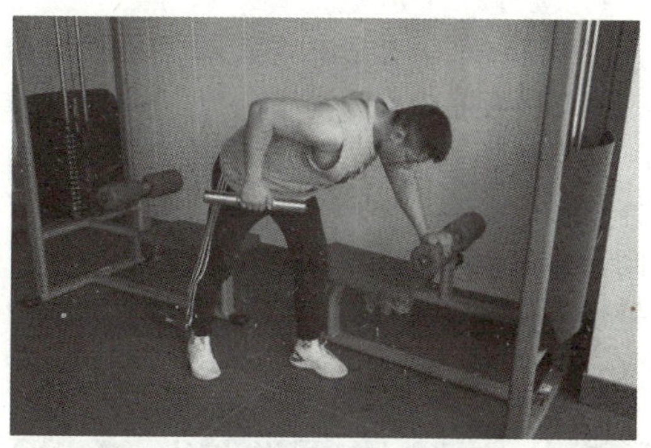
图 12-128　单臂哑铃划船（二）

图 12-129　杠铃俯身划船（一）

图 12-130　杠铃俯身划船（二）

（3）坐姿划船动作要领：正坐，两腿踩住前方的踏板，微屈膝，两手紧握三角形手柄，双臂前伸，腰腹固定，挺胸抬头。以背部肌群的收缩力将手柄拉至腹部，尽可能向后牵拉双肩和双肘，直到手柄接触到身体的中部。保持顶峰收缩 1~2 s，吸气，并努力向一起挤压你的肩胛骨以获得最大化的刺激。以背阔肌的力量控制还原，呼气，运动过程中注意控制拉伸的速度，过快或过慢都会影响锻炼效果（见图 12-131、图 12-132）。

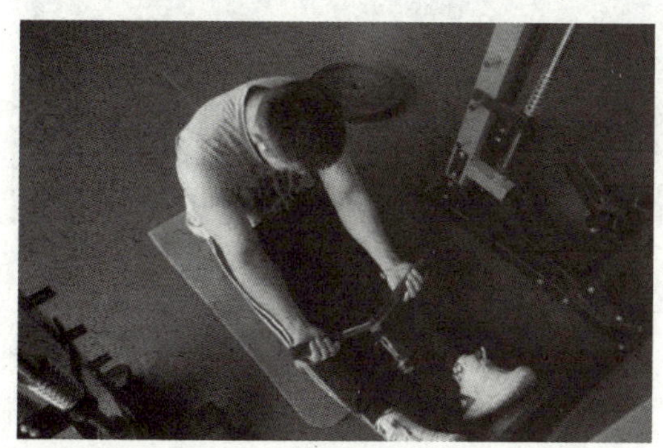
图 12-131　坐姿划船（一）

图 12-132　坐姿划船（二）

4）竖脊肌（下背）

（1）背屈伸：也称山羊挺身，是初学者练习腰部力量的最佳选择，这一动作负荷比较小，腰部不容易受伤。

动作要领：俯伏在长凳上、垫子上等，上体前屈，两足固定，两手抱头或肩负杠铃。上体尽量向上挺，到最高点时，静止 1 s。然后慢慢回复。注意身体下落的时候要慢一点，时间为 2 s 下到最低点，身体起来的时候，要快一点，尽量在 1 s。一组动作里要尽可能保持慢下快起的频率（见图 12–133、图 12–134）。呼吸方法：上体挺起时吸气，前屈时呼气。

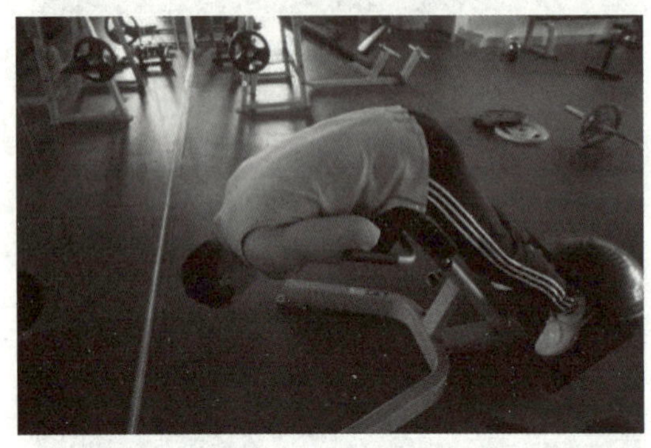
图 12–133　竖脊肌（下背）（一）

图 12–134　竖脊肌（下背）（二）

（2）俯卧两头起动作要领：吸气收紧腹部，同时手臂和腿同时向上抬起离开地面，拉伸腹肌。收缩竖直肌时，稍微停顿一下，再慢慢呼气放松，回到原始位置（见图 12–135、图 12–136）。

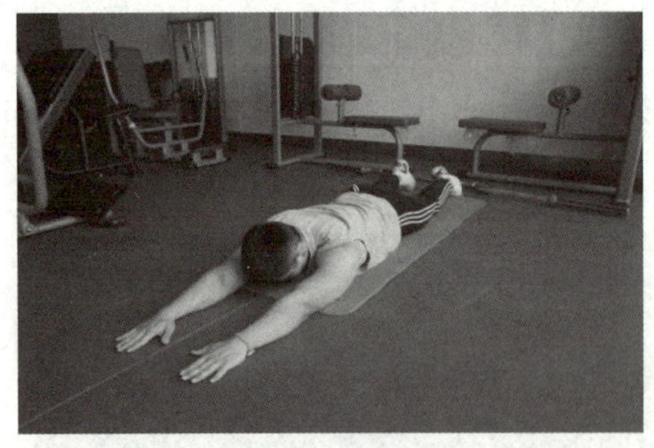
图 12–135　俯卧两头起（一）

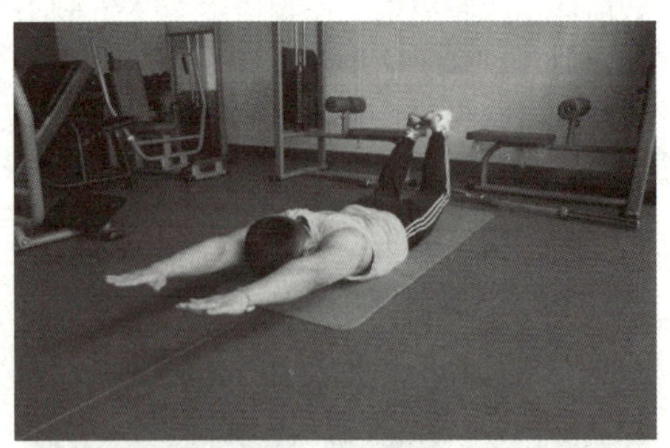
图 12–136　俯卧两头起（二）

（3）游式挺身动作要领：俯卧，伸展身体，双腿和双臂向四周充分伸展。拉长脊骨，伸展手臂，肩膀和双腿微离开地面。腹部和臀部收紧，保持颈部、脊柱成一条直线不动，慢慢抬高左手和右腿，吸气，还原至水平线，呼气，换右手和左腿抬高，始终保持双腿及和手不落地锻炼后背肌群/臀部（见图 12–137）。

（4）屈腿躬身动作要领：两脚持铃置于颈后肩上，挺胸、收腹、紧腰，两手必须托牢杠铃。吸气，上体向前满满弯下，至腰背部与地面平行为止，这时臀部应向后移，使身体重心处于脚跟后方，稍停 3~4 s；再以腰背肌肉的力量，挺身起立还原，还原后再自然呼吸（见图 12-138、图 12-139）。重复练习上述动作。在做动作过程中两腿微屈膝盖。呼吸方法：向前屈体时吸气，挺起时呼气。

图 12-137　游式挺身

图 12-138　屈腿躬身（一）

图 12-139　屈腿躬身（二）

（5）屈退硬拉：提高腰部力量的练习动作中，硬拉无疑是最有效的动作。综合锻炼下背后腰、臀部。

动作要领：双脚呈八字形站立，杠铃放于体前，屈膝俯身，双手正握杠铃，握距约与肩宽或宽于肩，头稍抬起，挺胸腰背绷紧，翘臀，上体前倾约 45°角。腿肌用力伸膝提铃，稍停。然后屈膝，缓慢下降还原（见图 12-140、图 12-141）。呼吸方法：拉起时吸气，放下时呼气。

硬拉和举重的提铃过程基本一致，提铃时切不可含胸弓背，腰背要绷紧，抬头，上体始终保持张紧状态。

图 12-140　屈腿硬拉（一）

图 12-141　屈腿硬拉（二）

（六）腹部肌肉

1. 腹直肌额上部

1）仰卧起坐

动作要领：身体仰卧于地垫上，膝部屈曲成约 90°角，放松背肌和脊柱，两腿并拢并伸直，脚部平放在地上，然后身体抬起，吸气，但臀部不能离地，脚部也不能移动或者抬起，直到身体与底面成 90°角为止，呼气，然后重复上述动作（见图 12-142、图 12-143）。

图 12-142　仰卧起坐（一）

图 12-143　仰卧起坐（二）

2）卷腹

动作要领：身体仰卧于地垫上，膝部屈曲成约 90°角，放松背肌和脊柱，两腿并拢并伸直，脚部平放在地上。利用腹直肌收缩的力量抬起上背卷曲身体。下背部不离地。起来时吸气，下落时呼气（见图 12-144、图 12-145）

图 12-144　卷腹（一）

图 12-145　卷腹（二）

2. 腹直肌下部

1）仰卧抬腿

动作要领：平躺在垫上或者长平凳（双手要能抓住凳保持稳定）。在动作过程中，上背、臂、手都保持固定，并拢和绷直双腿，抬起双腿，直到大腿垂直地面，吸气；停顿，复原，呼气（见图 12-146、图 12-147），重复上述动作。

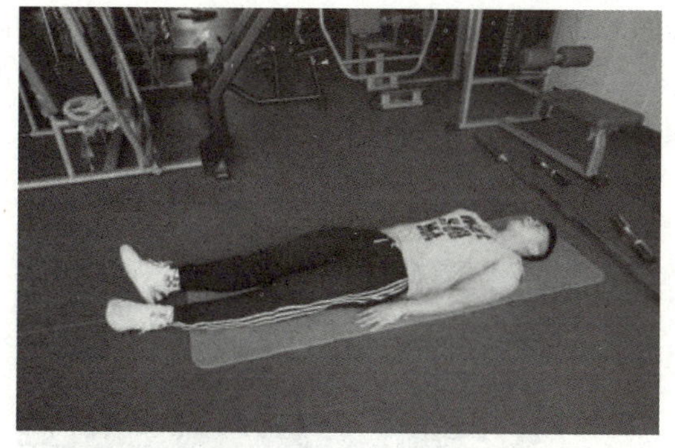

图 12-146 仰卧抬腿（一）

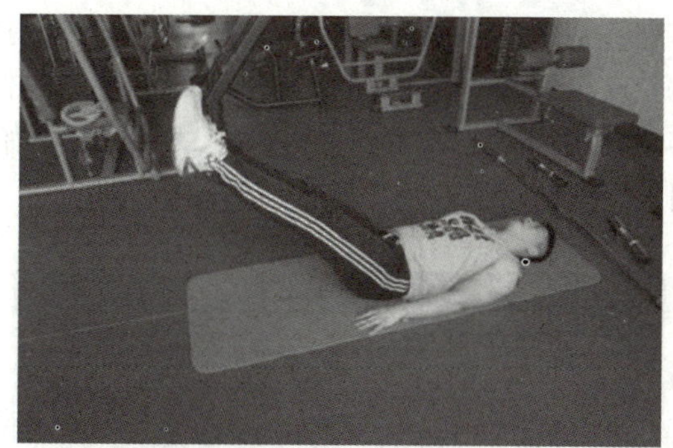

图 12-147 仰卧抬腿（二）

2）悬垂抬腿

动作要领：采用正握宽握距悬垂在单杠上，脚尖指向地面。吸气，保持双腿伸直，收缩腹肌，向上抬起双腿，把膝盖提到胸口，保持数秒，然后返回到初始位置，呼气，要避免摇晃（见图 12-148、图 12-149）。

图 12-148 悬垂抬腿（一）

图 12-149 悬垂抬腿（二）

3）罗马椅抬腿

动作要领：将身体非常稳定地固定在悬垂举腿的器械上。要求双手握紧握把，上身紧贴在靠背上，眼睛平视前方，收腹挺胸，双腿并拢垂直向下，脚面绷直。将双腿迅速抬起到与地面水平的位置，停留 1～2 s 后缓慢地放下到原来的位置上，注意一定要快起慢回，使腹肌始终保持在紧张的状态（见图 12-150、图 12-151），这样锻炼效果更佳。然后重复上述动作。动作过程中注意呼吸：深吸一口气，抬腿时呼气，整口气要在动作结束时正好呼尽。双腿下落还原时吸气，当动作还原到起始位置的时候，整口气要吸满，然后再做下一个动作的练习。

图 12-150 罗马椅抬腿（一）

4）双杠抬腿

动作要领：双手握住双杠撑起身体，脚尖绷直，双腿并拢，使身体呈一条直线垂直于地面，眼睛平视，肩部放松，不让斜方肌参与运动，然后深吸气，呼气时腹部收紧，双腿向身体前方抬起，双膝和脚踝不要弯曲，始终保持伸直状态，注意双腿自身不要用力，保持肌肉收紧就可以了。当双腿抬到与地面平行的时候停止，保持 1~2 s，充分感觉腹部肌肉收紧的感觉，然后双腿慢慢下落还原，双腿保证始终并拢，不要分开，然后腹肌再次发力（见图 12-152），反复练习上述动作。

图 12-151　罗马椅抬腿（二）

图 12-152　双杠抬腿

5）垂直举腿

动作要领：在垫子上躺下，背部放松，双手自然放在身体两侧，手掌朝下。在运动过程中保持上背部紧压在地上。收缩腹部，抬起双腿，与身体呈 90°角，轻微上抬臀部。当感觉腹部完全收缩，臀部不能继续往上抬的时候，停止运动，慢慢地回到初始位置（见图 12-153、图 12-154）。在抬起臀部的时候呼气，返回到初始位置的过程中吸气。

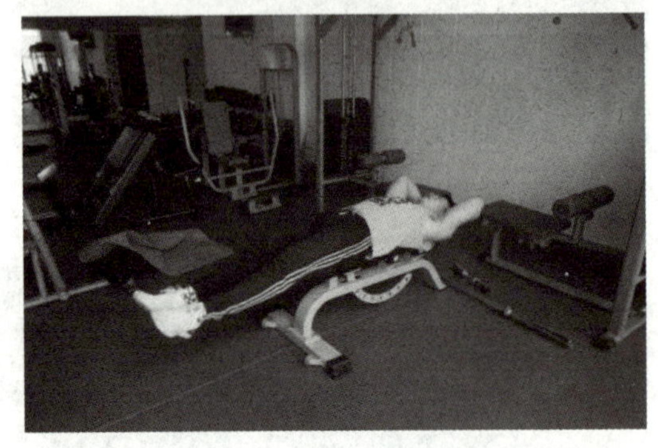

图 12-153　垂直举腿（一）

图 12-154　垂直举腿（二）

3. 腹直肌整体

仰卧直腿两头起

动作要领：仰卧，头部略微抬高，双腿水平伸直，但不接触地面，双臂向头上方伸直，身体成水平的“一”字形。抬起双臂并向前伸出，肩部也随之离开地面，同时双腿向上抬起，双手触摸小腿。在最高点稍停片刻，然后向下还原到起始姿势。呼气时坐起，吸气时还原（见图 12-155、图 12-156）。

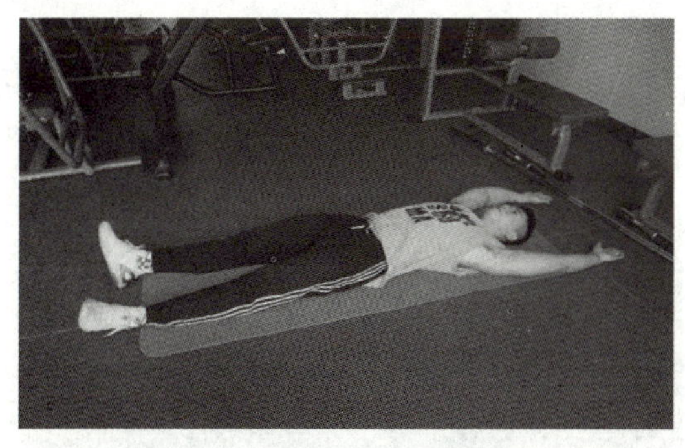
图 12-155 仰卧直腿两头起（一）

图 12-156 仰卧直腿两头起（二）

4. 人鱼线

练习人鱼线（腹内外斜肌）。

1）上腹部仰卧起坐动作

动作要领：仰躺屈膝，双手抱拳顶住下巴，头部不能晃动，卷曲上半身直为 35°～40°角，吸气，下背要贴紧地面，动作恢复平躺时要缓慢，呼气（见图 12-157、图 12-158）。

图 12-157 上腹部仰卧起坐动作（一）

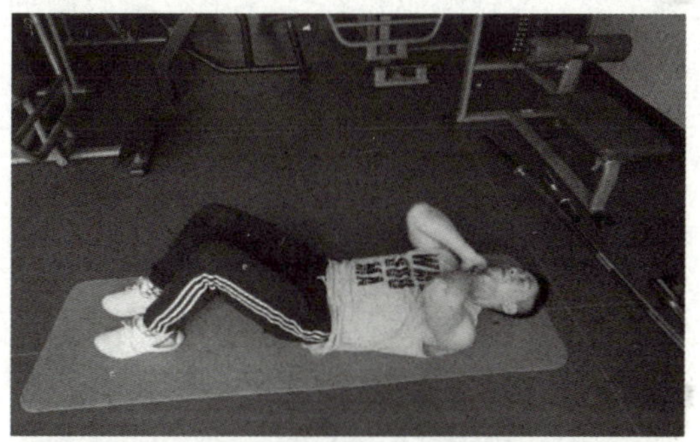
图 12-158 上腹部仰卧起坐动作（二）

2）下腹卷体动作锻炼人鱼线

动作要领：平躺后双手扶住固定架，双脚屈膝成 90°角，用下腹力量把下半身卷起来，让臀部离开垫子，膝盖关节要维持固定姿势，动作恢复预备动作时要缓慢，此动作反复做 15～20 下（见图 12-159～图 12-161）。

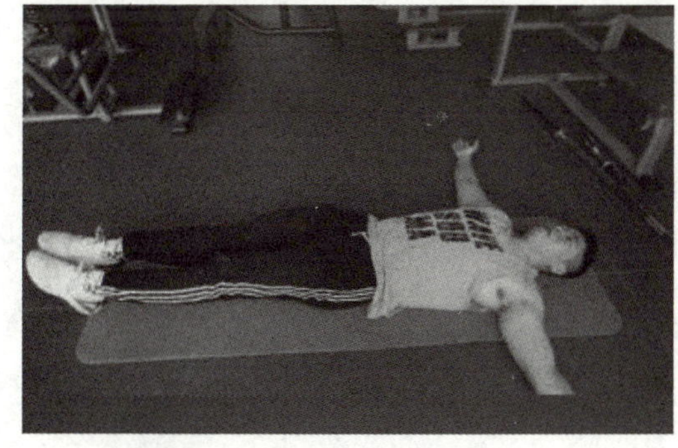
图 12-159 下腹卷体动作（一）

图 12-160 下腹卷体动作（二）

3）棒式起撑

动作要领：将双前臂撑在垫子上，双脚与肩同宽，头要保持在正常位置，眼睛平视垫子，感觉腹部往内缩，动作静止维持 15~20 s（见图 12-162）。

图 12-161　下腹卷体动作（三）

图 12-162　棒式起撑

4）侧身撑体

动作要领：侧躺在垫子上，右手臂撑起身体，肩膀、臀部、脚尖呈一直线，肚子收紧，腰部下沉，保持呼吸再往上，感觉到侧腹肌收缩用力，下沉抬起连续动作算 1 下，1 组做 12~15 下，休息 30 s，连做 3 组后换侧再做（见图 12-163、图 12-164）。

图 12-163　侧身撑体（一）

图 12-164　侧身撑体（二）

5）仰卧举腿

仰卧举腿（见图 12-165、图 12-166）主要锻炼腹肌下部，可以练出人鱼线，也可以很好地改善男人的性功能。

图 12-165　仰卧举腿（一）

图 12-166　仰卧举腿（二）

动作要领：仰卧双手抓住握杆，双腿伸直预备姿势，将腿抬起45°角，匀速，抬起呼气，下落吸气，15~20次一组，做3~4组。注意：腰背紧贴躺板，不能拱起。

5. 腹外斜肌

1）侧身卷腹

动作要领：身体侧卧在垫子上，上面的腿弯曲，大腿和小腿的夹角大约成60°角，脚踩在地上，膝盖与地面垂直，下面的腿平放在地上，膝盖同样弯曲，大腿和小腿的夹角也约成60°，脚放在另一只脚的脚面上，将踩地的腿固定在一个位置上，上身倾斜，踩地脚的同侧肩膀离地，另一侧贴紧地面，上面的手臂放在另一侧的肩膀上，下面的手臂伸直自然放到垫子上。先深吸一口气，然后用力收紧地面远端一侧腹外斜肌，同时呼气，在之后吸气的同时，腹外斜肌缓慢放松，身体回到原来的位置上（见图12-167、图12-168）。重复练习上述动作。

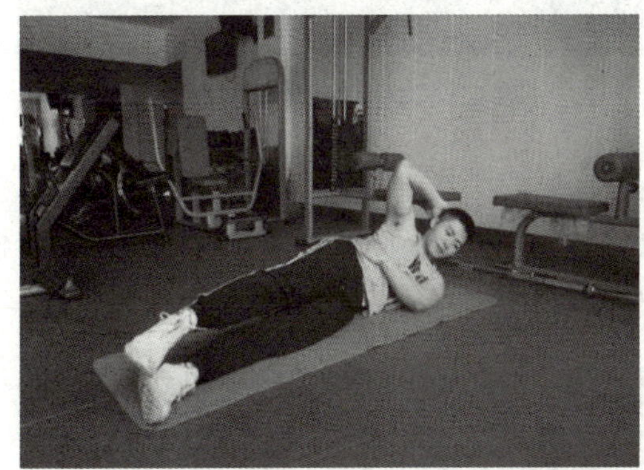

图12-167　侧身卷腹（一）

图12-168　侧身卷腹（二）

2）扭转卷腹

动作要领：准备动作与卷腹完全类似，具体不再详述。只是在动作过程中，卷腹的方向改为交叉斜向卷腹，左侧上身通过卷腹往右腿方向卷屈靠近，右侧上身体通过卷腹往左腿方向卷屈靠近（见图12-169、图12-170）。

图12-169　扭转卷腹（一）

图12-170　扭转卷腹（二）

3）负重体旋转

动作要领：①站立，将杠铃放在肩上，双手扶住杠铃保持平衡。通过侧腰来使身体左右转动，转动幅度约为45°角，动作在最末端需要制动（见图 12–171、图 12–172）。②自然呼吸，不要憋气。

图 12–171　负重体旋转（一）

图 12–172　负重体旋转（二）

4）负重体侧屈

动作要领：站立，单手哑铃负重（或肩扛杠铃）。身体慢慢侧倾斜至大约 35°角，再慢慢还原（见图 12–173、图 12–174）。动作前吸气，提拉时呼气，动作结束时调整呼吸。

图 12–173　负重体侧屈（一）

图 12–174　负重体侧屈（二）

5）腹肌综合：空中蹬车

动作要领：身体平躺在垫子上，双腿伸直，双臂屈肘，双手半握拳分别放到耳侧，深吸气，使得腹部卷起到最高点，然后用一侧的肘关节努力去触碰身体另一侧屈腿的膝盖，同时双腿中另一侧的腿离地，伸直，腹部始终处在收紧的状态，摆动身体，使另一侧的肘关节去触碰另一侧的膝盖，这时开始屈腿的一侧还原到伸直的状态，但要保持离地，在转体的过程中吸气，肘关节触碰到膝盖的一刹那呼吸（见图 12–175、图 12–176），反复练习上述动作。运动频率：每次最少做到 20 次，左右转体各一次为一个动作，达到一定的水平以后逐渐增加次数，达到每组 40–60 次，效果最佳。每次练习做 3~4 组。

图 12-175 空中蹬车（一）

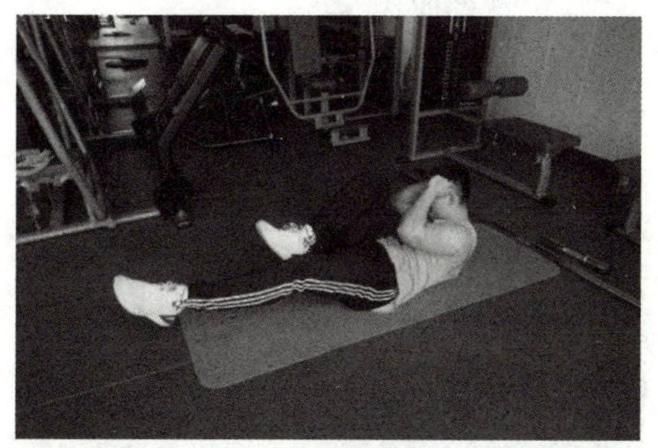
图 12-176 空中蹬车（二）

（七）腰部肌肉

1. 竖脊肌

见背部肌肉锻炼。

2. 髂肌

1）交替提膝

动作要领：腹部持续紧张，腰背平直。保持身体平衡。提膝时膝盖略盖于髋，手掌触及膝关节。

2）原地宽距跑

动作要领：挺胸收腹，腰背平直。膝盖与脚尖保持同一方向。跳跃时保持身体平衡。

3）交替膝击

动作要领：保持身体平衡与协调。收紧腹部，后脚脚尖着地。膝盖与脚尖保持同一方向。膝盖略高于髋部。

4）原地宽距跑

动作要领：挺胸收腹，腰背平直。膝盖与脚尖保持同一方向，跳跃时保持身体平衡。

3. 腰大肌

1）侧身弯腰

动作要领：身体保持直立，将双腿分开，两臂向左右方向平举，上身前屈，用左手的手指去触碰右脚，右臂随之自然上举，先吸气，然后还原，再呼气。做完之后再换右手，这样连续做 8 次左右，注意两腿和两臂都不能弯曲，不然没有效果。

2）举腿收腹

动作要领：平卧上身，把腿伸直之后并且要尽可能地抬高，接着再慢慢地放下来，这个动作练习一段时间做均匀之后，将双膝弯曲再继续做同样的动作，连续重复做 8 次。这个动作主要锻炼下腹部的肌肉。

3）坐屈团身

动作要领：身体站立，把膝盖伸直，上身往后仰，使身体可以保持平衡，然后再屈膝收腹，让腹肌尽可能折屈，在练习过程中，脚步一直都不能接触地面，不然效果不明显。这个动作可以同时锻炼上下腹部肌肉。

（八）臀部肌肉

1. 臀大肌

1）俯卧直腿上摆

动作要领：俯伏在长凳上或者山羊高凳上，两手抱窝器械两侧。深吸一口气，然后使直立双腿交替（或同时）向上摆起，直至最高位，静止 1 s，然后慢慢还原，呼气（见图 12-177、图 12-178），重复上述动作。

图 12-177　俯卧直腿上摆（一）

图 12-178　俯卧直腿上摆（二）

2）站姿直腿上摆

动作要领：面向拉力线方向站立，踝部系缚拉力器负重，脚后跟处是力点。练习腿稍悬空受力，保持全腿伸直，臀大肌用力后抬腿至能达到的极限，彻底收紧臀大肌约 1 s，退让性还原。

3）仰卧桥式挺臀

动作要领：仰卧平躺在地板上（或瑜伽垫上），屈膝，并拢，双脚掌着地。呼气，保持腹肌处于收缩状态，收缩臀大肌，并向上挺起臀部，直到膝盖、臀部、肩在一条直线上，动作过程保持脚掌着地不变化，停留 1～2 s；吸气，慢慢恢复到原位（见图 12-179、图 12-180）。重复上述动作。

图 12-179　仰卧桥式挺臀（一）

图 12-180　仰卧桥式挺臀（二）

4）仰卧顶臀

动作要领：仰卧，使上背靠着箱子或者长凳，屈膝，双脚着地，腹部可以负担杠铃来负重。呼气，保持你的腹肌处于收缩状态，收缩臀大肌，并向上挺起臀部，尽可能抬到最高，停留 1~2 秒；吸气，慢慢恢复到原位（见图 12-181、图 12-182）。重复上述动作。

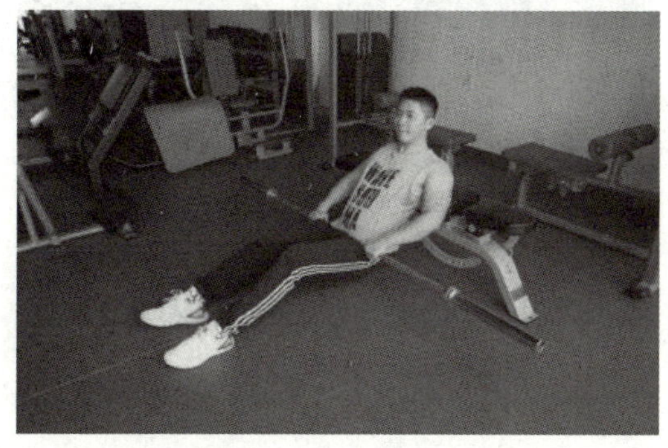
图 12-181　仰卧顶臀（一）

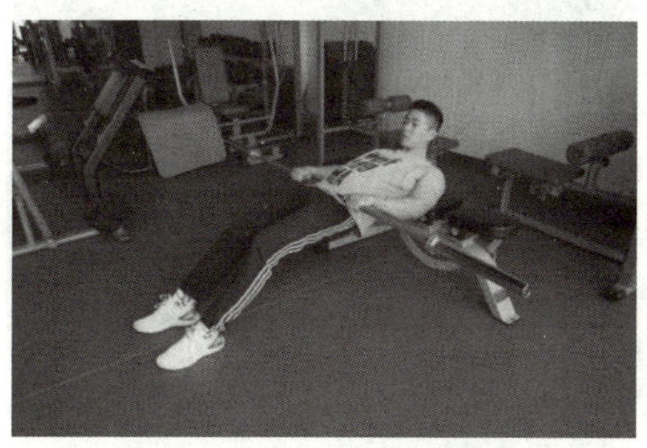
图 12-182　仰卧顶臀（二）

5）跪姿屈膝抬腿

动作要领：跪撑于地，双肘及双手着地，前臂伸直。吸气，一腿屈膝于胸前，将另一腿向后伸，直至髋部充分伸展。停留 2 s，复原，呼气（见图 12-183、图 12-184）。重复以上动作。

图 12-183　跪姿屈膝抬腿（一）

图 12-184　跪姿屈膝抬腿（二）

6）跪撑举臂抬腿

动作要领：跪撑在垫子上，膝盖与臀同宽。慢慢向上抬起伸直的左手臂，同时上抬右腿，尽可能达到最高的位置，停留 2 s，放下，重复以上动作。在做动作过程中尽量保持头部到臀部的躯干接近平行地面，保持稳定，腹部紧张，不要弓身。可以单边做完左手（配合右腿）一组，再换另一侧右手（配合左腿）一组；也可在一组中左右侧交替轮换做。

2. 髋外展肌

1）站姿髋外展

动作要领：踝部缚拉力器负重，异侧手扶固定物侧向受力点方向站立，支撑腿用力并以脚抓紧地面维持身体稳定。练习腿由支撑腿前启动，臀中肌发力向侧拉动拉力器至练习腿与支撑腿夹角约 30°，停约 1 s，充分体验臀中肌的顶峰收缩，同时感觉来自腿部的肌肉收缩状态，然后缓慢地退让性还原（见图 12-185、图 12-186）。

图 12-185　站姿髋外展（一）

图 12-186　站姿髋外展（二）

2）卧姿髋外展

卧姿髋外展也称卧姿直腿侧平举，简单易行，在家即可完成。

动作要领：侧卧在垫子上，保持身体似一面墙，手可以垫在自己的头下，确保身体稳定。保持身体不动，打开上面那条腿，腿尽量向上打开到最大幅度后稍作停留，腿分开的时候慢慢呼气，还原的时候吸气，动作速度要慢，体会臀部肌肉的收缩感觉。这样的动作一组重复 25 次，然后换另一侧再做。

（九）腿部肌肉

1. 股四头肌

1）坐姿蹬腿

动作要领：热身活动后，坐到器械上，双脚放到踏板上，保持比髋关节稍宽一点的距离，身体保持正直，收紧腰腹，挺胸，手握到握把上，保持身体的稳定性，但不要用力，上背部贴紧靠背，颈部放松，头部也同样贴紧靠背，眼睛平视前方。然后深吸气，感觉大腿用力，大腿前侧、后侧和臀部要同时用力，同时呼气，将重量蹬起，到顶点时膝盖稍弯不要完全伸直，停顿 1 s，然后深吸气，同时膝盖弯曲，还原到开始时的姿势（见图 12-187、图 12-188）。

图 12-187　坐姿蹬腿（一）

图 12-188　坐姿蹬腿（二）

2）杠铃深蹲

动作要领：坐在腿举器上，将髋部靠住斜垫，双脚以肩宽的距离踏在脚台上。抓住手柄并从脚跟发力来释放安全栓。在动作的开始时膝关节应该微弯。吸气并慢慢降低负重，直到膝关节成 90°角时停止动作。稍作停留，然后通过脚后跟强力向上推举重量返回至初始位置，当向上推举通过动作中点时开始呼气。

3）杠铃深蹲

动作要领：抬头挺胸直腰挺背，肩胛收缩后，将横杠放在隆起的斜方肌和三角肌上，可垫上海绵、毛巾等缓冲物，两手臂侧抬双手握杠起稳定作用；两脚间距一般同肩宽，两脚应呈 30°~45°角自然站位；脚跟下垫一厚约 3 cm 杠铃片。下蹲：做好准备姿势后，在深吸气的同时慢慢地屈膝控制下蹲，下蹲时膝关节的方向同脚尖的方向，蹲至大腿平行于地面或稍低于膝。保持静止：下蹲至最少要保持 1~2 s，然后再蹲起。肌肉被拉长后有明显的时间效应，时间越长肌力下降越多。因此停顿 2 s 蹲起的重量要偏小，但下肢肌群的实际受力并未减小，且相对要安全些。蹲起：深蹲锻炼价值最大的是蹲起阶段，此阶段注意力集中在腿部用力，同时呼气；头要抬起，想象蹬腿用力使头能向上顶，而不要先抬起臀部后直腰；整个蹲起过程要保持重心稳定，脚不能移动；身体直立后，股四头继续用力，极度收缩，使膝关节保持过伸趋向 1~2 s。

4）哈克深蹲

动作要领：伸直双腿，不要锁膝，这是动作的起始位置。开始慢慢降低重心，弯曲双膝，保持挺直姿态，头部朝向正前方（背部始终靠在垫子上）。继续下降直到大腿与小腿之间的夹角略小于 90°（在这一点上，大腿低于与地面平行的位置）。在做这部分动作的过程中吸气。提示：如果动作标准的话，双膝的前部应与脚趾呈一条直线，垂直于地面。如果你的双膝超过了这条假想线（即双膝超过了脚趾），那么就给膝盖施加了过多的压力，这项练习的动作就不标准了。在呼气的同时提升单位，主要用脚跟推压地面，重新伸直双腿，回到起始姿势（见图 12-189、图 12-190）。

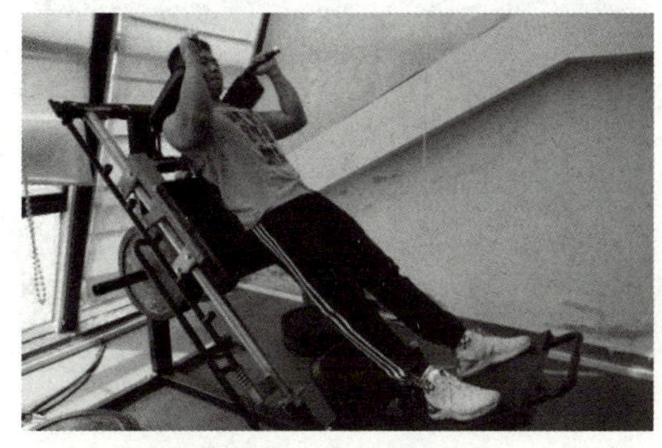

图 12-189　哈克深蹲（一）

图 12-190　哈克深蹲（二）

5）史密斯机深蹲

动作要领：双腿打开，保持与肩同宽的中等距离，脚趾微微指向外侧。保持头部始终朝向正前方、背部挺直，这是动作的起始位置。（注释：以上所描述的开脚站姿针对的是整体发展；不过可以在脚部部分中讨论过的三种姿势中选择任意一个姿势）。开始弯曲膝盖并慢慢降低杠铃，保持笔直姿态，头部朝向正前方。继续下降直到你的大腿与小腿之间的夹角略小于 90°（使大腿与地面平行的位置以下）。在做这部分动作时吸气。提示：如果动作标准的话，双膝的前部应与脚趾呈一条直线，垂直于地面。如果双膝超过了这条假想线（即双膝超过了脚趾），那么就是给膝盖施加了过多的压力，这项练习的动作就不标准了。在呼气的同时举起杠铃，主要用脚跟踏压地面，重新伸直腿，回到起始姿势（见图 12-191、图 12-192）。

图 12-191　史密斯机深蹲（一）

图 12-192　史密斯机深蹲（二）

6）单腿前蹲

动作要领：双手各持一哑铃自然直臂垂于体侧或肩负杠铃，两脚前后分立（一脚在前另一脚再后），眼视前方，挺胸收腹紧腰。沉髋，后腿屈膝下蹲至膝关节接近地面，稍顿蹲起，下蹲时膝关节与踝关节在同一垂线上，重量均匀分布在两腿上（见图 12-193、图 12-194）。重复上述动作，至完成规定的次数。完成一组后，交换前后腿位置。呼吸：蹬下时吸气，站起时呼气。

图 12-193　单腿前蹲（一）

图 12-194　单腿前蹲（二）

7）坐姿腿屈伸

动作要领：坐在腿屈伸机上，腰背靠紧靠板，两手握扶把，两腿屈膝下垂，双脚勾住横杠。股四头肌收缩用力伸小腿举起重量，在最高点时充分收缩股四头肌，吸气，稍停。然后慢慢下放重量，呼气，至最低点前接着做下次动作（见图 12-195、图 12-196）。

2. 股二头肌

1）腿弯举，也称腿弯曲。

动作要领：俯卧在一个腿弯举器上，膝盖刚超过俯卧板的末端。调整阻力滚垫以使脚踝后面正好卡在滚垫下。抓住手柄并深吸气。保持躯干平直，收缩股二头肌使滚垫朝臀部运动，当动作到达中点时，开始呼气。在动作的顶端，努力挤压股二头肌，然后慢慢反向返回至初始位置。

图 12-195 坐姿腿屈伸（一）

图 12-196 坐姿腿屈伸（二）

2）负重躬身

动作要领：两手持铃置于颈后肩上，挺胸、收腹、紧腰，两手必须托牢杠铃，全身直立，尤其注意动作过程中要保持两腿直立。吸气，上体向前满满弯下，至腰背部与地面平行为止，这时臀部应向后移，使身体重心处于脚跟后方，稍停 3~4 s；再以腰背肌肉的力量，挺身起立还原，还原后再自然呼吸。重复练习上述动作。呼吸：向前屈体时吸气，挺起时呼气。

3）直腿硬拉

直腿硬拉是一项综合训练的动作，主要锻炼股二头肌，也涉及臀部肌群和竖立脊肌。

动作要领：两脚开立，比肩稍窄；向前屈体，不要屈膝。两手用正握杠，握距同肩宽垂于体前，也可双握一对哑铃，勿低头。直膝向前屈体至上体与地面平行，吸气，然后下背部肌肉用力收缩，脊柱前挺，上拉杠铃成开始姿势，呼气。提铃和还原过程腰要绷紧，不得含胸弓腰。

3. 小腿肌

1）站姿提踵

动作要领：双手掌心朝前握杠宽于肩，杠铃置于肩后，收腹、紧腰、挺胸，身体直立，膝关节伸直。接着吸气，尽可能高地向上提起脚跟，稍停 3~4 s。然后呼气，缓慢还原（见图 12-197、图 12-198）。重复上述动作。

图 12-197 站姿提踵（一）

图 12-198 站姿提踵（二）

2）小腿顶推

动作要领：仰卧或斜卧在腿举凳下，两脚蹬住负重板，两膝伸直；前脚掌往上顶举，类似倒立的提锺。呼吸自然，每做一次动作呼吸一次。

4. 大腿内收肌

1）站姿腿内侧拉引

动作要领：异侧手扶固定物侧向受力点方向站立，支撑腿用力并以脚抓紧地面维持身体稳定。练习腿由支撑腿前启动，大腿内收肌群发力向内侧拉动拉力器至练习腿与支撑腿接触，或稍过一些角度，停约 1 s，吸气，充分体察内收肌群的顶峰收缩，然后缓慢地退让性还原，呼气（见图 12-199、图 12-200）。

图 12-199　站姿腿内侧拉伸（一）

图 12-200　站姿腿内侧拉伸（二）

2）侧姿内收大腿

动作要领：一手撑地面以保持身体稳定。一腿大腿内收肌群发力向内侧拉动负重，直至最高点，停约 1 s，吸气，充分体察内收肌群的顶峰收缩，然后缓慢地退让性还原，呼气。

思考题

1. 简述健美运动的锻炼价值。
2. 简述健美运动正确的呼吸方法。
3. 简述胸部肌肉的锻炼方法及注意事项。

第二节 台 球

学习目标

知识目标

了解台球发展情况，了解架杆方法，熟悉台球的规则。

能力目标

学会台球基本技术。

素质目标

掌握台球不同的打法，积极参与此项运动，享受台球的乐趣，体会绅士精神。

一、台球概述

台球也叫桌球，是球类运动项目之一。运动员在台球桌上，按照一定的规则，用超过 91.4 cm 长的球杆，通过击白色主球，使目标球入袋的一项休闲体育项目。

台球起源于西欧，是一项高雅的运动，台球比赛有类似不许高声喧哗和吸烟等明文规定。19 世纪初期，台球运动开始走向成熟阶段，技术、设备等都有了很大的提高。

1986 年，我国成立了中国台球协会。台球按照有无袋口分为落袋台球、开伦台球（carom billiard）；按国度分为法式台球、英式台球、美式台球、中式斯诺克台球；按规则及打法分为斯诺克台球、8 球、9 球、14-1 台球、15 球积分、3 球开伦、4 球开伦。

二、台球运动基本技术

（一）架杆方式

架杆方式是指两手与球杆形成的姿势，这是打好台球的一个关键环节。

1. 前手的架杆方法（以左手为例）

前手的架杆也叫“架台”，打台球时如架台稍有浮动，就很难掌握对主球击点的瞄准。

（1）将做架台的前手五指分开摆于台面，食指弯曲，指尖按在中指第二指关节的侧部，拇指再轻轻接触食指的指尖，其余两指适度分开。这样，球杆就可以架在由食指和中指、拇指形成的空当里（见图 12-201）。

（2）将手掌紧按在台面上，然后把除拇指以外的其他四指分开，手背弓起，拇指翘起与手指的背峰形成一个夹角，将球杆架在这个夹角里。

（3）如果主球和一个目标球相距较近时，架杆就需要除拇指以外的四指立起，食指几乎与球台面垂直，其他三指依次倾斜（见图 12-202）。

图 12-201　架杆方法

图 12-202　近球架杆方法

（4）主球紧贴球台边时，通常将拇指以外的四指压在球台边架杆，手指微微隆起，球杆从食指和中指间的夹缝中穿出（见图 12-203）。

（5）当主球和球台边还有一点距离时，可采用除拇指以外的四指紧靠在球台边上架杆，手掌压住球台边沿，拇指、食指和中指略微张开，球杆从拇指和食指的中间穿出（见图 12-204）。

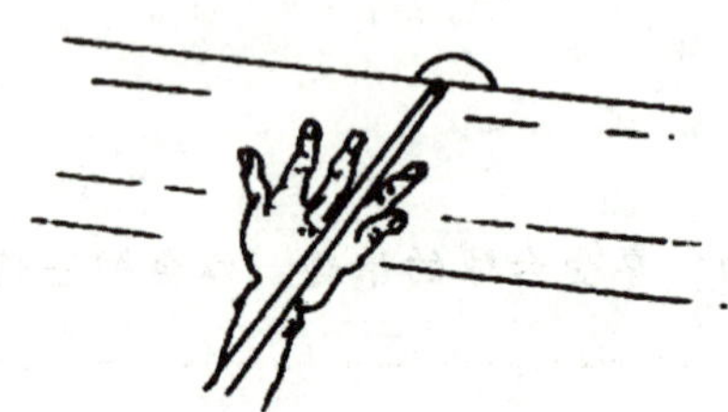

图 12-203　靠近边缘架杆方法

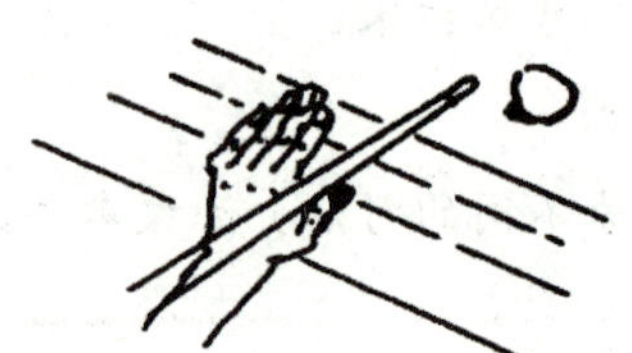

图 12-204　有一定距离架杆方法

（6）在一般情况下，架杆的前手和主球的距离在 15 cm 左右，适合球杆的抽送动作。如果架杆的前手与主球相距太近或太远，则都会影响球杆的正常抽送动作。

（二）后手的握杆方法

后手的握杆方法（以右手为例）：右手下垂，用中指与拇指的腹部接受球杆的重量，其他三指轻附于中指包围住球杆，不能紧握。握杆的右手必须接近右腰部并与右腰保持一定的间隔，保证球杆做前后水平运动（见图 12-205）。

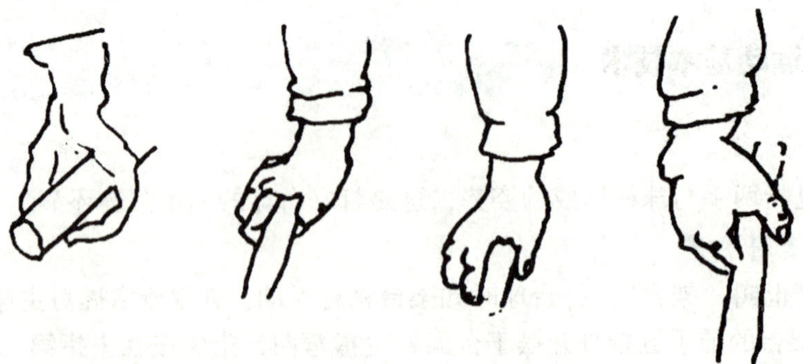

图 12-205　后手的握杆方法

一般击球时，标准位置为握杆手握在球杆重心后 40 cm 左右的部位。球杆重心大约在离杆尾 50 cm 处，如图 12-206 所示。

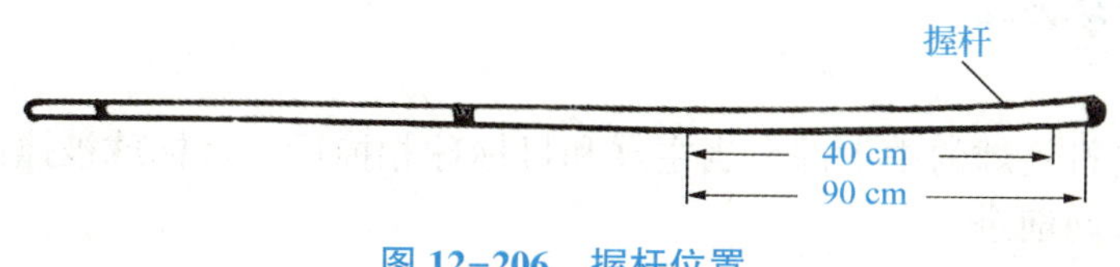

图 12-206　握杆位置

注意：握杆的位置要根据不同的球杆、主球的位置、力量的大小和身高等因素灵活调整。试举几例来说明：

（1）当主球在较远处时，要握球杆靠近杆尾的部分。

（2）当用大力量击球时，要伸长杆尖握球杆的杆尾部分。

（3）当主球在较近处或轻击时，要握接近球杆重心处。

（三）抽打动作的方法

做抽打动作时，球杆要向水平方向移动，不可上下左右摇动，否则主球击球目标路线不准确。

击球前，先把球杆接近主球的击点，再有节奏地抽送 3～4 次球杆。动作要连贯、自如，动作不能脱节，以免妨碍腕力的发挥。判断球杆方向，瞄准主球的击点，果断送出球杆。除特殊球以外（如主球在球台中央附近），送出球杆时都要保持水平、笔直，手臂不能晃动，前手离主球的距离也不能变。

抽打动作后的击球刹那，充分利用手腕的爆发力出杆，使球跑出较远的距离。因此，抽打瞬间的要诀：抽打击球时，手腕关节要灵活富有弹性。

（四）正确的击球姿势（以右手握杆为例）

（1）站立于将要击打的主球行进方向，眼睛准确测定主球的线路。

（2）左脚距离主球正下后方 40～45 cm、左侧方 10～15 cm 的地方，左脚与球杆平行，左膝关节稍弯，踏在地上。

（3）右腿直立不弯曲，右脚撇向右方，与左脚成 70°～80°角分开站稳，支撑住身体的后半部体重。

（4）架台的左臂稍弯，左手置于主球后方约 15 cm 之处，上体压低，球杆的中轴线在两眼中间。

（5）握杆的手臂肘部向上抬起，前臂垂直下垂与上臂成 90°角。击出球时，右手不可过胸，身体根据两脚的位置和架杆的位置呈自然的姿势，球杆沿水平方向做前后抽打动作，如图 12-207 所示。

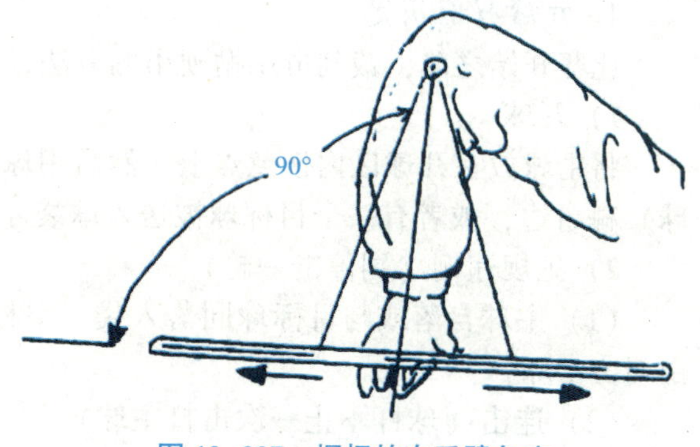

图 12-207　握杆的右手臂角度

以上是打台球时的最基本的击球姿势。仅限于主球在比较容易打的地方使用。如果主球在球台中央附近，就很难完全按照上述击球姿势去做，但也是以此为基础的。

（五）基本击球方法

1. 跟进球

水平持杆：击打主球的中上部。当主球和目标球相撞后，目标球被撞前进，主球也紧随其后跟目标球同方向前进。

2. 定位球

水平持杆：用腕出杆击打球的中心。当主球与目标球相撞后，目标球前进而主球停止在相撞处不动。

3. 拉杆球

水平持杆：击打主球的中下部，主球反转向前滚动。当主球与目标球相撞后，目标球前进，而主球向后旋转退回。

（六）台球基本技术的练习方法

手感练习：近距离击球练习，远距离击球练习，贴边球练习，反顶球练习，打台边反弹球练习，用中杆打定位球练习，打跟进球和拉杆球练习，送球入袋及主球找位练习。

综合性的击球练习介绍下面两种：

（1）将 15 个彩球沿球台纵向中轴线等距离摆成一条直线，在球台一侧任选一处开球。打进一球之前先考虑使主球处于有利于打下一个球的位置。必须根据当时的球势，考虑好应当采用哪种杆法。这样可以使单项击球技术和主球战略找位有机地结合起来。练习应先易后难，循序渐进。

（2）用 4~5 个球散放在球台上，练习主球找位和送目标球入袋，熟悉后再转入中轴线上的送球找位练习。

三、美式十六彩球的打法

（一）一般规则

1. 开球权的决定

比赛开始之前，裁判员用抛硬币的方法，决定选择先开球或后击球。

1）开球

将主球放在开球区内任意点上，然后用球杆将球击出。开球后，最少有 2 个球（包括主球）碰台边，或者有一个目标球被送入球袋才算开球有效，否则判开球无效。

2）犯规违例（罚停击一轮）

（1）主球自落或与目标球同落入袋、空杆、错击主球或目标球、击球出台、失机（换由对方击球）。

（2）连击（球杆不止一次击打主球）。

（3）在球还没有停稳之前出杆击球。

（4）身体任何部位、衣物、佩带物、球杆等直接或间接碰触球台上的任何球，从而影响球的运动。

（5）球员击球时双脚离开地面。

2. 8 号球式打法

黑色 8 号球为比赛双方争胜的球，其余 14 个球分成两组：一组为小号球（全色球），即 1~7 号（全色球），另一组为大号球（间色球）即 9~15 号。

球的摆放方法：1、2、5 号球分别放在球框的三个角上。8 号球放在第三排中间，其他球可以随意摆放。主球（白色球）放在开球区内任意点上。

首杆按照 1~7 号的顺序击球，二杆按照 9~15 号的顺序击球；同时要打指定球入指定袋才算有效。

开杆后，一方球员将一个目标球击入球袋，可以保持连续的击球权。如果没有将目标球击入球袋，则为失机，由对方球员上场击球。

如果开球的第一杆就把 8 号球打进球袋，或主球自落，或 8 号球和主球同落，均为违例，开球无效重新摆球。

开球后，某一方先把自己的一组球全部击入袋后，便可以争先打 8 号球；如把 8 号球击入球袋且没有犯规，该方为本局的胜方。

在比赛中的一方犯规或违例给对方造成障碍球时，对方球员可以向裁判提出要求，经裁判员允许后可以把主球放回开球区内任意一点，并可向任何方向击球。

遇有下列情况之一即判为输盘：

（1）某一方所属的目标球还没有全部打入球袋便将 8 号球打进球袋。

（2）球员已将自己的目标球全部打入球袋，当打 8 号球进袋后主球也跟随落袋。

（3）在击打自己的目标球入袋的同时又把 8 号球打入球袋。

（4）应该击打 8 号球时，主球或 8 号球跳出球台。

（5）应该击打 8 号球时，主球没有撞击到 8 号球（空杆）而落入球袋中。

如在击打 8 号球后又将对方目标球撞入球袋，则不算输盘仍为胜盘。

四、花式九球

（一）球的摆放

球用三角框排成菱形，1 号球在最前方，9 号球在中间，其他球任意。1 号球的中心在置球点上方。9 个球必须排列紧密。

（二）开球权

通过比球取得开球权，即参赛的双方各持一颗球，从发球线后同时向对面台边击打，球反弹回来后，离底台边最近的一方取得开球权。每一局的获胜者取得下一局的开球权。

（三）注意事项

（1）开球方必须先撞击 1 号球，9 个球中，最少要有 4 个彩球碰到台边，或有彩球进袋，才算开球有效。

（2）开球后，母球进袋或被击出台面，对手获得自由球机会。

（3）开球后，若把除 9 号球之外的花球击出台面，离台的球不必拿回台面，对手获开自由球。

（4）开球后，若 9 号球被击出台面，要重新摆回置球点，若置球点上有球挡住，则把 9 号球摆在置球点与顶台边的垂直线上靠近置球点的位置上，由对手开自由球。

（四）犯规行为

（1）母球击打的不是台面上分值最小的球。

（2）出杆后无球进袋，且母球、花球均未触边。

（3）花球飞出台面，除 9 号球需拿回台面重排外，其他球无须拿回。

（4）母球飞出台面。

（5）母球落袋。

（6）击球时台面上的球未完全静止。

（7）开球时，母球放在开球线外，经裁判告知后，仍强行出杆。

（8）球杆、身体、衣服等碰触台面上的任何球。

（9）击球时双脚离地。

（五）自由球

一方犯规后，接下来进攻的一方获得自由球。开自由球时，母球可置于球台任何位置但不能碰触任何花球。

（六）间接进球

击打台面最小分值的花球后，花球或母球撞击其他花球进袋，有效。可再击球，如果撞进了 9 号球，则赢得这一局。

（七）跳球

母球与目标球被其他花球挡住，选手可采取合法跳球，击打目标球。击球必须从母球上半圆位置出杆，这样为合法跳跃。若从母球下半圆位置出杆，铲球以达到跳球目的，属犯规行为。

（八）推球

开球后，如花球进袋后，台面球势的位置不理想，选手有一次推球机会，把球击到另一个位置上，母球可不必碰到边，推杆前必须先告知裁判或对手，如果开球后没有进球，对手击球时发现台面球势位置不理想，也可采用推球。推球后对手有权不打，则选手必须自己继续打。

（九）连续三次犯规

同一局中，选手连续犯规三次，则输掉此局。目标球与台边的距离一球之内时，选手以轻微及合法的方式击球，以两次为限，若选手以相同方式第三次出杆，则三次球全属犯规，输掉此局。

选手连续犯规达两次时，裁判或对手应告知，否则其犯规记录仍为两次。

（十）故意犯规

选手每次的击球时间为 1 min，超时为犯规，裁判应在 45 s 时警告选手。如果第二次超时出杆，裁判可裁“故意犯规”。

选手不可用任何东西在台面上做记号，不可以用工具测量球与球之间的距离，违反规定可判故意犯规。

故意犯规的处罚：选手第一次故意犯规时，此次犯规应记录下来并丧失该局，当第二次发生故意犯规时，应立即取消其比赛资格。

五、斯诺克

（1）斯诺克台球球台内沿长 350 cm，内沿宽 175 cm，高 85 cm。22 个彩球共分 8 种颜色，其中红色球 15 个（1 分），黄色球 1 个（2 分），绿色球 1 个（3 分），棕色球 1 个（4 分）,蓝色球 1 个（5 分），粉色球 1 个（6 分），黑色球一个（7 分），白色球 1 个（主球）。

（2）开球前主球可在开球区（d 型区）内任选一点位置。开球必须直接或间接击中红球。按照击落一个红球再击落一个彩球的顺序直至红球全部落袋。其中彩球落袋后放回原置球点。然后按照彩色球的分值从低到高依次为黄、绿、棕、蓝、粉、黑色球击落袋中。

（3）当台面上只剩下黑球时，击球入袋或犯规都会使比赛结束，如果双方比分相等则重新放置黑球，进行决胜期比赛，此时无论谁击球入袋或犯规都使比赛结束。

（4）遇有下列犯规行为，应判罚分（分值小于 4 分按 4 分罚分，大于 4 分按自身的分值罚分）：球未停稳就击球；击球时杆头触击主球一次以上；击成空杆；主球击目标球后自落；击球时双脚离地，开球时主球未放入开球区（d 型区）；击成跳球；击球出界；主球首先撞击非活球；击球时，球员的衣服、身体、球杆及佩戴物等触动台面上的球。

（5）下列犯规判罚 7 分：击红球入袋后，尚未指定球就开始击球；击进红球后，未报彩球又击打红球；不使用白球而使用其他任何一个球作主球。

思考题

1. 简述台球基本技术的练习方法。
2. 简述斯诺克打法。

第三节 瑜 伽

学习目标

知识目标

了解瑜伽的发展，了解瑜伽基本动作。

能力目标

学会瑜伽呼吸方法及姿势练习。

素质目标

积极参与瑜伽练习，享受乐趣，改善形体，培养勇往直前、顽强奋斗的精神。

一、瑜伽运动简介

瑜伽起源于印度，被称为“世界的瑰宝”。瑜伽的意思：自我和原始动因的结合或一致。现在讲的瑜伽，一般是指练习的方法，把简单的动作与呼吸、意识配合完成练习，用来增进体质、心智和精神的健康。瑜伽练习就是通过集中意识、静动结合，对人体产生微妙与神奇的作用。瑜伽具有回归自然、静态健身、大众化的特点。瑜伽减肥主要是通过均衡食欲和消耗能量，来控制内脏器官。

二、瑜伽基本动作

（一）呼吸方法

瑜伽深呼吸是基础，所有的瑜伽练习都建立在深呼吸的基础上。瑜伽深呼吸是指集中意识，深深地吸进新鲜空气的一种呼吸方法，包括腹式呼吸、胸式呼吸和完全呼吸。做腹式呼吸时可采用站姿、坐姿和卧姿。全身放松，通过鼻腔先把肺里的气体呼出，然后用鼻腔吸气，慢慢地向肺部充气。收紧腹部，以便把所有的不新鲜气体尽量挤出。在整个呼吸过程中，要建立和谐、缓慢的频率，使心境保持宁静，意识集中。

（二）姿势练习

瑜伽的姿势练习和大多数练习不同，瑜伽练习做得缓慢、步骤分明。

1. 伸展姿势

1）方法

站直，双腿分开，两脚相距约 50 cm，双手置于体侧。吸气的同时慢慢地把两臂举过头顶，双手交叉相握，掌心朝上，向上伸展躯干和双臂；然后收回双臂，回复到预备姿势。深呼吸的同时放松肌肉。吸气的同时将身体向左侧屈、向右侧屈、向前屈、向后仰，每做一组动作便要做一次瑜伽深呼吸以便放松肌肉。

2）作用

伸展整个躯干使身体变得柔软，特别是脊柱和肋骨，还能增强肺部功能，保持脊骨柔软。

2. 肘部练习

1）方法

直立，两脚并拢。两臂向前伸出与地面平行，手掌心向上，两肘弯曲，用手指尖轻拍肩头。再把双臂向前伸出。重复练习上述动作。然后，将两臂向两侧伸出，与地面平行，掌心向上。两肘弯曲，用手尖轻拍肩头。

2）作用

放松肘部关节，强壮背部肌肉。

3. 肩旋转式

1）方法

直立，两脚并拢，两臂侧平举与地面平行，手掌心向上。两肘弯曲，把手指放在肩头上，以肘部做圆圈旋转运动，两肘反方向旋转。开始时做小圆圈旋转运动，逐渐加大幅度，直到两肘在胸前互碰。

2）作用

扩展胸部，放松肩关节，加强上背部，特别是两肩胛骨周围的区域。

4. 展臂式

1）方法

直立，手腕在肚脐下方交叉，掌心向内，伸直头颈。吸气，慢慢将两手抬高到头顶上，头稍后移，颈向后弯，保持此姿势几秒钟；然后，慢慢呼气，将两臂从两侧放下（掌心向上），直到与地面平行为止，同时伸直颈头，保持此姿势几秒钟，正常呼吸。吸气，举起双臂，两手腕再次在头上交叉，头稍后移，颈向后弯，保持姿势几秒钟。呼气，恢复到预备姿势。

2）作用

刺激血液循环，克服头脑昏沉的状态。放松肩关节，对圆肩或驼背的人极有益处。

5. 膝旋转与弯曲线习

1）方法

第一部分

坐姿，两腿向前伸直，平视前方，手掌心向下放在大腿上。两手除拇指外 8 个手指在右大腿腘窝处相交，拇指放在右腿膝左右侧，向上弯曲。伸直两臂，右腿向前伸直，右脚任何部分不要接触地面；弯曲右膝，把右脚蹬向右臂方向收拢。改用左脚做同样的练习。

第二部分

两手手指相交在右腿后，把右腿抱近身躯，用右膝做支点，右小腿做顺时针方向的圆圈旋转运动；做逆时针方向旋转运动。左腿做同样的练习，每腿至少做 10 圈。

2）作用

放松膝关节，补养和加强腹部与大腿的肌肉。

6. 顶峰式

1）方法

跪坐在地上，臀部坐在两脚脚跟上，两手放在大腿上，脊柱和头颈挺直，平视前方。两手前移放在地上，抬高臀部，两手两膝着地跪下，上身基本与地面平行。吸气，两腿伸直，将臀部抬到最高点，两臂和背部形成一条直线，脚跟提起，头部位于两臂之间。身体与地面成三角形。将脚跟放在地面上。如果脚跟不能停留在地面上，就让脚跟上下弹动。正常呼吸，保持姿势约 1 s，恢复到预备姿势。重复上述动作。

2）作用

消除疲劳，恢复精神；伸展和加强腘旁腱、小腿肌肉、踝关节和跟腱，强壮坐骨神经。

7. 直立深屈体

1）方法

直立，两腿并拢，双手自然置于体测，身体向前弯曲，双手顺着大腿往下滑，直至抓住脚踝关节为止，额部触及膝盖，保持数秒钟，直起身体，回到预备动作。重复上述动作。

2）作用

伸张背部和双腿的肌肉，使双腿和膝盖富有弹性，防止坐骨神经痛。

8. 双角姿势

1）方法

直立，两脚微微分开，手臂放在下背部，十指相交。上身向前弯曲，两臂向头的上方和后方伸展。垂下头保持此姿势。保持 20 s 以上。慢慢回复到基本站立式。重复上述动作。

2）作用

拉伸腿肚子、腘旁腱和手臂的肌肉，增强上背部和肩膀的肌肉群。

9. 大角度伸展

1）方法

直立，双腿分开，双手置于背后并相互交叉。身体向左腿内侧弯曲，左膝稍弯曲，头部尽量低向左踝部的内侧，保持姿势几秒钟。慢慢直起身体，回复到起始的姿势。直起身体时要用腿部的力量。重复做上述动作，然后改为向右腿内侧弯曲。

2）作用

增强并伸展双腿肌肉和脊梁骨。头部需低向踝部，血液流向大脑，并供应脸部的肌肉组织。

10. 加强侧伸展

1）方法

身体稍前倾。两肘和两肩胛骨向后收，双掌在背后合十。躯体向右边转，两腿前后分开，保持双膝完全伸直，将两脚向右边转。头向后仰，保持该姿势。向前弯身，直至头部触及右膝，慢慢向下伸展背部。保持约 20 s，将头部转向中央，直至脚趾指向前方。躯干挺起，回复到基本站式。另一边重复同样的练习。

2）作用

扩展胸腔，促进深长的呼吸；伸展脊柱，放松髋关节，加强两腿肌肉，收缩并强壮腹部器官。

11. 树式

1）方法

直立，两脚并拢，手掌心向内。两臂靠近大腿的外侧。把右脚跟提起接近右大腿，脚尖向下；再使右脚贴近左大腿，双手在胸前合十。用左腿平衡全身站立，合十的双掌两臂伸直，高举过头，保持姿势。伸直右腿，回复基本站立姿势。交换腿重复练习。

2）作用

加强腿部、背部和胸部的肌肉，增强两踝，改善体态的稳定性与平衡能力，增强注意力。

12. 幻椅姿势

1）方法

站立，两臂伸直高举过上，双掌合十。屈膝，放低躯干，大腿与地面几乎平行，胸部尽量向后收，就像坐在一张椅子上。保持 30 s 后，回复基本站立式。

2）作用

强健双腿，增进平衡稳定性，矫正不良姿势，强壮脊柱，背部肌肉群。

13. 战士第一式

1）方法

双掌合十，高举过头并尽量伸展。两腿分开，右脚和躯体向右方转 90°角，左脚向右方略转动。屈右膝，直到大腿与地面平行，小腿与地面及大腿成直角，左腿向后伸，头向上方仰，两眼注视双手掌，伸展脊柱，保持此姿势。回复到基本站立式，反方向练习。

2）作用

加强踝、膝、髋和肩；放松颈项和下背部；扩展胸腔，增进深呼吸，增强肺功能。

14. 战士第二式

1）方法

两脚尽量分开，两臂侧平举，与地面平行。左膝挺直，右脚向右转 90°角，左脚向右转约 20°角，头向右转，两眼注视右手指尖。屈右膝，大腿与地面平行，小腿垂直于地面和大腿，保持此姿势，回复基本站立式。反方向重复练习。

2）作用

加强双腿、背与腹部。使大小腿肌肉柔韧，消除痉挛。

15. 战士第三式

1）方法

右转 90°角保持直立，双掌合十，高举过头并尽力伸展。两腿前后尽量分开。屈右腿至大腿与地面平行，小腿垂直于地面和大腿，左腿伸直。上身向前倾，直至胸部触右大腿，深呼吸两三次，放松。上身微向前倾斜，右腿弯曲，左腿离地面。右腿完全伸直，将左腿举高至与地面平行，双臂、上身和左腿形成一条与地面平行的直线，右腿垂直此线，保持此姿势。回复站立姿势，反方向重复练习上述动作。

2）作用

强壮双腿，增强脊柱的弹性，改善身体均匀对称性。锻炼腹部器官。

16. 直角式

1）方法

直立。两脚靠拢，两臂置于体侧。两手十指相交紧握，高举过头。抬头，两眼注视双手。向前弯身，直至背部和双腿成直角，两眼始终注视双手。正常呼吸，保持此姿势。回复直立姿势。重复动作。

2）作用

改善体态，纠正驼背、脊柱弯曲和双肩下垂，消除精神紧张。

17. 腰转动式

1）方法

直立，两脚分开约 60 cm，十指交叉，两臂高举过头，转动手腕，掌心向上。呼气的同时向前弯身，使两腿和背部形成直角为止，两眼注视双手。上身躯干尽量转向右侧，再尽量转向左侧，左右转动重复做多次。上身躯干回复原来位置，放低双臂，放开双手。重复练习上述动作。

2）作用

加强臂部、腰部、背部和髋关节的功能；按摩腹部器官，减少腰围线上的脂肪。

18. 三角伸展式

1）方法

直立，两脚分开，脚尖向外，两臂侧平举。呼气，向右侧慢慢弯腰，保持两臂与躯干成直角。侧弯腰腰部以上躯干不能向前弯曲。尽量向侧弯曲，保持此姿势。慢慢回复原来的姿态，左侧做同样的动作。

2）作用

增加全身柔软、灵活性。

19. 蹬自行车式

1）方法

仰卧，两腿伸直。两腿抬高做脚蹬自行车的动作，头部和上身体都要平躺在地面上。做12次以上旋转动作，再向相反的方向做同样的动作12次以上。两腿并拢，两脚同时向同一方向做蹬车动作，向前向后各蹬12次。

2）作用

加强两腿和两膝的功能，加强髋、膝关节的润滑性，增强血液循环。

20. 腿旋转式

1）方法

仰卧，两腿和两臂伸直，抬高右腿，按顺时针方向做绕环运动8~12圈，反方向做8~12次绕环运动。左腿重复练习上述动作。调整几秒钟，将两腿并拢抬高，按顺时针方向和逆时针方向各转8~12圈。

2）作用

增强腹部肌肉，增强两膝、大腿和骨盆区域的功能。

21. 半舰式

1）方法

坐姿，两腿向前伸直，十指相交，置于头后。呼气，上体向后仰，两脚抬离地面，双腿伸直。臀部触及地面，脚趾尖与头顶同一高度，两腿与地面成30°角，保持此姿势。正常呼吸。

2）作用

强壮双腿、腹部和背部的功能，增加肌肉力量，增强神经系统、脾脏、肝脏和胆囊的功能。

22. 强化腹肌姿势

1）方法

仰卧，双手交叉置于头后，双腿并拢伸直抬高，与地成45°角，头、手臂和肩部抬离地面，腰背部紧贴于地面，长时间保持这一姿势。

2）作用

强化腹部和背部的肌肉群。

23. 简化脊柱扭动式

1）方法

坐姿，两腿向前伸直，两手平放在臀部的侧后方地上，手指向外，目视前方。左手提前放在右手之前，头向右转。左脚放在右膝的外侧，把右手掌伸向背后。吸气，头尽量转向右方，扭动脊柱。保持此姿势几秒钟后把躯干转回原位，相反方向做同样的动作。

2）作用

伸展脊柱，有助于腰背痛的康复。

24. 半脊柱扭动式

1）方法

坐姿，两腿向前伸直。右脚弯曲放在左大腿上。头和躯干向前弯曲同时向左转，左臂尽量收向背部，右手向前伸，抓住左脚，保持此姿势。放开左脚，回复到起始坐姿，将头转向右方，两眼注视右肩外。左右交换练习。

2）作用

柔韧脊柱，防止背痛和腰部风湿痛，消除髋部关节的疼痛；颈部肌肉得到伸展和加强，肩关节放松；同时腹部各脏器得到加强，改善消化功能。

25. 圣哲玛里琪一式

1）方法

坐姿，两腿向前伸直，前臂平放在同侧的大腿上。左腿屈膝，脚平放在地上，脚跟靠近臀部，小腿垂直于地面，右手放在左膝上。身体向前弯曲，左臂勾夹住左胫骨和左大腿。左前臂由左侧弯到背后，右手由右侧伸到背后，右手在背后抓住左腕。保持右腿伸直，让脊椎骨和颈项转向左方，保持此姿势。慢慢把头、颈和躯干转回原来的姿势。调整，身体向前弯，前额放在右膝上，保持 5~15 s。回复到原来坐姿。换另一侧做同样的练习。

2）作用

伸展和强壮背部、肩、臂和腿的肌肉，手指得到了增强。

26. 前伸展式

1）方法

坐姿，两腿向前伸直。上身向后仰，两手掌放在两髋后方，十指指向双脚。两脚平放在地面上同时弯曲双膝。收缩腹部，将臀部抬离地面。两脚前移，两腿伸直，躯干与两腿及两脚成一直线。两臂垂直于地面，保持此姿势。然后回到起始姿势。

2）作用

发展胸部，伸展两腿、腹部和颈部，加强腕、踝的功能，改善血液循环。

27. 半蝗虫式

1）方法

俯卧，两手放在体侧，掌心向上。两手握拳向下按，右腿尽量抬高。左脚用力抵住地面，帮助右腿抬得更高。保持 30 s 左右，右腿慢慢放回地面。换左腿重复练习上述动作。

2）作用

增加脊柱区域的血液供应，滋养脊柱神经，增强下背部与腰部的肌肉群及韧带。

28. 蛇击式

1）方法

手膝着地，跪于地面，躯干与地面平行。双手按地面，上身后坐臀部落到两脚跟上，额头贴在地面上。手和脚部不动，身体其他部位向前移动直至不能向前移动时为止，成俯卧撑姿势。伸直两臂，放低腹部直到两大腿接触地面，胸部向上挺起。使背部成凹拱形，两眼看向上方，正常呼吸。保持 20 s 后，按反过来的程序做，回复预备姿势。重复动作上述动作。

2）作用

对患有坐骨神经痛和背疾的人有益处，有助于发展胸部和上臀部的肌肉群。

29. 犁式

1）方法

仰卧，两腿伸直放松，两脚并拢，两臂靠在体侧，掌心向下。上身不动，两掌用力向下按，收缩腹部肌肉使两腿举起，与躯干垂直为止。两腿继续向后摆，当两脚举过头后，臀部和背部离开地面。继续将两腿向后举，并向下降，使脚趾碰到地面。保持此姿势 15 s 左右，缓慢、规律的呼吸。做整个动作时，根据身体柔软程度，在不感到吃力的情况下尽量多做，保持这个姿势。回复常态的方法：膝部弯曲，然后一节脊椎接一节脊椎地“展开”，直至臀部再次贴在地面上。头部不要离开地面，颈部可轻微拱起。臀部接触地面后，双腿就可以伸直，然后顺势放下。休息 20 s 后，重复动作上述动作。

2）作用

改善脊柱神经，减轻或消除各种腰背部的疼痛；伸展身体、增强腿部肌肉，有助消除腰围、髋部、腿部的脂肪，加速血液循环，收缩腹部器官，补充活力；有益于肾脏、肝脏、脾脏、胰脏和内分泌腺体。

30. 倒箭式

1）方法

仰卧，两腿伸直，两臂置于体侧，手心向下放在地面上。慢慢举起双腿垂直于地面。抬高躯干，两肘支撑地面，两手放在两侧腰背处支撑身体，双腿伸直。保持此姿势，呼吸正常。回复的方法是；轻轻地将两腿放低，略高于头部，两掌放回地面，躯干慢慢放下，回复到仰卧姿势。

2）作用

使血液容易流入头部和上身，全面增进人体健康和脏器功能。

三、练习瑜伽的注意事项

（1）练习者尤其是初练者要量力而行，做任何动作的原则：既感到舒适，又达到锻炼身体的目的。

（2）在练习过程中或在练完之后，发生肌肉抽筋、痉挛或感到某处特别紧张或酸痛，可采用按摩或热敷等。

（3）练习时，要把注意力集中在这些姿势对自己身体产生的感觉上。

（4）一般情况下，都用鼻子呼吸。

（5）每一个练习都应做得缓慢、步骤分明。

（6）练某一个姿势时，如果身上某个部位发生剧痛，应立即暂停练习，查明原因后再决定是否继续练习。

（7）瑜伽姿势涉及大量的扭曲和伸展躯干、四肢动作，要穿宽松的衣服，不穿鞋或穿很轻、很软的鞋。

（8）饭后至少三四个小时后才可做瑜伽练习。在饮用流体后至少等候 30 min 后再做练习。

思考题

1. 简述瑜伽运动的注意事项。
2. 简述瑜伽的动作姿势。

第四节 健美操

学习目标

知识目标

了解健美操发展，了解健美操的锻炼价值。

能力目标

学会健美操基本动作和练习方法。

素质目标

领会健美操运动的健身价值，加强自我锻炼，提高艺术欣赏能力，践行体育精神。

一、健美操简介

健美操是在音乐伴奏下运用不同类型的操化动作，融体操、舞蹈、音乐为一体，以增强体质、塑造健美形体、培养端庄体态、陶冶情操为主要目标，以健、力、美为特征的运动项目。健美操既是大众健身方式，又是竞技运动的一个项目。健美操起源于生活及人们对健康和健美的追求，是体操、舞蹈、音乐逐步发展和结合的产物。美国对健美操的发展具有较大的影响，代表人物是电影明星简·方达。20 世纪 70 年代末，健美操传入我国，已成为我国各级、各类学校体育课和课外活动中深受师生喜爱的锻炼项目。

根据健美操的目的和任务，可将其分为健身健美操和竞技健美操两大类。

（一）健身健美操

健身健美操以健身为目的，全面活动身体、发展身体，强度和难度都相对较低，社会不同年龄层次的人都可采用。健身健美操可徒手练习，也可持轻器械或利用专门健美器械练习。

音乐速度一般为22~26拍每10秒钟。

(二) 竞技健美操

竞技健美操以竞技为目的，有特定的比赛规则和评分方法，对身体素质、技术技能和艺术表现力有较高的要求。竞技健美操可分为男子单人、女子单人、混合双人、三人、混合六人健美操。

音乐速度通常为26~30拍每10秒钟。

二、健身健美操基本动作

健身健美操基本动作是否正确，会影响人的健美姿态，还会影响动作的难易程度和锻炼效果。正确的姿势，对人体的骨骼、肌肉的生长发育、内脏器官的正常活动都非常重要。了解和掌握健身健美操的基本动作，可建立健美操的基本概念，培养动作的协调性和健美操专项意识，为健美操动作设计和教学训练奠定基础。健身健美操基本动作包括手形、头颈动作、肩部动作、上肢动作、胸部动作、髋部动作、下肢动作等；基本组合包括手臂动作组合、髋部动作组合和跳跃动作组合等。

(一) 手形

健美操手形主要有撑掌（分指掌）、合掌（并指掌）、推掌、西班牙舞手形、弧形掌、剑指、“V”指、响指、拳等。

(二) 身体各部位基本动作

(1) 头颈动作：由屈、转、平移、绕、绕环动作组成。向前、后、左、右的屈和平移，向左、右的转、绕及绕环。要求上体保持正直，动作节奏慢，颈部充分伸展。

(2) 肩部动作：有提肩沉肩、收肩展肩、振肩、绕肩及肩绕环动作组成。要求提肩、沉肩时两肩在同一额状面做上下运动；收肩展肩幅度要大，肩部要平；振肩要有速度、力度和弹性；绕肩上体不能摆动，头颈不能前探。

(3) 臂部动作：由摆动、屈伸、举、振、旋、绕及绕环等动作组成。要求屈伸动作有力，富有弹性和节奏感；摆动、绕及绕环，肩要拉开和用力。

(4) 胸部动作：由含胸、挺身、移胸、振胸等动作组成。要求练习时收腹立腰。

(5) 髋部动作：由顶髋、提髋、摆髋、绕、绕环髋等动作组成。要求练习时上体放松。

(6) 腰部动作：由前后侧屈、左右转、绕和绕环等动作组成。练习中腰前屈和转动时，上体正直；腰绕和绕环时，速度慢。

(7) 腿部动作：包括脚的钩、绷，腿的屈、伸、踢、摆、旋、绕、弹动等，由走步、跑、跳串联构成的各种步伐。健美操基本步伐是练习者下肢动作的主要练习手段，可向前、后、左、右做原位的、移动的、转体的或小幅度跳的腿部练习。要求弹、踢有力，步伐轻松、协调并有弹性，注意呼吸。

①弹动：有膝弹动、踝弹动、膝踝弹动。各种弹动可以分腿做，也可以并腿做，但要求弹动时两膝、两踝关节自然屈伸。

②踏步：有脚尖不离地的踏步、脚离地的踏步、高抬腿的踏步。练习中，要求落地时，由脚尖过渡到脚跟着地；屈膝时，胯微收，两臂自然前后摆动。踏步运动强度较低，常作为

调节运动量的一种手段。

③移重心：有单腿和双腿移重心。身体重心由一端移向另一端时，必须经两腿之间。

④交叉步：有前交叉步和后交叉步。要求一脚出时，另一脚在前或在后交叉，重心随之移动。

⑤“V”字步：有正“V”字步、倒“V”字步。可平移、转体或小幅度跳做。要求一脚迈出，另一脚随之成一条直线（脚跟先离地），两脚比肩宽，两膝自然弯曲，依次收回。

⑥并步（并跳）：有两腿同时屈并步和一伸一屈并步。一脚并于另一脚，重心要随之移动，两膝自然屈伸。并跳的技术要点：一脚迈出蹬地，另一脚并上的同时身体重心随即跟上。

⑦点地（跳）：有脚尖点地和脚跟点地。点地时，动作富有弹性，腿自然伸直。点跳的要领：点地时身体重心随即跟上。

⑧吸腿（跳）：吸腿可以向侧或向前。大腿用力上提，小腿自然下垂。

⑨弓步（跳）：一腿屈膝，小腿与地面垂直，另一脚伸直，重心在两腿之间。做弓步跳时，可以单跳双落地，也可以双跳双落地。跳成弓步时，要求重心落于两腿之间。

⑩踢腿（跳）：有弹踢腿和直踢腿。踢腿时，可以站直踢，也可以跳着踢，上踢时，立腰和上体尽量保持正直不动，加速用力。

⑪摆腿跳：有向侧、向前、向后的摆腿跳。要求摆腿时上体顺势前倾、后倒、侧倾。

⑫开合跳：有单起双落的开合跳、双起双落的开合跳。分腿时，两腿自然外开，膝关节沿脚尖方向弯曲；跳起与落地时，注意缓冲。

⑬后踢腿跳：要求髋和膝在一条线上，小腿尽量叠向大腿。

⑭弹踢腿跳：要求大腿抬起至一定角度后，小腿自然弹直。

（8）地上基本姿态：有坐（直角坐、分腿坐、跪坐、盘坐）、卧（仰卧、俯卧、侧卧）、撑（仰撑、俯撑、跪撑）等。要求做各种坐姿时，收腹、立腰、挺胸、撑肘，腹背保持紧张。

三、健身健美操的锻炼和比赛

（一）健身健美操的锻炼

进行健身健美操锻炼时应注意：

（1）根据需要选择不同类型的健身健美操。

（2）掌握好练习时间和运动负荷。

（3）重视基本功和基本动作练习。

（4）锻炼要持之以恒。

（二）健身健美操的比赛

1. 健身健美操比赛的形式与规模

（1）班级健美操比赛。

（2）校级健美操比赛。

（3）省、市及全国健美操比赛。

2. 评分办法与要求

健身健美操动作的选择与设计，要有利于大学生身体全面发展的需要，要符合大学生生理和心理特点。成套动作编排要求准确全面、对称、规范，要活泼有变化，给人以新意，队形变化不少于 5 次。成套动作的评分包括艺术分、完成分、裁判长减分。比赛采用 10 分制，公开示分。

艺术分从 10 分起评，评分因素为动作设计、音乐、队形与空间、表演。

完成分从 10 分起评，对每个完成错误给予减分。评分因素为技术技巧、一致性。

思考题

1. 简述健美操的概念。
2. 简述健美操身体基本动作。
3. 结合自身实际，谈谈如何学好健美操。

第五节　轮　滑

学习目标

知识目标

了解轮滑的起源及发展，了解轮滑的基本站位。

能力目标

学会轮滑基本技术。

素质目标

领会轮滑的锻炼价值，体会运动乐趣，感受创新精神。

轮滑运动起源于 18 世纪初的欧洲，20 世纪 30 年代初传入中国。轮滑运动简单易学，具有较高的运动价值，深受广大青少年的青睐。轮滑运动不但可以锻炼人的腿部力量、身体的平衡能力、协调性，而且对心肺系统也具有较好的锻炼效果。通过轮滑运动可以锻炼勇敢、顽强、不怕困难的精神，是一项极好的群众体育项目。轮滑包括三种比赛项目，即速度轮滑、花样滑轮和轮滑球比赛。

一、基本站立

（一）八字站立

站直身体，两脚跟靠近，脚尖自然分开。上体稍前倾，两膝自然弯曲，两臂自然下垂，身体重心落在两脚之间。

（二）丁字站立

在八字脚站立的基础上，一脚向前移动，用脚跟贴在另一脚的脚弓处。上体稍前倾，两膝自然弯曲，身体重心稍偏在另一脚上。

（三）平行站立

在丁字脚站立的基础上，前脚侧移，两脚平行站立与肩同宽。上体稍前倾，两腿自然弯曲，两臂下垂，身体重心落在两只脚上。

练习方法：

（1）开始时，可用手扶杆或其他支撑物站好后，再做三种站立练习。

（2）先做八字站立，稳定后做丁字站立，再做平行站立。反复做三个站立动作，通过练习熟悉三个站立姿势，体会穿轮滑鞋的动感。

二、移动重心的练习

（一）原地踏步

动作要领：平行站立，身体重心移向左腿，右脚抬起，然后放下；身体重心再移向右腿，左脚抬起，再放下。反复进行练习，逐渐加快速度及增加抬腿的高度。

（二）蹲起练习

动作要领：平行站立，稍窄于肩。做蹲起练习时，先做半蹲练习，再逐渐过渡到深蹲练习。动作节奏：慢蹲快起。

（三）向前八字行走

动作要领：八字站立姿势，身体重心移到左脚上，右脚尖偏外，向前迈一小步，身体重心快速移至右脚；然后左脚抬起脚尖偏外，向前迈一小步，身体重心快速移至左脚上。双脚交替练习。

练习方法：开始练习迈脚再移动重心慢八字行走，逐步过渡到快八字行走。

（四）交叉步行走

动作要领：平行站立，窄于肩。身体重心移至左腿上，右腿伸直侧出；收右腿向左腿前外侧迈步成交叉姿势，身体重心随之移至右腿上；左腿向右侧跨一步，成交叉姿势，重心移至左腿上，反复练习。

练习方法：

（1）开始站立做动作，有一定的基础后，逐渐过渡到单脚蹬地单脚滑行再到半蹲姿势练习。

（2）熟练掌握练习（1）后，再做左脚向右腿前外侧迈步成交叉姿势的动作练习。

（3）做几次右腿向左腿前外侧迈步成交叉姿势动作练习，再做左腿向右腿前外侧迈步成交叉姿势动作。反复练习。

三、直道滑行

（一）单脚蹬地双脚滑行

动作要领：平行站立，稍窄于肩。左脚内刃蹬地，将身体重心推送至向前滑行的右腿上，左腿蹬地后迅速收腿与右腿并拢成两脚滑行；当速度降下来时再用右脚内刃蹬地，将身体重心推送至向前滑行的左腿上，右腿蹬地后迅速收腿与左腿并拢成两脚滑行。

练习方法：

（1）向前八字快步行走，上体前倾，两腿半蹲双脚向前滑行。

（2）一脚用轮内刃向侧后蹬地，双脚滑行；再换另一脚用轮内刃向侧后蹬地，双脚滑行。

（3）动作掌握后，双脚滑行不停止就换腿蹬地滑行，渐加快速度逐。

（二）单脚蹬地单脚滑行

动作要领：八字站立，身体前倾，两臂下垂，两腿弯曲（小腿夹角为90°~110°）。用右脚内刃蹬地，用左脚轮平刃向前滑出，蹬地动作结束，身体重心推送至左脚上，左腿成半蹲支撑向前滑行；接着向前收右腿，同时用左脚内刃蹬地，右脚用轮平刃向前滑出，蹬地动作结束，身体重心推送至右脚上，右脚成半蹲支撑向前滑行。反复进行。

练习方法：

（1）做小幅度的单脚支撑滑行练习。

（2）在掌握动作的基础上，慢慢延长单脚支撑滑行的时间。

（3）自然摆臂逐渐过渡到两手放在背后互握的单脚滑行的练习。

四、弯道滑行

弯道滑行技术要点：练习者用交叉步滑行，一脚要用轮外刃，另一脚要用轮内刃。

（一）基本步法

身体成半蹲姿势，用轮正刃支撑站立，与肩同宽，左脚用轮外刃支撑，右脚用轮内刃蹬地，左脚支撑做前外曲线滑行；右脚蹬地后迅速与左脚并拢，接着右脚再做一次蹬地动作，左脚继续做前外曲线滑行（见图12-208）。

图 12-208　基本步法

练习方法：

（1）先左脚小曲线滑行到大曲线滑行，逐渐延长外刃滑行时间。

（2）左脚支撑滑行有基础后，即可做右脚外刃支撑滑行练习。

（二）交叉步滑行

左脚用轮外刃站稳时，右脚随即向左脚左侧前方迈一小步，在右脚短暂的滑行之后，左脚就迅速从右腿后方收回，同时右脚蹬地左脚直线滑行（见图 12-209）。

练习方法：

（1）做一次交叉练习，逐渐增加交叉步的练习次数。

（2）适当半径做弯道交叉步滑行练习。

（3）向左交叉步滑行熟练后，即可做向右交叉步弯道滑行练习。

图 12-209　交叉步滑行

五、转弯

转弯就是利用已有的滑行速度，借助身体侧倾、重心侧移产生的向心力改变滑行方向。

（一）左转弯

身体成半蹲姿势滑行，达到一定速度后，左脚前伸略领先于右脚，上体稍抬起向左移，重心移到左侧，头向左转，左膝、左踝深屈，用力压外侧轮（外刃），右腿几乎伸直，脚用力压内侧轮。

练习方法：

（1）滑几步取得一定速度，左脚稍前，右脚稍后，身体稍向左倾，做慢速大弧度的慢转弯。

（2）同练习（1），降低重心，用臀以下侧倒，做速度较快、弧度较小的急转弯。

（二）右转弯

动作要点和练习方法均与左转弯相同，转弯时动作方向相反。

六、向后滑行

（一）向后滑行方法

向后滑行有向后葫芦滑行和向后蛇行滑行两种方法。

1. 向后葫芦滑行

平行站立，脚尖稍向内转，两腿弯曲，重心落在单排轮滑的前两个轮上，用轮子的内测向侧前方蹬地，当两脚向后外侧滑至最大弧线时，两脚跟用力内收，踝关节用力，同时膝用力伸直，脚跟相对形成外八字形，变换成开始内八字形。重复上述动作，继续向后滑行（见图 12-210）。

练习方法：

（1）原地内八字变换外八字的练习。开始练习时，可以在同伴帮助下进行，体会脚用力和重心前后变换的协调配合。

（2）做慢速的向后葫芦滑行，体会向后滑行的感觉，两臂协调摆放，上体比向前滑行稍直，不要过于前倾，以免身体失去平衡向前摔。

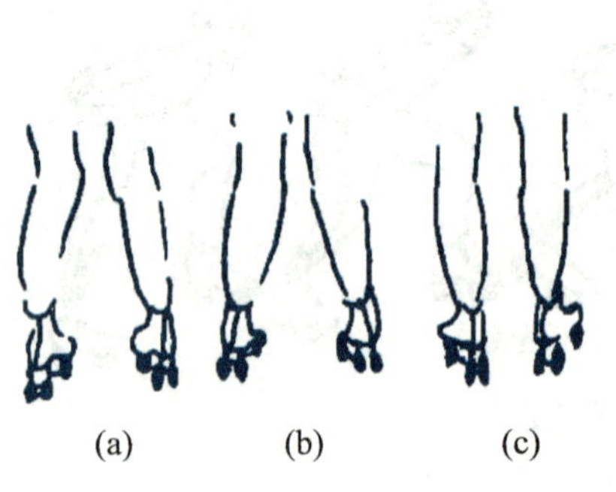

图 12-210 向后葫芦滑行

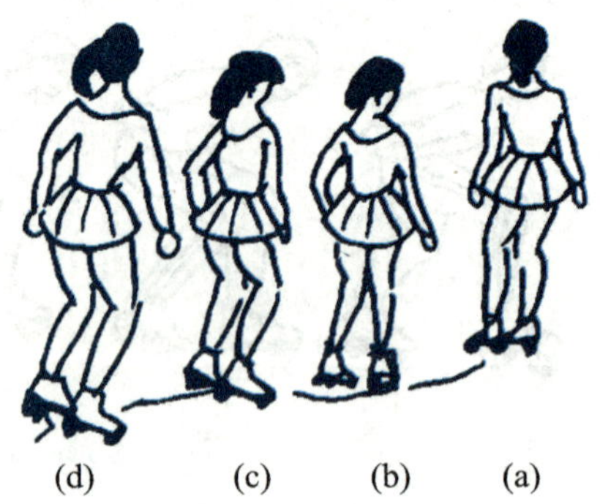

图 12-211 向后蛇行滑行

（二）向后蛇行滑行

平行站立，两腿弯曲脚尖稍向内转。右脚轮内侧蹬地，随左脚向外侧转，同时身体重心从右脚移至左脚，成左脚向左侧后方滑行。右腿在体前自然伸直，随后右脚放在左脚侧前面滑行，最后形成两脚的前后一字形。再用左脚蹬地，随右脚由前向后外侧转同时身体重心从左脚移至右脚，成右脚向侧后方滑行。左脚在体前自然伸直，随后左脚放在右脚侧前面滑行。然后重复上述动作，继续向后滑行（见图 12-211）。

练习方法：

（1）原地练习重心变换，左右脚分别蹬地。

（2）在练习向后葫芦滑行获得一定速度后，再做向后蛇行滑行。

（3）向后蛇行滑行，左右各做一次后，做双脚平行向后滑行，然后再左右各做一次蛇行滑行。

（三）向后滑行转弯

向后滑行转弯，是一种较复杂的技术动作，要用后交叉步滑行，一脚用轮外刃，另一脚则用轮内刃。

向后滑行右转弯。右转弯时，由左脚在前，右脚在后的姿势开始，左脚用轮内刃，右脚用轮外刃，重心由右脚逐渐移动到左脚，同时上体向转弯方向倾斜，两臂协调摆动。重复以上动作 2~3 次，就可完成向后右转弯动作。

练习方法：

（1）原地练习双脚前后站立时的重心移动。

（2）慢速练习、快速练习向后滑行右转弯技术。

（四）向后滑行左转弯

向后滑行左转弯技术与向后滑行右转弯完全相同，把双脚动作变换一下即可。

七、停止方法

（一）内八字停止法

获得一定的向前滑行速度后，两脚平行站立滑行，随后脚尖内转，两脚以轮内刃压紧地面，同时两膝稍弯曲下蹲，同时两臂前伸维持身体平衡。

练习方法：

（1）先做慢速度的停止练习。

（2）再做速度由慢到快的内八字停止练习。

（二）双脚急停法

向前滑行时，左（右）脚以轮外刃与滑行方向成 90°角压紧地面，同时身体向左（右）急转，两膝弯曲，两臂前伸，重心移至左（右）脚上，停止滑行。

练习方法：

（1）原地做向左、右急停动作练习。

（2）慢速滑行中做急停练习。

（3）快速滑行中做急停练习。

（三）向后滑行停止方法

向后滑行的停止方法比较简单，可以采用“内八字”停止法。

思考题

1. 简述轮滑基本站立

2. 简述弯道滑行练习方法。

第六节　定向越野

学习目标

知识目标

了解定向越野的历史，熟悉定向越野的锻炼价值。

能力目标

学会定向越野运动技能。

素质目标

积极参与此项运动，享受乐趣，感受团结协作用脑的智慧型体育运动。

一、定向越野简介

“定向”最早出现在1886年的瑞典。定向越野（orienteering）又称“定向运动”“定向跑”“野外定向”“识图越野”等，是一项借助地形图（map）和指北针（compass），按规定的顺序独立完成寻找若干个标绘在地图上的地面检查点（controls）并以最短的时间跑完全赛程的运动。

定向越野通常在森林、郊外和城市公园里进行，也可在较大面积的学校校园里进行，是一项集益智、健体、娱乐、旅游为一体的智慧型体育运动。

二、定向越野的魅力

（一）回归自然

定向越野通常是在野外或面积较大的城市公园中进行，能与大自然融为一体，是一项充分了解大自然、享受大自然的极有趣味的休闲运动。

（二）老少皆宜

定向越野地点回归自然，可根据不同性别、年龄编组，赛程可远可近，场地可难可易，因此不论是男女老幼还是贫富贵贱，人人都可以参与其中，是一项不限男女、老少皆宜的群众性体育运动。

（三）装备简易

比赛配备：一个性能良好的指北针、一幅准确标有各个点标的地图以及号码布、检查卡片、检查点标志、点签、印章、打孔器等器材等，参加者穿着简易的运动服装即可参加活动。

（四）益智健体

定向越野通常是在大自然或户外进行，比赛设置了不同的打卡点，大自然中任何一个角落都有可能是打卡点，点标不容易找到，参与者在整个行程中要完全靠自己寻找点标，所以定向越野不仅考验参与者的思维判断能力，而且检验其奔跑运动能力，磨炼其勇敢顽强的意志品质，考验其临危不乱的心理素质。定向越野比赛不仅是体力的较量，而且也是智力和技巧的竞争。参与者不仅需要识图用图知识和利用指北针确定方向，而且还需要良好的运筹能力、方向感、空间感等智力因素和速度、耐力等体力因素。因此，定向越野是一项益智健体的运动。

（五）爱国爱学

通过参与定向越野，加深对指北针及地图的了解，熟悉其使用方法，加上指北针是我国的发明，对于爱国主义教育及国防军事教育有着深远的意义，同时也加深了自豪感。

另外，定向越野参与者必须将自己学到的地理知识学以致用，才能根据地图的指引，在最短的时间内找到点标打卡完成比赛。这项运动很好地体现了由应试教育向素质教育转变，在锻炼青少年体魄的同时，提高了他们的活学活用能力、快速思维能力和判断能力。参与者通过参加运动，可以调节学习、工作的情绪，丰富地理、地图知识，启发智力、增强体质，培养综合素质，提高应变能力。

（六）时尚运动

定向越野项目参与的人多，观看的人少，只要参与，就能体验到这项运动的快乐。一是定向越野的趣味性：参赛者根据图上标明的运动方向，将地图与实地对照，选择行动路线、寻找各检查点，智力与体力相互配合，比单纯赛跑更能提高兴趣。二是定向越野的灵活性：定向越野可以搞得很正规，也可以搞得很轻松。可以开展公园定向、滑雪定向、独木舟定向、旅游定向、家庭定向等许多轻松有趣的项目。这些有趣的定向活动，可以吸引大批的休闲健身爱好者参与，扩大了定向越野的队伍。

三、定向越野的物质条件

定向越野无须花费太多就能拥有比赛装备：一张地图、一个指北针和一身适当的户外穿着。当然，参加不同性质、不同等级、不同项目的定向运动，所需的物质条件也会有所区别。下面介绍参加一般的定向越野比赛所需要的物质条件。

（一）个人装备

（1）服装：定向越野对服装没有特殊的要求。对衣裤的选择应该是紧身而又不影响呼吸与四肢活动的。为防止草木的刺碰以及虫蚁的侵袭，最好穿着面料结实的长袖衣（有较高、较紧的领口）、长腿裤。专业的选手一般选用有弹性的轻质化纤服装，它能防止草籽钩粘，在被浸湿的情况下还保持身体动作的最大灵活度，可以快速风干。

（2）鞋：合脚、轻便又结实，鞋底的材料和造型应能“抓住”所有类型的地面，包括湿滑的泥泞地和坎坷坚硬的岩石地面。

（3）指北针：基本上分为两类，即基板式与拇指式。作为一般判定方向的需要和定向比赛的初级用途，也可使用市面上常见的军用或其他类型的指北针。

（二）赛会提供的器材

（1）地图：地图是定向越野最重要的器材，地图质量的好坏直接关系到比赛过程是否安全、结果是否公正，因此，国际定联专门为定向越野比赛制定了《国际定向运动图制图规范 2000》（简写 I—SOM2000），规定比例尺通常为 1∶1.5 万或 1∶1 万，等高距 5 m。严格来说，定向比赛，尤其是高级别的比赛，必须使用符合国际定向运动联合会（IOF）标准的定向地图。初次开展定向活动或条件不允许，可用其他依比例绘制成地图的复制品。但是，地图应经过修测，使其尽可能与现场地形一致。

（2）比赛路线：由活动组织人印刷或手绘在地图上，与地图一起发给参赛人。

（3）检查卡：为了证明参赛人找到了各个检查点，赛事组织人会在比赛前发给每位参赛人检查卡或电子指卡。

（4）检查点：是工作人员在比赛前在比赛场地（现地）中摆放的标志。严格意义上的检查点是由三个部分构成：点标、点签、地物及特征。

（5）号码布：这是用来识别运动员的必需物品，以利于裁判工作的进行。

四、定向越野的技能

在进行不同项目的定向越野时，使用的装备、器材以及组织比赛的方法是不同的，需要的技能也不相同。

定向越野技能是指参赛者从出发区领取地图开始到跑完全程，整个参赛过程中所必须具备的技能。如娴熟的识图用图能力、准确判断的能力，出发点动作、运动中动作、检查点上的动作和终点动作技术运用合理，体力充沛，越野能力强等。如果是借助交通工具参加定向越野，还要具备熟练掌握或驾驭该种交通工具的技能。

基本技能：主要包括识图、用图和越野跑。

（一）识图技能

识图技能包括正确理解地图的概念，了解定向越野地图与其他图种的区别，认识比例尺，认识磁北线（MN 线），正确分辨各种地物符号，掌握地貌符号的要义，认识高程起算和注记，知道地图方位与磁方位角。

（二）用图技能

用图技能包括明辨方向、位置以及正确判读地貌。明辨方向位置，简单地说，就是在现地辨明站立点的东、西、南、北方向以及站立点或目标点在图上的准确位置。

（三）越野跑技能

想要取得更好的定向越野成绩，除了识图用图能力强之外，关键在于掌握越野跑的技能。定向越野跑实际上是一种长距离的间歇式赛跑，因为在途中常需要停下来看图向。这种在野外环境中长距离的间歇式的奔跑，可以使肌肉的紧张与放松，身体的负荷与精神的专注不断地交替进行，参加者的全身，特别是呼吸与心血管系统都将得到很好的锻炼。

定向越野的越野跑要求：尽可能地减少人体能量的消耗，维持一定的跑速；另外，又能根据比赛的情况，具有加速度的能力。因此，下述要求应是运动员努力掌握的，在比赛过程中始终应注意的：①主要采用身体微向前倾或正直的姿势，尽量使身体各部分的动作协调配合，并且善于利用跑中产生的支撑反作用力与惯性不断前进，保持身体平稳，提高跑的效果。②呼吸最好用鼻子与半张开的嘴（用舌尖舔住上颚）共同呼吸。除了在跑中出现“极点”现象时可以变化呼吸的频率与深度，一般情况下应自然有节奏地呼吸。

思考题

1. 简述定向越野的锻炼价值。
2. 简述定向越野越野跑技能。

第七节 排 舞

学习目标

知识目标

了解排舞的发展，熟悉排舞的锻炼价值。

能力目标

学会排舞。

素质目标

积极参与此项运动，享受乐趣，感受团结精神。

一、概述

排舞（linedance）属于全球化健身运动类别的一个分支。Line 是排和线的意思，dance 意思是舞蹈。翻译过来就是排成排跳舞蹈。排舞起源于美国 20 世纪 70 年代的 Western Country Dance（西部乡村舞蹈）。20 世纪 90 年代，排舞开始进入了全面发展阶段。目前全球已经有 80 000 多支排舞曲目，排舞是一项固定舞步和音乐交融在一起，通过风格各异的舞步循环舞动的一项国际性体育运动。排舞既可以集体共舞，又可以个人独享，形式多样，丰富多彩。现在在中国许多大学、中学、小学已经把排舞列入体育教学大纲里，成为学生课余体育锻炼、学生课间操和学校庆典活动表演的重要内容之一。

二、排舞在国外

排舞历经30多年的发展风靡全球，全世界的排舞协会、俱乐部、工作室多如牛毛，全球排舞爱好者数以亿计，在每个国家都能找到排舞的知音。随着时代的发展，全球化的普及，全世界各国家艺术家的加入，使排舞融合了国际上多种流行时尚舞蹈元素，越来越现代化。这种不断的创新和变化，使排舞获得了持续发展的艺术生命。

除了有高端舞蹈技术的比赛外，在国外排舞还广泛出现在狂欢节、文化节、嘉年华以及大型活动展示等节庆活动中。整齐的队列、绚丽多彩的服装服饰、集体的欢歌共舞，排舞充分营造出一种欢快热烈的节日氛围。

三、国内的发展

排舞自2002年开始引入我国，在短短几年时间里排舞已作为一项新型大众健身项目风靡全国。

2006年10月30日上海市第十三届运动会排舞比赛在上海体育馆结束，本次比赛由徐汇区体委承办，共有28个队，514人参加。

至2008年8月，全国除海南省外，30个省市自治区都开展了排舞的推广普及活动。两年多来已有300多万人参加排舞健身活动。中华全国总工会和国家体育总局体操运动管理中心已经把排舞列为未来几年重点推广的大众健身项目。北京市体操运动协会也正在积极准备举办排舞大赛。

2008年7月15日，长钢集团公司迎奥运全民健身排舞比赛在灯光球场举行，来自公司基层的15个单位代表队近200名职工参加了比赛。

2009年，由江西省总工会、江西省体育局主办，江西省职工体育协会承办的“舞动健康，共建和谐”全省职工首届全健排舞大赛，于同年12月22日在江西艺术剧院隆重举行。本次排舞比赛倡导“时尚锻炼，科学健身，快乐生活”。来自全省各地15支排舞劲旅近300名参赛队员分别代表着全省700余万职工和500余万会员。

2009年由国家体育总局体操运动管理中心和中国健美操协会主办的全国万人健美操大赛中就安排了排舞比赛。国家体育总局体操运动管理中心根据这次排舞比赛的经验于2010年7月出台了《全国排舞比赛评分规则》（2010年修订版），为排舞比赛的动作、编排及音乐。

2011年，在浙江省嵊州市的各大广场、公园，每到晚上7点以后，就会有成群的市民聚在一起跳排舞。如果城郊的农村地区不计在内，仅城区内的各大广场上，平均每天跳排舞的市民就超过3万人，而这样的全民参与排舞健身热潮，却是在短短几个月的时间内形成的。

2014年11月8日，国家体育总局体操运动管理中心、杭州市人民政府以及全国排舞推广中心组织下，来自13个国家、13个省、41个市、20个民族的数万人排舞喜爱者在中国杭州参加了7分30秒的排舞表演，成功创下25 703人的“最大规模的排舞”的吉尼斯世界纪录。

四、排舞运动的分类

舞步按照组合结构可分为四大类，分别是完整型排舞、组合型排舞、间奏型排舞、表演型排舞。

完整型排舞是不断重复固定的舞步组合，如果是2/4或4/4拍的音乐，舞步组成一般是32拍或48拍或64拍。如果是3/4拍的音乐，舞步组合一般会是12×3或者16×3拍的组成。这一类的排舞无论是从动作还是方向的变化都比较简单，都属于初级水平。

组合型排舞是两个或者更多个舞步组合构成，且每一个舞步组合的拍数不一定相同，这种类型的排舞不一定按照规律循环。

间奏型排舞除有固定的舞步组合外，还有一个或者多个不一定相同的间奏舞步，而且间奏舞步一般不会超过一个八拍。这种类型的排舞学习起来比较难记，都属于中等难度级别的排舞。

表演型的排舞舞步较复杂，而且没有固定的舞步组合，属于最高难度级别的排舞。

舞步按照组合变化的方向分类也分为四大类，分别是一个方向的排舞、两个方向的排舞、三个方向的排舞和四个方向的排舞。排舞一般按照顺时针方向旋转，也可按照逆时针方向旋转，顺时针对应的方向变化点分别是12点、3点、6点和9点。

五、排舞运动的特点

1. 排舞舞步的独特性和统一性

排舞是一项固定舞步与音乐融合在一起的舞蹈，通过不同音乐元素去表现不同的舞种风格的健身运动，排舞最大的特点就是全世界每首舞曲都有相对应的舞谱，舞蹈步伐完全统一，但排舞对手臂和身体的动作却并没有要求，完全可以灵活变动。

2. 元素包容性与多样性

作为一项国际性健身运动的排舞最早起源于西方国家，它的包容性非常强，吸收了街舞、爱尔兰舞步、恰恰、爵士、现代舞、牛仔舞、华尔兹等多种舞蹈元素。全世界有不同的民族、民俗风情、人文历史等，受多种因素影响，促使排舞形成了多样的舞种风格，根据音乐和舞蹈的风格可以分成八大类，分别是升降起伏、平滑、律动、舞台、街舞、古巴、民族舞、曳步舞。在这八大类风格下，又都包含了具有对应特点的舞蹈种类。排舞由此受到各个年龄层次人们的喜爱。

3. 音乐风格的时尚性与流行性

排舞最早含有流行于欧洲的宫廷舞、迪斯科舞蹈和美国西部乡村舞蹈元素，随着时代进步和发展，越来越多的流行舞蹈和音乐元素加入排舞，在音乐元素和多种舞蹈的不断组合、创新和变换下，形成了现代排舞曲目多元的风格和艺术特点。

4. 排舞的文化传承性和创新性

文化传承和创新是文化发展的重要基础之一，排舞从最初的方块舞到圆圈舞到宫廷舞，再到现在的东方舞、街舞、爵士舞，再到现在流行的排舞，充分展现了排舞对舞蹈文化、民族文化、体育文化的继承、发展和创新。通过多种文化的碰撞与交融，慢慢形成特征鲜明的排舞风格，每一种排舞的风格也体现了不同地区和民族特色的文化风貌。

六、功能作用

排舞可舒缓身心压力、增强心肺功能、塑造优美形体、增强身体协调，还可结交更多的朋友，彰显团队精神。

1. 健体价值

排舞具有体育锻炼的价值，经常进行排舞练习，心血管和呼吸系统都能得到良好的锻炼，改善心肺功能，加速新陈代谢过程，促进消化，消除大脑疲劳和精神紧张，从而达到增强体质、增进健康、延缓衰退、提高人体的活动能力等良好的健身作用。

2. 健心价值

从心理学的角度来分析，人的注意力是心理活动对一定对象的指向和集中，也就是说注意力是受指向制约的。在翩翩起舞的过程中，人的注意力必然都集中在欣赏优雅的舞曲音乐，并沿着节奏将内心情感抒发在舞姿上，由于注意力的转移，能使身体其他部分的功能得到调整和充分休息，所以参加排舞这项运动能消除紧张的情绪和缓解压力。练习者在优美动听的音乐、美妙的舞姿中，消除疲劳、陶冶心灵，感受到愉快的情绪，从而达到最佳的心理状态。

3. 健脑价值

记忆，就是过去的经验在人脑中的反映。它包括识记、保持、再现和回忆 4 个基本过程。其形式有形象记忆、概念记忆、逻辑记忆、情绪记忆、运动记忆等。在排舞的练习过程中不仅要运用形象记忆、概念记忆，而且还要运用情绪记忆和运动记忆。随着人的年龄不断增长，记忆力会以很慢的速度减退，这是自然规律，也是正常现象。通过排舞练习以及对大脑神经的不断刺激，以减缓记忆力减退的生理现象，达到良好的健脑效果。

4. 健美价值

排舞的练习是在优美动听的音乐旋律中，用心灵共舞，把细腻的情感注入舞姿中，并以高超的舞蹈技艺形神一致地表现出各种动与静的姿态，塑造出各种美妙的意境组合，体现美的姿态、美的造型，创设出体育与艺术、健与力高度结合的意境，给人们艺术熏陶和美的享受。因此，排舞练习对形态、姿态、健康等方面都有较高的要求，经常参加排舞练习是一项很好的形体训练，提高人体的协调能力，强健身体的各个部位的肌肉群，增加骨骼的骨密度，具有十分积极的健美作用。

5. 终身锻炼价值

排舞运动适合各个年龄层次，学练的门槛较低，“凡是会走路的人都会跳排舞”这句话说明了即使没有舞蹈基础，也能进行排舞练习。在 3 000 个舞曲中，包含了多种舞蹈和音乐风格，每一个舞曲都有精心设计的动作规范。针对不同性别、年龄层次的人群都有较为适合的运动量和强度。青年人比较喜欢热情奔放、激情洋溢的舞曲和舞蹈类型，可以选择拉丁舞、爵士舞、街舞、舞厅舞等舞蹈风格；中老年人则可以选择舒缓、柔情的华尔兹、恰恰等舞蹈风格。

总之，排舞是将健身性、娱乐性、观赏性、趣味性和群众性等融为一体的运动形式，并与现代生活方式密切相关，这项运动在世界上已被列在几大最具健身性项目的首位。

1. 简述排舞在国内的发展。
2. 简述排舞的锻炼价值。

第八节　休闲垂钓

学习目标

知识目标

了解休闲垂钓的发展，熟悉休闲垂钓锻炼价值。

能力目标

学会垂钓各项技能。

素质目标

积极参与此项运动，培养耐心、顽强的意志品质和判断问题、分析问题、解决问题的能力，在健康快乐的锻炼中，全面提高身体素质。

一、概述

休闲垂钓作为一项休闲运动，老少皆宜，对人体呼吸系统的健康和调整很有帮助。垂钓需要和鱼斗智斗勇；更重要的是，垂钓的魅力在于小可怡情，大可养志，因此在我国数千年经久不衰，日益为广大人民所喜爱。

对青少年来说，垂钓作为学堂科目的户外实践补充，课内与户外相结合，不仅能将强身健体与智力开发结合在一起，培养他们的动手能力、手眼协调能力、观察能力和思考能力等，还有助于培养青少年集中注意力、耐心和不骄不躁的处事态度，达到修身养性的效果；在回归大自然的过程中，让青少年体会世界的博大、自然界的丰富和美好，达到拓展眼界和开阔心胸的目的。

（一）什么是垂钓

垂钓是垂竿钓鱼的简称，俗称“钓鱼”，是指用钓竿、鱼钩、渔线等钓具，从江河湖海及水库中把鱼提出来的一项活动。现代垂钓有淡水钓和海钓两大类，前者有沉底钓、流水钓、中层钓等技法，后者分岸钓和船钓两种方式。

（二）起源及发展

我国的垂钓活动最早出现于原始社会旧石器时代。陕西西安半坡出土的骨质鱼钩，是我国发现得最早的垂钓文物。此外，在全国各地的新石器时代文化中，都发现了许多骨质鱼钩。那时的鱼钩主要分为倒刺式与无倒刺式两种。

诗歌总集《诗经》中就有关于垂钓活动确切的文字记载，人们那时候已经在江河中垂钓了。

早在先秦时期人民把钓鱼作为一种休闲娱乐活动。不过，据文献记载考证，以娱乐为主的钓鱼活动当算姜太公钓鱼为最早。

二、钓具

钓具包括鱼钩、钓线、钓竿、钓坠、钓浮等。

三、垂钓技术

在此介绍垂钓的基本技术，包括休闲垂钓线组及制作方法、鱼钩知识及绑制方法、台钓常用调标法、抛竿与提杆技巧、饵料基础知识介绍及搭配、搓饵与拉饵制作、浮标的鱼讯语言、跑铅钓法及应用和垂钓过程中遇到的问题及应对、三目一线调法及应用。

（一）休闲垂钓线组及制作方法

休闲垂钓线组及制作方法：根据竿长截出主线长度，如3.6 m竿截3.8 m左右大线，拿出主线一头穿上两颗太空豆，穿入插漂座，再穿入三颗太空豆，穿入铅皮座，穿入最后一颗太空豆，绑上8字环；鱼线另一头打马蹄结。

（二）鱼钩知识及绑制方法

1. 光把钩

绑炸弹钩和串钩时都要使用光把钩，将串钩的脑线绑在沟槽内侧，这样钩口不会向外张，易钩牢，鱼很难吐钩逃脱。

2. 带铅有孔钩子

对带铅有孔钩子，不仅要解决脱线问题，还要解决钩线与铅孔摩擦导致断线。剪一段细电线（抽调铜丝），将主线穿入塑料管，绑好钩子后，将塑料管插入铅坠孔里，简单调整后，将主线拉紧即可。

（三）台钓常用调标法

配好线组选定浮标后，裹好铅皮使铅皮的重量大于浮标的浮力，把线组抛进水里，浮标没入水中，向上捋浮标，直到浮标露出水面仅1~2目浸在水中，用竿压水线，让浮标没入水中，然后再看看浮标从水中浮上来后是否停留在设定的调目上，如果不是，继续调整，钩子上饵，再逐步调整钓目，直到浮标露出想要的钓目后，整个调标流程全部结束。

（四）抛竿、提竿技巧

抛竿的动作要领：握竿手臂端平，一手捏线铅坠附近，利用手腕发力和竿梢的弹力将线向上抛出到位（垂直荡抛法）。在有风情况下，线抛不到位，竿梢贴近水面，拉紧线组，把竿梢拉弯，算好提前量横向提回压抛法，把线组抛到位。

扬竿的动作要领：手握竿的尾部，食指顺竿手腕用力，手臂收回，横向斜拉（钓小鱼）。手紧握钓竿，鱼竿尾部放到肘部，快速向前直推，始终拉紧钓线，尽快将鱼提近水面（钓大鱼）。

（五）饵料基础知识及搭配

钓饵组合=基础饵+主攻饵+状态饵+添加剂。

基础饵就是鱼类喜欢食用的麸类和谷物类饵料。主攻饵是在基础饵的条件下，增加一些动物蛋白或者植物蛋白类来调解饵中的不足之处，引起鱼类的食欲。状态饵就是根据不同情况，看鱼需要什么，及时应变。添加剂是在饵中起诱鱼的作用，把握好时机，调整饵料不足之处。

鱼类觅食主要靠嗅觉，制饵料时适当加些香甜物质会增加诱惑力，合理搭配饵料，使色香味俱全，促进鱼觅食。

应用：浮标用小号；在小杂鱼多的水域钓大鱼时，可以用跑铅；在上下层水域或水体流动的水域，可以用跑铅；在竞技池对多次“回锅”，可以用跑铅；对滑扣或受惊的鱼，可以用跑铅。

（六）搓饵与拉饵制作

搓饵是指将调好的鱼饵用手搓成一个形状，将鱼钩放在鱼饵中把鱼钩捏裹起来。

拉饵是将鱼钩放在盘中，用成形的鱼饵将鱼钩压住，然后把鱼钩取出来，就可挂饵使用。

搓饵的配制：100 mL 水+100 mL 饵料+3 min 观察，搅拌好的饵料容易收成一团，3 min 内全部化开是好饵料。

（七）浮标的鱼讯语言

有异于浮标自身语言的动作，就是浮标的鱼讯语言。

浮标到底后，稳定在 2 目，不时升起 1 目，又慢慢下沉到 2 目，这说明鱼饵附近有鱼，不可以扬竿。浮标到位稳定后，先慢慢上升，而后短促有力地下顿，这就是最标准的鱼讯，此时提竿命中率最高。浮标到位后，突然下沉不见，多数为鱼撞线所致，稍等，在浮标浮起的同时扬竿。浮标到位后，慢慢上升，大多为有效渔汛，不管上升多少，只要在上升过程已停顿，就可以扬竿。如果是在野外或者鱼塘等大水面钓鱼，上浮后出现慢慢下沉且斜向没入水中，多数是大鱼吃饵，等标尾入水后，加力提竿溜鱼。当然，每种鱼的鱼讯都是不一样的，如钓鲤鱼的鱼讯是“先探饵再就饵”，钓鲤鱼的鱼讯是“拱食”等，关键在于平时积累。

（八）跑铅钓法及应用

跑铅钓法是钓鱼的一种方法，在实际垂钓过程中除了调整浮标、制作饵料、鱼讯等之外，跑铅也是一种应对办法，包括大跑铅、底坠跑线、小跑铅、活铅。

应用：同本节（五）的应用。

（九）垂钓过程中遇到的问题及应对

1. 关于鱼竿卡节的问题

首先把钓竿一节一节抽出来，然后把卡节部分单独拿出来，在钓竿上擦一些食用油或润滑剂，放置两三分钟后，向不同方向拧，这样就可以解决卡节的问题。

2. 关于鱼钩挂底的问题

首先左右轻轻晃动鱼竿，然后轻轻拉一下，如果拉不动那就说明问题比较严重，可以把鱼竿往前伸一下，使浮标能够呈直立状，再向上拉动，一般通过上述操作可以解决挂底的问题。

3. 关于线秒切的问题

提前检查线组。另外，注意提竿时尽量放慢速度，避免生拉硬拽的现象。

（十）三目一线调法及应用

三目一线是指钓的时候钓三目多一点点，一般的浮漂第三目都是红色的，这样钓三目一线，浮漂出现非常小的动作都非常好观察。

三目一线较适合钓鲫鱼，在无风的冬季钓鱼是采用此法的最佳时期。一是鱼吃口少，动作小，调三目半搓揉找底，找到三目位置，浮标的反应是三目多一点，也就是“一线”；二是动作多，空竿率高；鱼狡猾，调三目，搓饵找底找三目，拉饵钓三目半。

思考题

1. 简述休闲垂钓的发展。
2. 简述垂钓技术。

第十三章 民族传统体育

第一节 武 术

学习目标

知识目标

了解武术的历史，熟悉武术的分类、图解的相关知识。

能力目标

学会武术的基本功和基本套路。

素质目标

积极参与此项运动，懂得欣赏比赛，享受乐趣，体会乐观自信、尊重对手、公平竞争、英雄主义精神等。

一、武术概说

武术起源于中国，在我国有着悠久的历史，是以中国传统文化为基础，以内外兼修、武德为重为特点的运动，与中华文明的产生是同步的。原始社会的人类为了生存与大自然的猛兽展开搏斗，武术就开始了它的雏形。

随着战争的开始，军事武术也从此登上历史的舞台，每一次的生与死较量都使军事武术得到发展。那些军官士兵流落在民间，在民间传授武术，使武术在民间得到繁荣和发展。武术具有强身健体、防身的双重作用，在漫长的封建社会，备受欺凌的老百姓为中华之崛起学习武术，促进了武术的传播与发展。

当今，中华武术已经逐渐转变成为一项体育运动，由于它具有健身、防身、自卫的功效，受到越来越多人的喜爱。随着中国功夫的影响，武术走出国门，开始在海外传播，受到越来越多的外国人喜爱。

二、武术的定义与分类

现代武术定义具体表述："武术是以中华文化为理论基础，以技击方法为基本内容，以套路、格斗、功法为主要运动形式的传统体育。"

中国武术分为传统武术和竞技武术，竞技武术是由传统武术演化而来的，传统武术则由古代战争和民间练武发展起来的徒手和器械格斗术，具有极其广泛的群众基础，是中华民族在长期的社会实践中不断积累和丰富起来的一项宝贵的文化遗产。其内容有踢、打、绊、拿、柔术等。传统的中国武术又称为国术，其本质是一种格斗，是一种生存游戏。传统武术竞技武术分为散打和套路。散打又叫散手，是武术的擂台形式；套路则为武术的表演形式。

三、拳术

拳术是中国武术中徒手技法的总称，也简称拳。古时，有技击、手搏、使拳、拳法、白打等称谓。

（一）拳术的历史源流

原始人类为了免受野兽侵袭和获取生活资料，而采用拳打、脚踢、指抓、跳跃、翻滚等动作，这是原始拳术的萌芽。

（二）拳术的特点和作用

拳术在长期社会实践中，形成了许多拳种流派，各拳种流派的运动风格和特点各异。长拳姿势舒展，动作快速；太极拳舒展柔和，轻灵圆活；八卦掌势势连绵，身灵步活；形意拳动作简练，发力较刚；南拳步稳势烈，刚劲有力；通背拳放长击远，发力顺达；劈挂拳大开密合，长击冷抽；象形拳模拟各种动物的特长和形态以及表现某些古代人物的搏斗形象和生活形象，象形拳分象形、取意两种，取意是以动物的搏击特长来充实技击动作的内容。虽然不同拳种特点不同，但套路都由手型、步型、手法、步法、腿法以及数量不等的跳跃、平衡、跌扑、滚翻等动作与技术组成。练习拳术，要求动作规范，手、眼、身、步配合协调，要与意识、呼吸紧密结合，达到内外合一、形神兼备。

通过拳术的锻炼，不仅使人掌握攻防格斗技术，还能提高人体系统功能和身体素质，培养良好的道德情操，为进一步学习武术器械项目打下良好的基础。

（三）拳术的主要内容与分类

拳术分为内家拳和外家拳。外家拳主要讲究搏人（攻击），内家拳主要讲究御敌（防守）。太极拳、形意拳、八卦掌也称为内家拳。拳术按地域分为南派和北派。南派是指流行于长江流域以南地区的拳术，其特点是架式小，动作较紧凑，练习时活动范围不大。北派是指流行于黄河流域及以北地区的拳术，其特点是架式大，动作舒展，练习时活动范围大。此外，拳术还有按姓氏分类的，依拳术技术特点分类的。

现代较为流行的拳术分类方法是把拳术分为以下五类：①内家拳类。包括内家拳、太极拳、形意拳、八卦掌等。②长拳类。包括少林拳、查拳、华拳、三皇炮捶、通背拳、翻子拳、拦手拳、戳脚、六合拳等以及中华人民共和国成立后根据查、华、洪等拳术特点综合整理的适应普及的初、中级套路，适应竞赛的规定套路和自选套路。③南拳。中国南方各省流行的拳术。④短拳。又称短打，一种较为古老的拳种。⑤象形拳。包括猴拳、蛇拳、鹰爪拳、螳螂拳、醉拳等。

（四）初级长拳第三路

1. 初级长拳第三路动作名称

（1）预备势：①虚步亮掌；②并步对拳。

（2）第一段：①弓步冲拳；②弹腿冲拳；③马步冲拳；④弓步冲拳；⑤弹腿冲拳；⑥大跃步前穿；⑦弓步击掌；⑧马步架掌。

（3）第二段：①虚步架拳；②提膝穿掌；③仆步穿掌；④虚步挑掌；⑤马步击掌；⑥叉步双摆掌；⑦弓步击掌；⑧转身踢腿；马步盘肘。

（4）第三段：①歇步抡砸拳；②仆步亮掌；③弓步劈拳；④跳换步弓步冲拳；⑤马步冲拳；⑥弓步下冲拳；⑦叉步亮掌侧踹腿；⑧虚步挑拳。

（5）第四段：①弓步顶肘；②转身左拍脚；③右拍脚；④腾空飞脚；⑤歇步下冲拳；⑥仆步抡劈拳；⑦提膝挑掌；⑧提膝劈掌；⑨弓步冲拳。

（6）结束势：①虚步亮掌；②并步对拳。

2. 初级长拳第三路图解

初级长拳第三路图解如图 13-1 所示。

图 13-1　初级长拳第三路

图 13-1　初级长拳第三路（续图）

图 13-1 初级长拳第三路（续图）

二、剑术

（一）剑的起源及社会象征

最早的剑产生于商代，较短，呈柳叶或锐三角形，初为铜制。制剑技术在春秋战国时期得以快速发展，这时候出现钢剑，并逐步取代青铜剑的地位。

剑素有百兵之王之称。同时，剑又是我国古代的四大兵器之一。其用法有刺、劈、挂、点、崩、云、抹、穿、压等，在剑法的基础上配以剑指，加以各种步法、步型、跳跃、平衡、旋转等动作构成了剑术的套路。

剑是中华武术的重要组成部分，在中国传统武术中有着很高的地位，为兵器之神，有君子之风。自古行侠者佩剑而行，文雅高尚者佩剑，将军统帅佩剑，由此可见剑是武术文化的精髓，是衡量功夫境界高深的尺码。

（二）剑术基本技法

1. 轻快敏捷

拳谚说："剑走轻，刀走黑"区别了刀和剑的用法特点，剑术中的点、崩、截、绞等剑法讲究敏捷、轻巧和准确，力点多在剑尖和剑前端。

2. 刚柔兼备

刚柔是武术的劲力的两大要素，剑术的劲力讲究刚中带柔，柔中有刚，或者以柔带刚，刚中见柔，互为依托。

3. 把活腕灵

剑术讲究"剑法"的正确性，而"剑法"的正确与否取决于"把法"的正确和灵活。在剑术演练中，"剑法"变化多端，这只有通过"把法"的正确变化才能得以实现，需要手指、掌和腕灵巧、协调和活络，否则剑法很难正确表达。

4. 气韵生动

剑术演练注重洒脱自如，气势宏大，讲究动静、急缓富有鲜明生动的多种节奏变化，起承转折强调韵律和节奏，转换灵活协调。其身法和节奏的变化千姿百态。

（三）名称

（1）预备势。

（2）第一段：①弓步直刺；②回身后劈；③弓步平抹；④弓步左撩；⑤提膝平斩；⑥回身下刺；⑦挂剑直刺；⑧虚步架剑。

（3）第二段：①虚步平劈；②弓步下劈；③带剑前点；④提膝下截；⑤提膝直刺；

⑥回身平崩；⑦歇步下劈；⑧提膝下点。

（4）第三段：①并步宜刺；②弓步上挑；③歇步下劈；④右截腕；⑤左截腕；⑥跃步上挑；⑦仆步下压；⑧提膝直刺。

（5）第四段：①弓步平劈；②回身后撩；③歇步上崩；④弓步斜削；⑤进步左撩；⑥进步右撩；⑦坐盘反撩；⑧转身云剑。

（四）初级剑图解

初级剑图图解如图 13-2 所示。

图 13-2　初级剑术

图 13-2 初级剑术（续图）

三、太极拳

（一）太极拳概说

太极拳是中华民族宝贵的文化遗产，是民族的瑰宝，是一种比较柔和、缓慢的拳术。它可以调和阴阳、疏通经络、强身健体，还可以防病治病，扶正祛邪，健全人格，陶冶情操，集防身、养身、修身于一体，延年益寿，是人们喜爱的一项运动。

太极拳运用中国古代的“阴阳”和“太极“这一哲学理论来解释拳理而被命名。

“太极“一词源自《周易》：“易有太极，是生两仪。”“太”就是大的意思，“极”就是开始或顶点的意思。宋朝周敦颐在《太极图说》中第一句话就是“元极而太极”，其意思为“太极本无极”。

太极拳大约于明末清初逐渐形成的，起源于武当，创始人是张三丰。太极拳形成原因有三：一是综合吸收了明代各家拳法；二是结合了古代引导、吐纳之术，把拳术中的手、眼、身、步的协调配合与引导、吐纳有机结合起来，使太极拳成为内外统一的拳术运动；三是运用了中国古代的中医经络学说和阴阳学说，“以意引气，以气运身”内气发源于丹田，以腰为主宰发力于全身。

太极拳在长期演变中形成许之多流派，主要的流派有以下五式：

陈式太极：由陈王庭所创，套路动作的特点是动作外形缠丝旋转，顿足跳跃，动作劲力刚柔外现，松活抖弹；动作气势静如山岳，动似雷霆；动作速度快慢相间，势断意连。陈式太极拳鲜明的特点被广大人民群众所喜爱，尤其适合青壮年练习。其他太极拳都源自陈式太极。

杨式太极拳：是太极拳的一个主要流派，创始人是河北永年人杨露禅（1800—1873），是目前流传最广的太极拳。1949 年后改变的 24 式、48 式、88 式太极拳及杨式太极拳竞赛套路都是以传统杨式太极为蓝本的。其动作特点是外形舒展大方，中正圆满；动作简洁连贯、劲力刚柔内含；动作速度柔和缓慢。

吴式太极拳：是由杨式太极拳发展而来的，创始人是清末河北满族人吴全佑（1834—1902）。动作特点是动作外形开展适中，紧凑有度；动作气势端庄典雅，小巧灵活；动作衔接细腻流畅；动作速度均匀和缓，绵绵不断；动作劲力以柔为主。

武式太极拳：是太极拳的一个重要流派，创始人是清末河北永年人武禹襄（1812—1880），动作特点是动作外形拳势紧凑；动作过程起承开合；动作速度舒缓适中；动作劲力势贯劲。

孙式太极拳：创始人是清末河北定县人孙禄堂，将形意、八卦、太极拳（武式太极拳）三家的精华，融会贯通而创。动作特点是外形架高步活，中正舒展；动作敏捷轻灵；动作劲力内劲饱满；动作衔接进退相随；动作速度柔和平稳，行云流水。

（二）24 式太极拳动作名称、动作说明及图解

第一组：起势，左右野马分鬃，白鹤亮翅。

第 1 式起势。两脚并拢，身体自然直立；左脚左边一步，与肩同宽。两臂前平举；手心向下，高与肩平；屈膝按掌至腹前，眼平视，如图 13-3 所示。

第 2 式左右野马分鬃。左野马分鬃：体微右转，收脚抱球，目视右手。左转体迈步，弓步分手，左手高与眼平，右手落于右胯旁，指向前，眼看左手；右野马分鬃：后坐跷脚，左转体收右脚抱球，眼看左手。右转体迈步，弓步分手，右手高与眼平，左手落于左胯旁，指向前，眼看右手，如图 13-4 所示。

图 13-3　起　势

图 13-4　左右野马分鬃

第 3 式白鹤亮翅。体微左转，右脚进半步，胸前抱球，左虚步分手，眼看前方，如图 13-5 所示。

第二组：左右搂膝拗步，手挥琵琶，左右倒卷肱。

第 4 式左右搂膝拗步，如图 13-6 所示。左搂膝拗步：①体微左转，右手落于体前，再右转，右手经下摆至右前上方与耳高，左手经面前划弧至右胸前，眼看右手；②体左转，左

图 13-5 白鹤亮翅

脚左前迈出成左弓步，右手屈肘由耳侧向前推出，高与鼻平，左手前搂后按于左胯旁，眼看右手指。右搂膝拗步：①后坐跷脚外撇，体左转，收右脚脚尖点地，左手由左后向上平举，右手划弧至左肩前，眼看左手；②同左搂膝拗步，唯左右相反。左：后坐跷脚外撇，体右转，右手经下摆至右前上方与耳高，左手经面前划弧右胸前，眼看右手。③同上左搂膝拗步。

第 5 式手挥琵琶，如图 13-7 所示。右脚进半步，成左虚步，脚跟着地，左手上挑，高与鼻平，右手收至左肘里侧，两臂微曲，眼看左手。

图 13-6 左右搂膝拗步

图 13-6 左右搂膝拗步（续图）

图 13-7 手挥琵琶

第 6 式左右倒卷肱，如图 13-8 所示。右手向后上方划弧平举，左手翻掌向上，左脚尖点地，眼随着右转体先向右看再转看左手。左倒卷肱：退左脚略向左后斜，成右虚步。同时，左手向后上方划弧平举，右手由耳侧向前推出，两掌心均向上，眼随转体左看再转看右手。右倒卷肱：与左倒卷肱相同，唯方向相反。左：与左相同。右：同上右。

图 13-8 左右倒卷肱

第三组：左揽雀尾，右揽雀尾。

第 7 式左揽雀尾，如图 13-9 所示。体微右转，收左脚、右抱球。绷：左脚向左前方迈步成左弓步，左臂屈成弓形向左绷出，高与肩平、右手落于右胯旁，眼看左前臂。捋：体微左转，左手前伸翻掌掌心向下，右手掌心向上，前伸至左腕下方，两手随体微右转经腹前向右后上方划弧，右手高与肩平，左手屈于胸前，重心移右，眼看右手。挤：体微左转，右手搭于左腕里侧，重心前移成左弓步，同时双手向前挤出，眼看左腕。按：右手经左腕上方向右划弧与左手齐，两手心向下，分开与肩宽，后坐收掌至胸前，左脚尖跷起，眼看前方，重心前移成左弓步，两手向前上按出，腕高与肩平。

图 13-9　左揽雀尾

第 8 式右揽雀尾，如图 13-10 所示。体右转脚尖里扣，右手向右、向下、向左划弧至左肋前，左手与右手在胸前抱球，重心左移，右脚向左脚靠拢点地，其余与左揽雀尾相同，唯方向相反。

图 13-10　右揽雀尾

第四组：单鞭，云手，单鞭。

第 9 式单鞭，如图 13-11。体左转扣右脚，两手左高右低向左运转后接着左手向下向右运转，右手经胸前向右运转后钩右手，左手停于右肩前，同时重心由左移至右腿，眼看左手，体微左转，右脚迈步成左弓步，推左掌，指与眼平，眼看左手。

图 13-11　单　鞭

第 10 式云手，如图 13-12 所示。第 1 组：体右转扣左脚，左手经右上划弧至右肩前，眼看左手，重心左移，左手向左运转下落，右手向左上划弧至两眼前，同时，收右脚成小开立步，眼看右手。第 2、3 组同第 1 组。

图 13-12　云　手

第 11 式单鞭，如图 13-13 所示。体微左转，迈左脚成弓步，右钩手，左掌前推，眼看左手。

第五组：高探马，右蹬脚，双峰贯耳，转身左蹬脚。

第 12 式高探马，如图 13-14 所示。右脚进半步，成左虚步，两手心向上，右掌经耳旁前推，手心向前与眼高，左手收至左腰前，手心向上，眼看右手。

图 13-13　单　鞭

图 13-14　高探马

第 13 式右蹬脚，如图 13-15 所示。①左手穿掌至右手背，提左脚，迈步成左弓步，同时两手分开自两侧向下划弧合抱于胸前，右手在外，右脚收拢脚尖点地，眼看右方；②两臂分开平撑，手心向外，同时抬右腿蹬右脚，眼看右手。

图 13-15　右蹬脚

第 14 式双峰贯耳，如图 13-16 所示。屈右腿，两手落于右膝两侧，手心向上。右脚前落成弓步，同时两手握拳从两侧前上划弧至脸前，拳眼斜向内（两拳相距 10～20 cm），眼看右拳。

图 13-16 双峰贯耳

图 13-17 转身左蹬脚

第 15 式转身左蹬脚，如图 13-17 所示。①体左转，扣右脚，两拳变掌由上左右划弧合抱于胸前，左手在外，左脚收至右脚内侧点地，眼看左方；②两臂分开平撑，手心均向外，同时抬左腿蹬左脚，眼看左手。

第六组：左下势独立，右下势独立。

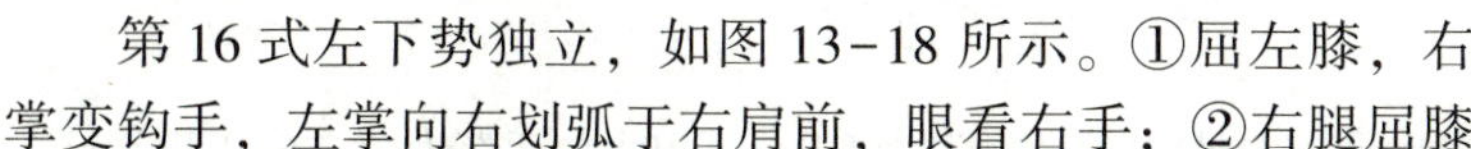

第 16 式左下势独立，如图 13-18 所示。①屈左膝，右掌变钩手，左掌向右划弧于右肩前，眼看右手；②右腿屈膝下蹲，左腿向左侧偏后伸成仆步，左手向左下经左腿内侧穿出，眼看左手；③弓腿起身，提右膝，挑右掌指向上，左掌按于左胯旁指向前，眼看右手。

图 13-18 左下势独立

图 13-19 右下势独立

第 17 式右下势独立，如图 13-19 所示。①体左转，右脚落于左脚前点地，同时左手后举成钩手，右掌向左划弧于肩前，眼看左手；②③同左下势独立的②③。

第七组：左右穿梭，海底针，闪通臂。

第 18 式左右穿梭，如图 13-20 所示。①落左脚坐盘，上右脚点地，同时，两手在左胸前抱球，眼看左前臂；②右脚前迈成弓步，同时右手架于额前，手心斜向上，左手向前推，高与鼻平，指向上，眼看左手；③后坐，右脚尖外撇，左脚上步于右脚内侧，脚尖点地，同时两手在右胸前抱球，眼看右前臂。④同②，唯左右相反。

图 13-20 左右穿梭

第 19 式海底针，如图 13-21 所示。右脚上半步成左虚步，同时右手随体右转向下、后、上提，由耳旁斜前下方插掌，指向下，左手向前、下划弧落于胯旁指向前，眼看前下方。

第 20 式闪通臂，如图 13-22 所示。体稍右转，左脚前迈成左弓步，同时右手体前上提至头上，掌心斜向上，左掌向前平推，高与鼻平，眼看左手。

图 13-21 海底针　　图 13-22 闪通臂

第八组：转身搬拦捶，如封似闭，十字手；收势。

第 21 式转身搬拦捶，如图 13-23 所示。①右后转体，扣左脚，同时右手随转体握拳向右下划弧至左肘旁，拳心向下，眼看前方；②右转体，右拳经前翻转撇出，左手落于左胯旁，同时右脚收回再向前迈出，脚尖外撇，眼看右拳；③重心移至右腿，左脚向前迈步，左手向前拦掌，右拳收回腰旁，眼看左手；④左腿前落成左弓步，同时右手向前打出，高于胸平，左手附于右前臂内侧，眼看右拳。

图 13-23 转身搬拦捶

第 22 式如封似闭，如图 13-24 所示。①左手经右腕下穿出，右拳变掌，两手心向上回收，同时体后坐，左脚尖跷起，眼看前方；②两手在胸前翻掌，向前推出与肩高，同时重心前移成左弓步，眼平视。

图 13-24 如封似闭

第 23 式十字手，如图 13-25 所示。①重心右移，扣右脚，体右转，右手随转体向右划弧，与左手成两臂侧平举，同时右脚外撇，成右弓步，眼看右手；②重心左移扣右脚，然后右脚向左回收半步，两脚与肩宽，同时两手向下、上划弧交叉于胸前，右手在外，两掌心向里，眼平视。

第 24 式收势，如图 13-26 所示。两手小臂外旋翻掌，手心向下，分手下落，收左脚还原，眼平视。

图 13-25 十字手　　图 13-26 收势

四、散打

（一）散打运动简介

武术是祖国文化宝库中的一颗明珠。武术是以技击为内容，通过套路、搏斗等运动形式来增强体质、培养意志的民族传统体育项目。散打是武术的重要组成部分，是一项以最简单、最直接的招法，以快速击倒或摔倒对手为目的的对抗性竞赛项目。现代散打运动是一项较劲、斗智斗勇的激烈运动项目。良性散打能培养机智、顽强、勇敢、灵活等意志品质，还能强健体魄。散打基本技术包括实战姿势、步法、进攻技术、防守技术等部分。

（二）基本技术

1. 手型、实战姿势和拳法技术

1）手型

拳：五指内屈握紧，拇指第一指骨压在食指和中指的第二指骨上，拳心朝下为平拳，拳眼朝上为立拳。

2）实战姿势

图 13–27　实战姿势

准备姿势是以尽量缩小被打击面积，有利于灵活快速的出击为基本原则，如图 13–27 所示。

两脚前后开立，略比肩宽，脚尖内扣，两膝微屈，重心在两腿之间，前、后脚开立角度约 45°；两手握拳，左前右后（右架），拳眼朝上，左手臂弯曲，肘关节夹角为 90°～120°，左拳与鼻同高，右手臂弯曲放于下颌外侧，肘关节夹角小；含胸收下颌，收腹，双肘保护两肋部，面向对手，两脚脚前掌着地，便于移动。

3）拳法（以正架为例）

（1）冲拳：

左冲拳的用法：击打对方头部；重心下降击打对手腹部。

要领：姿势灵活放松，有弹性；重心不要太低，膝关节不得小于 90° 角，两手紧护躯体，暴露给对手打击的有效部位尽量小；冲拳时，上体不可前倾，腰略向右侧平转，出拳路线要直，快出快收，迅速回到实战姿势。

右冲拳的用法：对峙时，左冲拳刺开对方破绽，右冲拳利用蹬腿、转腰的力量加大冲拳力度，直击对方要害部位；当对手左掼拳向头部攻击时，俯身下躲，同时右冲拳击对手中路腹部；当对手右冲拳进攻中路，先以左手拍压其拳，然后右冲拳反击其头部。

要领：实战姿势，右脚蹬地并向内转动，脚带动胯、腰将力传送至肩，肩推动臂，最后力达拳面呈一条直线。左拳回收到右肩内侧，保护头部。出拳动作要协调，如图 13–28 所示。

图 13–28　冲　拳

（2）掼拳：

左掼拳的用法：双方对峙时，对方出左冲拳，突然向右闪，左掼拳反击其头部；对方右掼拳时，俯身不躲闪，向左侧倾，反击对手右侧下腮部；对手左抄拳向胸部进攻时，防守后，左掼拳反击其头部。

左掼拳：上体微向右转，幅度不能太大，带动肩部、臂部直至拳面。左掼拳是一种横向的进攻动作。出拳时，肘部翻至水平面，横向用力，肘的角度约 120°；左拳向前、向里横掼，力达拳面，右拳护于右腮。

右掼拳的用法：双方对峙时，俯身以左拳虚晃，佯攻其腹部，继而起身右掼拳攻其头部；对手右掼拳进攻腹部，左手向里掩肘防守，右掼拳反击其头部；双方相峙时，突然左向上步，攻对方左肋处。

右掼拳：右脚蹬地向内扣转，向左转腰，顺肩，肘部微屈；抬起，右拳再由外至里横掼，弧度不能太大，力达拳面；左拳屈臂回收至左腮前做保护；当收拳时，肘部要随身体迅速回收，保护软肋部。

右掼拳的特点是能充分借助右脚蹬地转腰的力量，力度较大，但因进攻路线长，动作幅度大，一般在连击或防守反击时较多用。掼拳如图 13-29 所示。

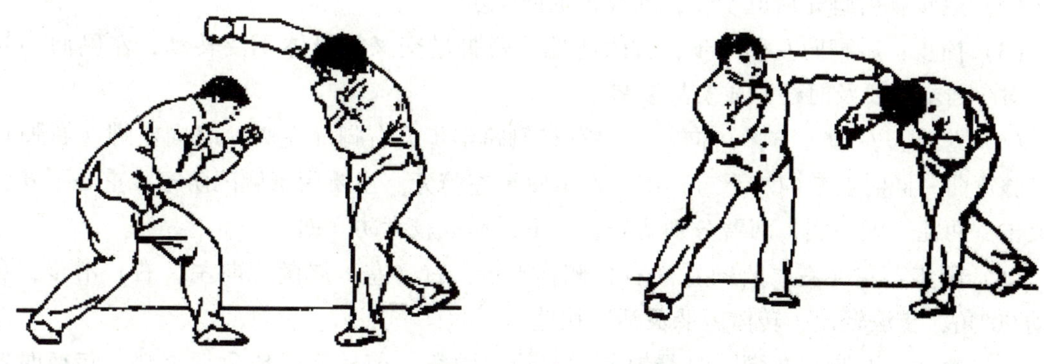

图 13-29 掼 拳

（3）抄拳：

抄拳的用法：对手左抄拳进攻胸部、腹部时，沉身做右转掩护后，以左抄拳反击躯干部位；对手右掼拳进攻上路右侧时，左手挂挡右抄拳反击其躯干以上正面部位。抄拳属于上下进攻型动作，适用于近距离实战。双方接触时，正面攻击对手的胸、腹或下颌，如图 13-30 所示。

图 13-30 抄 拳

要领：实战姿势开始，重心下沉。脚蹬地拧转，左、右转动腰，再由腰带动手臂，两臂肘部屈 90°~110°角。由下向前上方勾起，力达拳面。动作连贯、顺达，用力由下至上。抄拳时，臂应微内旋，拳呈螺旋形运行。抄拳要借助脚蹬地、扣膝、合胯、转腰的力量。

2. 散手中的基本步法与腿法技术

1）步法

步法是散打技术的基础。实战时，双方保持一定的距离，通过步法的移动才能抢占有利的位置、发动进攻或转换防守。步法的总体要求是“快、准、活”。“快”是指步法移动要快速；“准”是指移动的步幅要准确、到位；“活”是指步法移动要灵活多变，富有弹性，变化自如。散打步法在实战中要综合使用，其中基本步法包括进步、退步、撤步、插步、跨步、闪步、换步、盖步、纵步、垫步、跃步等。下面介绍进步、退步、插步、跨步、闪步和换步。

（1）进步：实战姿势开始，前脚向前进半步，后脚再跟进半步，进步步幅不宜过大，跟进后的身体姿势保持不变，进步与跟步越快越好。

（2）退步：后脚先后退半步，前脚再退回半步。

（3）插步：后脚向左移一步，脚跟离地，两脚呈交叉。身体不要转动，左侧面仍与对手相对。插步后要及时还原成实战姿势。

（4）跨步：左脚（右脚）向左（向右）侧跨半步，右脚（左脚）略向左脚（右脚）靠近，膝弯曲。同时右拳向斜下方伸出，左拳收至左胯旁。主要用于侧闪防守，重心下降，利于反击。两腿一虚一实，两臂分别防守上、下，形成较大防守面。

（5）闪步：左（右）脚向左（右）侧移半步，右（左）脚随之向左（右）滑步，身体转动90°角，步法轻盈，转体闪躲灵活、快速。

（6）换步：左脚与右脚同时蹬地前后交换，两拳也前后交换成反架姿势。转换时要以髋关节带动两腿，身体不能明显腾空。

2）腿法

腿法是散手技术中非常重要的一项技术。古谚道："手是两扇门，全靠腿打人。"腿法在散打中占很大的比重，主要用于远距离对抗。

3）蹬腿

蹬腿分为左蹬腿和右蹬腿，如图13-31所示。

左蹬腿：实战姿势，面向对手，右腿直立或稍屈，左腿提膝抬起。勾脚，向前蹬出，力达脚跟；也可送髋，脚掌下压，力达脚前掌。

右蹬腿：实战姿势，重心前移，左腿直立或稍屈支撑身体，右腿提膝前抬。勾脚，出脚时应稍送髋，身体轻微前压，以脚跟领先向前蹬出，脚掌下压，力达脚前掌。

图13-31　蹬　腿

注意：支撑直立或稍屈，另一脚由屈到伸，脚尖勾起用脚跟猛力蹬出，快速连贯，高不过胸，低不过腰，出腿时注意蹬腿的路线是直线，不能做成弹腿。

用法：当击中对方时，脚跟发力，前脚掌下压，容易将对方蹬开或使其倒地。例如，当双方移动，与对手正面相对时，蹬腿击其躯干，为主动蹬腿；当与对手距离较远时，垫步接近对方，同时蹬腿击其躯干，为垫步蹬腿；当对方上步，用拳法进攻时，迎面抢先用蹬腿击其躯干，为迎面蹬腿。

4）踹腿

踹腿分为左踹腿和右踹腿，如图 13-32 所示。

左踹腿：实战姿势，右腿直立或稍屈支撑；左腿屈膝抬起，小腿外摆，脚尖勾起，脚掌正对攻击目标，展胯、挺膝向前端出，力达脚掌，上体可稍倾斜。

右踹腿：左腿直立或稍屈支撑，身体左转 180°角，同时右腿屈膝前抬，小腿外摆，脚尖勾起，脚掌正对攻击目标，用力向前踹出，力达脚掌。

用法：比赛中使用率较高，配合步法运用，变化多，可以在不同距离使用。例如，当对方向前进步时，退步，左踹腿反击对方下肢，为退步踹腿；当对方进步时先用踹腿击其下肢，若对方提膝躲闪，可当其落地时，二次踹腿击其胸部，为连续踹腿；先用前踹腿击对方，对方后撤躲闪，前腿落地，继续以后腿踹击对方头部，为转换踹腿。

图 13-32 踹 腿

5）摆踢腿

左摆踢腿：上体稍左转并侧倾，带动左腿收髋、扣膝，直腿向右上方横摆打腿，踝关节屈紧，力达脚背至小腿下端。

右摆踢腿：实战姿势，左膝外展，上体左转，收腹，带动右腿收髋、扣膝，直腿向左上方横摆打腿，踝关节屈紧，力达脚背至小腿下端。

用法：以身带腿，速度快，力量大，能起到重创对手的作用。但因其弧形横摆，路线长，幅度大，较易被对手察觉和防守，实战中注意动作快速、把握好时机。

6）转身扫腿

左转身扫腿（前扫腿）：右脚向左脚前上步，微屈独立支撑，左后转身 360°角；随转体上体稍侧倾，左腿经左后向前横扫，脚面绷平，力达脚掌；目视左脚。

右转身扫腿（后扫腿）：身体右后转 360°角，随转体右腿直腿由后向前横扫，脚背绷紧，力达脚掌；目视右脚。

用法：横扫腿是横向型的进攻动作，虽动作路线长，但在直线动作难于进攻时，突然改变路线，使对手防不胜防。运用时往往以假动作做掩护，动作果断、敏捷、快速。

7）后扫腿

拧腰下潜，左腿屈膝全蹲，脚前掌为轴；两手扶地向右后方直腿后扫，脚掌内扣前勾紧，力达脚后跟至小腿下端背面。

用法：交战中，突然下蹲，没有经验的对手会产生瞬间的迟疑，容易被扫倒。

3. 摔法技术

1）夹颈过背摔

实战姿势开始，甲以左直拳击乙头部，乙用前臂挡甲臂，左臂由甲左肩上穿过后，屈肩夹甲颈部，同时两腿屈膝，身体右转，以左侧髋部紧贴甲前身，继而两脚蹬伸，向下弓腰、低头，将甲背起摔倒（见图 13-33）。

图 13-33　夹颈过背摔

2）抱腿过胸摔

甲用右冲拳击乙头部，乙立即上右步，屈膝，弓腰，两手抱甲双腿，随即向前上右步，蹬腿，挺身将甲抱起后，向后弓腰，仰头，后倒。

要点：上步下潜快，抱腿紧，仰头后倒大胆，空中翻身及时。

3）抱腿前顶摔

甲出拳击乙头部时，乙上左步，下潜躲闪，两手抱甲双腿，屈肘用力回拉，同时用左肩前顶甲大腿或腹部，将甲摔倒。

4）接腿勾腿摔

当对方用右侧弹腿踢击时，左手抄抱其小腿，右手由对方右肩上穿过，下压其颈部，同时左手上抬，右脚向前上方踢其支撑腿将对方摔倒。

5）接腿涮摔

当对方用右侧弹腿踢击时，双手抓握对方右脚，并向左拉，随即向下、向右上方成弧形摆荡将其摔出。

6）接腿上托摔

当对方用右正蹬腿踢击时，两手抓握其小腿下端，随即屈臂上抬，两手挟托其脚后，同时上右步，向前上方推展将其摔倒。

4. 防守技术

防守技术分为接触式和不接触式防守，接触式防守是拍挡、拍压、阻挡等技术。不接触式防守是闪躲防守、下潜防守、摇避防守等。防守是积极主动的，其目的是为了更好的进攻。

1）接触式防守

（1）拍挡：正架预备姿势开始，左手（右手）以拳心或掌心为力点向里横向拍挡。

要点：前臂尽量呈垂直，拍挡幅度小，用力短促。切勿向前迎拔，否则幅度过大。

（2）拍压：左手（右手）变掌，掌心或掌根的力点由上向前拍压。

要点：臂要弯曲，手腕和掌指要紧张用力，臂内旋，虎口、指尖均朝右（左）。

（3）阻挡：两脚蹬地，身体前移，以肩部或手心阻挡对方直线拳法的进攻，以臂部阻挡对方直线的进攻。

要点：身体紧张，含胸，闭气，尽量缩小被击面，两手保护严密。

（4）挂挡：左手屈臂向同侧头部或肩部挂挡。

要点：手臂叠紧并贴于头侧，含胸侧身，暴露面小。

（5）外抄：左手臂外旋弯曲，上臂紧贴肋部，前臂水平，手心朝上，同时右手屈臂紧贴腹部，立掌，手心朝外，手指朝上。

要点：上臂紧护躯干，两手成钳子状，抱脚时两手相合锁扣。

（6）里抄：左臂外旋，微屈，紧贴跟前，手心朝上，右手臂紧贴胸前，虎口朝上，掌心朝外。

要点：与外抄相同。

（7）提膝：后膝微屈独立支撑，前腿屈膝提起。

要点：重心后移，提腿迅速，根据对方腿法进攻的路线、方位，膝盖分别有里合、外摆或垂直向外的变化。

2）不接触式防守

（1）闪躲防守：分为步法闪躲和身法闪躲。主要介绍身法闪躲。包括侧闪和后闪。侧闪：上体以腰为轴，向左向右微俯身，膝微屈，手臂收于下颌两侧。后闪：以腰为轴，前脚蹬地，重心后移，上体稍后仰。

（2）下潜防守：双膝弯曲，重心下降前移，双拳护于下颌两侧。

（3）摇避防守：上体以腰为轴前后左右摇摆，双手置于两肋部，下颌微收，重心时有升降。

（4）撤步：前脚由前向后收步，接近后脚时脚前掌着地，重心落于后腿。

（三）基本战术

散打的战术是指为了完成战术意图由各种动作组成的具体方法。散打以它丰富的技术内容和相生相克、互相制约、相互转换的技术规律，丰富了散打的战术形式。

1. 直攻战术

直攻战术是指在没有假动作的掩护下，使用的攻击对方的方法。

运用直攻战术须具备以下条件：当对方的反应速度、动作速度、位移速度没有自己快时；当对方的攻防动作不够熟练时；当对方的体力不足时；当对方的防守姿势出现空隙时；当与对方的距离能有效地使用进攻动作时。

2. 强攻战术

强攻战术是指硬性突破对方的防守后发出的攻击。

运用强攻战术须具备以下条件：力量、速度、耐力素质比较好，但技术不如对方时；身体素质好，技术比较全面，但比赛经验不如对方时；对方的近战能力比较差时；对方的耐力比较差时；对方的心理素质比较差时。

采用强攻战术，可以扰乱和破坏对手的心理平衡、战术准备和距离感，从而乱中取胜。猛冲猛打并不是盲目蛮干，而是通过强攻这一战术手段，扬己所长，实现打击对方的目的。

3. 佯攻战术

佯攻战术是有目的地造成对方的错觉，随后实施真实进攻。随着战术水平的普遍提高，特别是当对手反应快、防范能力强时，直接进攻容易被防守、截击或反击。采用虚晃动作和假动作，可以转移对方的注意力，促使对方对自己的虚假动作产生某种反应，从而改变正确的防守姿势，然后为己利用，使自己的进攻机会得以出现，可以提高进攻效率。

思考题

1. 简述武术的定义与分类。
2. 简述初级长拳三路的名称及动作要领。
3. 简述太极拳流派。
4. 简述太极拳的动作要领。
5. 简述散手的拳法。
6. 简述散手的基本步法与腿法。

第二节　舞龙舞狮

学习目标

知识目标

了解舞龙舞狮的发展，了解舞龙舞狮的锻炼价值。

能力目标

学会舞龙舞狮技能。

素质目标

会欣赏舞龙舞狮，积极参与此项活动，感受民间艺术的美，体会绝妙的配合和勇敢的精神等。

一、舞龙舞狮的由来

舞龙也叫“耍龙灯”“龙灯舞”，在春节、元宵节，许多地方都有舞龙的习俗。人们在喜庆日子里用舞龙来祈祷龙的保佑，以求得风调雨顺，五谷丰登。龙用草、竹、布等扎制而成，龙的节数以单数为吉利，多见九节龙、十一节龙、十三节龙，多者可达二十九节。还有一种“火龙”，用竹篾编成圆筒，形成笼子，糊上龙衣，内燃蜡烛或油灯，夜间表演十分壮观。舞龙的动作千变万化，九节以内的龙侧重于花样技巧，较常见的动作有蛟龙漫游、龙头钻档子、头尾齐钻、龙摆尾和蛇蜕皮等。十一节、十三节的龙侧重于动作表演，金龙追逐宝珠、飞腾跳跃，时而飞中云端，时而入海破浪。配合龙珠及鼓乐衬托，成为一种集武术、鼓乐、戏曲与龙艺于一身的艺术表演。

狮子外形威武，动作刚劲，神态多变。据传说，舞狮最早是从西域传入的，狮子是文殊菩萨的坐骑，随着佛教传入中国，舞狮的活动也输入中国。狮舞的技艺却是引自西凉的“假面戏”，也有人认为狮舞是5世纪时产生于刘宋的军队，后来传入民间的。两种说法都各有依据，很难判断其是非。

唐代时狮舞已成为盛行于宫廷、军旅、民间的一项活动。诗人白居易《西凉伎》诗中对此有生动的描绘：“西凉伎，西凉伎，假面胡人假狮子。刻木为头丝作尾，金镀眼睛银帖齿。奋迅毛衣摆双耳，如从流沙来万里。”诗中描述的就是当时舞狮的情景。在一千多年的发展过程中，狮舞形成了南北两派的表演风格。北派狮舞以表演“武狮”为主，南派狮舞以表演“文狮”为主，除外形不同外，尚有性格不同。

二、舞龙舞狮的益处

舞龙和舞狮都是集武术、舞蹈艺术、民族鼓乐等综合因素的体育项目，通过鼓乐的节奏将武术和舞蹈艺术有机结合起来，在不同的节奏中，舞者利用身体姿态的多种变化，在动态行进和静态造型中将力量、速度、耐力等揉合于舞龙、舞狮之中，完成各种优美的动作。舞龙、舞狮套路动作都属于大负荷的有氧运动项目，能有效促进人体心肺功能及有氧能力的提高。同时，表演者锤炼了体魄，愉悦了身心。观赏者在吉祥喜庆的鼓乐声中，活跃了生活气氛，丰富了业余生活。

三、舞龙舞狮的动作

1. 舞龙

（1）“8”字舞龙：将龙体在身体左右两侧交替做“8”字形环绕的舞龙动作，亦快亦慢，亦原地，亦行进，也可选用人体组成多种姿态多种方法做“8”字形舞动。

（2）游龙：舞龙者大幅度地游走奔跑，通过龙体快慢有致，高低、左右的起伏，展现婉转回旋、左右盘翻、屈伸绵延等龙的动态特征。

（3）穿腾：龙体运动路线呈交叉形式，龙珠、龙头和龙节依次在龙身下穿过，叫“穿越”；龙珠、龙头和龙节依次在龙身上越过，叫“腾越”。

（4）翻滚：龙体呈立圆或斜圆运动，展现龙腾跃、缠绞的动势。龙体做立圆或斜圆状连续运动，当龙身运动到舞龙者脚下时，舞龙者迅速向上腾起依次跳过龙身，称“跳龙动作”。龙体同时或依次作360°角翻转，运动员利用滚翻、手翻等方法越过龙身，称“翻滚动作”。

（5）组图造型：龙体在运动中组成活动的图案相对静止的造型。

2. 舞狮

（1）步伐：

①上步和退步：左（右）脚向前迈步，另一脚跟上，两脚平行站立为上步，反之为退步。

②左、右侧步：左（右）脚向右（左）侧迈一大步，另一脚跟上，两脚平行站立。

③左右交叉步：远离移动方向，一脚向运动方向交叉跨出一大步，另一脚随即向移动方向跨出一步。

④跳步：随着舞动的方向任意跳跃，可单脚跳，也可双脚跳，跳跃的步伐根据实际情况掌握。

（2）上肩动作：平地或高台上主肩；梅花桩上肩；梅花桩上站肩，狮尾单足立；梅花桩上站肩，狮头、狮尾双单足，飞跃接上肩等。

（3）上腿动作：平地或高台上腿；平地上腿，单足起立；桩上上腿，狮头单足起立；桩上上腿，狮头、狮尾双单足；桩上跳跃，站位上腿。

（4）飞跃：连环飞跃，连环飞跃过障碍，狮绕越高台角，飞跃接上腿，在高空器材间飞跃。

（5）翻滚。平地翻滚，双狮翻滚背，平地侧头飞滚，高台、梅桩上跳下平地，高台、梅花桩上侧翻下平地，高台、梅花桩上前翻下平地，引狮员后（侧）空翻坐狮身。

思考题

1. 简述舞龙舞狮的由来。
2. 简述舞龙舞狮的动作。

第三节 龙 舟

学习目标

知识目标

了解龙舟的历史，了解龙舟的锻炼价值。

能力目标

学会龙舟的技术动作。

素质目标

学会欣赏龙舟比赛，参与此项活动，感受团队合作、顽强拼搏的精神。

一、龙舟的起源

神州大地，龙的故乡。中华民族，龙的传人。龙，以其独特的形象渗透至人们的生活中。在宫殿、房屋、庙宇、衣物、用具、故事、传说、民间竞技、游戏、节日习俗等都留下了龙的痕迹。

古文献中最早有龙舟记载的是在公元前318—296年。关于龙舟竞渡的起源，众说纷纭，流传最广的是源于纪念楚国爱国诗人屈原。公元前278年农历五月初五，爱国诗人屈原因政治主张不被采纳，反遭小人诬陷，含恨抱石自沉汨罗江。楚人怜之，纷纷驾船争逐江上相救。以后这种传说的影响越来越最大。随着历史推移，龙舟竞渡逐渐从民间的地方习俗演变成具有官方色彩的专业竞技活动，形成有章法、有规范的龙舟体育文化，并蔓延到世界众多国家和地区，在浩瀚的世界体育大观园中占有一席之地。

南宋时，广东已有民间的大型龙舟竞渡。明清时，广东官方和民间的端午节开展赛龙舟活动更普遍。1949年后，省内各地每年都定期或不定期地举办龙舟赛事，水平不断提高。

二、龙舟定义

龙舟运动是一项集众多划手依靠单片桨叶的划桨作为推进方式，运用肌肉力量向船后划水，推动龙舟前进的运动。标准比赛龙舟配备有龙头、龙尾、鼓（鼓手）、舵（舵手），以此保持中国民俗传统。在传统龙舟的比赛中，可考虑设立锣（锣手）。

由于各区域民俗特点不同，龙舟造型在头尾设计方面有凤舟、象牙舟、龟舟、虎头舟、牛头舟、天鹅舟、蛇舟等，均可保留原有的规格和名称，但只要是类似划龙舟动作的，统称为龙舟运动。

三、龙舟的鉴赏

龙舟分“专职龙舟”和“业余龙舟”两大类。“专职龙舟”只作竞渡，不作他用。“业余龙舟”则以生产用船临时改装而成，用后又恢复为生产用船。专职龙舟又分为专用龙舟、简便龙舟、游龙、造型龙舟等。

各种龙舟的构造大致相同：船体（包括桨梢或橹）、龙头、龙尾、各种装饰物和锣鼓。

龙头大多用整木雕成。无论专职龙舟或业余龙舟，龙头都是在竞渡前才装上船头的。龙头造型千姿百态，根据各地风俗而定。广州西江水系的鸡公龙头和东江水系的大头狗龙头，别具特色。

龙头多染成红色，称“红龙”，也有涂为黑色或灰色的，称“黑龙”或“灰龙”。龙尾大多用整木雕成，布满鳞甲。

船上装饰最繁杂的以顺德的鸡公头龙舟为代表。其中部有一个神楼，一个大鼓和一个铜锣。龙舟上有龙头、龙尾旗、帅旗和罗伞等装饰。龙舟的大小按划龙舟的人数区分有 3 人、5 人、10 人的为小龙舟，长约 1 丈半到 2 丈（1 丈 = $3\frac{1}{3}$m）；20 到 50 多人的为中龙舟，长 5 丈到 7 丈；60 到 100 人以上的为大龙舟，长 9 丈到 10 多丈；还有 200 多人的特大龙舟。

小龙舟只有桡手和舵手，中龙舟配鼓手和锣手各一人；大龙舟配鼓手和锣手各两人。珠江三角洲一带因河床比较宽，人民生活水平比较富裕，故龙舟比较大，60 多人以上的较为普通，100 多人的也很多。

四、划龙舟的益处

划龙舟的后拉、摇桨等动作，非常好地锻炼了上半身的肌肉，提高肌肉质量以及协同工作能力。腰腹的前后俯仰动作贯穿在划龙舟整个过程中，能很好地锻炼腰腹部肌肉，减少腹部脂肪的效果很明显；对改善腰肌劳损、肌肉僵硬以及椎间盘等问题都有非常好的作用。划龙舟需要足够的体力和耐力，还需要团结协作、机智灵活，更要熟悉水性。长期锻炼才能达到这样的结果，绝非一日之功。龙舟运动对人们的强身健体有较好的推动和促进作用。另外，划龙舟还可以提高团队的凝聚力和传承传统文化。

五、划龙舟的技术动作

（一）动作名称

划龙舟运动员按职能来划分，可分为划手、鼓手、锣手、舵手。

划手的身体姿势可分为坐姿、站姿、单脚跪姿。一般坐姿较为合理，站姿、单脚跪姿多在民间的比赛中出现。合理的身体姿势可以减少划水的阻力，有利于两臂的活动，使得动作配合更协调、有力，其他姿势在民间比赛过程中出现可以增加比赛的趣味性。

鼓手的姿势可分为站立打鼓、坐姿打鼓、单脚跪姿打鼓。鼓点、鼓法各有不同，与各地的传统有很大的关系。

锣手的姿势可分为站立打锣和坐着打锣。民间比赛中锣手常男扮女装，但正式比赛锣手要和运动员一样统一着装，不允许有多余的动作。

舵手的姿势有站立把固定舵、活动舵、坐着把活动舵。民间比赛的舵长短不一，舵手还可以参加划水。但正式比赛的舵有统一规格，舵手不能参加划水。

（二）动作方法

划手动作方法由握桨、坐姿、入水、拉水、御水、空中移桨和集体配合、节奏等技术组成。

（1）握桨：左排的划手右手放在桨把的上端，四指从外向内并拢，掌心紧贴桨把上端，大拇指从内向外包住桨把。左手在桨的下端（桨叶与桨把的交界处一拳距离），四指从外向内并拢，大拇指从内向外包住桨把。划行时要放松，不要握得太紧，以免手心起泡。右排坐姿的握桨要领与右排一样，只要左、右手换位就行了。

（2）坐姿：左排划手的身体保持坐姿，左大腿外侧紧靠船边，右腿弯曲，脚掌后贴自己座位下的隔板，左腿半屈，脚掌前撑前排隔板（左、右腿也可互换）。右排划手坐姿与左排相反。

合理利用两腿前蹬后撑的力量，稳定身体重心。利用身体前俯，躯干后仰，充分做伸肩动作。拉水时脚要前蹬，移桨时脚要后撑。

（3）入水：左排划手划水时，身体前倾，转动躯干，肩前伸。背部、肩部发力传给左臂，左肘关节微屈，抬肘。在桨入水瞬间，左臂用力向下压桨至满桨到拉水完毕。桨入水时右臂向前伸直，桨入水的角度为80°~90°比较合理，桨入水后，右臂后拉，肘关节不能向外伸，整个动作类似火车轮的传动臂。桨入水的角度一定在80°~90°，桨入水时，左臂下压，右臂后拉。

（4）拉水：桨入水后马上要拉水，拉水时左臂后拉，右臂向下压桨，左腿（或右腿）前蹬隔板，躯干后移，拉水距离为1~1.2 m，拉水时桨要垂直水面。拉水距离要尽量长，拉水时间尽可能短而快。

（5）桨出水：出水时，右臂放松，上抬提桨。左腕内扣，上抬提桨，使桨叶御水。左、右臂放松上抬提桨出水面，刚才水面就行，不要太高。

（6）前推移桨：比较常用的有左手下压，使桨几乎与水面平行，接着右臂往前推桨，然后入水，这种方法适合风浪较大的比赛场地，运动员身体不高，手臂力量较大；左、右臂上抬前推，前推过程中桨叶不能碰着水面，以免产生阻力；不能提得太高，影响手臂向前伸展以及入水时间和划行的速度。

思考题

1. 简述龙舟的起源。
2. 请您谈谈如何划好龙舟。

第四节　押　加

学习目标

知识目标

了解押加的发展，了解押加的锻炼价值。

能力目标

学会押加技术动作。

素质目标

学会欣赏押加比赛，参与此项活动，感受力与美。

一、概述

押加，又称大象拔河，桂语叫“浪波聂孜”，意为大象颈部技能。在藏区这一项目最普及，故称为桂式拔河。现已被列为全国民运会的表演项目。赛前，选一块平地，先在地上划两条平行线作为河界，中央划一条中界，准备一条长约 10 m 的带子两端打结。比赛进行时，双方各自把绳子套在脖子上，两人相背，将赛绳经过腹胸部从裆下穿过，然后趴下，双手着地，赛绳拉直，绳子中间系一红布为标志，垂直于中界。听到比赛开始的口令后，两人用力前爬互拉（爬拉动作模拟大象）。用腰腿肩颈的力量拖动布带奋力向前爬，以将红布标志拉过河界者为胜。

二、比赛规则

规则介绍：比赛场地为长方形，宽 2 m，长不作限制。比赛场地应有明显的界限，长边叫边线，短边叫端线，在两条边线的中点，画一条与端线平行的连线叫中线，在中线的左右 1 m 处，各画一条线与中线平行为决胜线。

运动员要着民族服装、胶底鞋，双手不能增加任何辅助器材。

一场比赛的参赛者为两人，年龄不受限制，按体重分 55、60、70、80 kg 级和 80 kg 以上级等 5 个级别进行，每场比赛均采用三局两胜制。比赛时间一般也不受限制，但在一局比赛中如遇双方相持达一分半钟不能决出胜负，就暂停比赛，休息一分钟后重新比赛。

思考题

1. 简述押加的发展。
2. 谈谈如何取得比赛胜利。

第五节 毽球与跳绳

学习目标

知识目标

了解毽球与跳绳的发展，了解毽球的种类，熟悉毽球与跳绳的规则。

能力目标

学会毽球与跳绳的技术动作。

素质目标

学会欣赏毽球与跳绳比赛，积极参与此项运动，享受乐趣，感受精细的动作和默契的配合。

毽　球

一、概述

毽球（踢毽子），是一项简便易行的健身运动，是一项传统民间体育活动。经常进行这项活动，可以活动筋骨促进健康。

毽球在中国流传很广，有着悠久的历史。据历史文献和出土文物证明，踢毽子起源于中国汉代，盛行于六朝、隋、唐。

中国毽子的第一次正式比赛是广州市体委于 1956 年举办的，并制定了简单的规则。1984 年春，《毽球竞赛规则》诞生，它是根据踢毽子的特点，吸收了几种球类比赛的形式综合而成的。

二、毽子种类

（一）花毽

第一种是我们常见的传统花毽。花毽的高度一般在 12 cm 左右，多用火鸡毛或雕翎做毽身，塑料片做底座，看起来很美观，踢起来弹性也很好。毽子起落的速度，没有太多的限制，毽子踢起来后上下翻飞，花样动作全凭自己掌控，没有特别高难度的动作，适合各个年龄段的人参与。

（二）大毽子

这种毽子的毽身多用鹅毛制成，橡胶做底座，高 17 ~ 18 cm。与传统花毽不同的是大毽子比较重，对技巧性的要求相对较强。如果是单人踢，有100多种动作。在大众健身运动中，大毽子更适合多人一起运动，大家你踢一脚，我踢一脚，力度较大，但动作简单，既能锻炼腿部的力量，又能提高身体的灵活性。

（三）毽球

还有一种毽子叫毽球，跟大毽子很像。毽球是用四根羽毛和橡胶底座制成的，羽毛多为鹅毛。毽球踢时有隔网，像打羽毛球似的，一边踢过网后，另一边的人接住再踢过来。毽球竞技性较强，多为比赛和竞技场上使用，可以是一对一比赛，也可以是二对二、三对三的比赛。另外，随着踢毽运动的发展，还有一些毽子踢起来会发出音乐，还会发光，运动过程中为大家增加了乐趣。

三、比赛

在设计毽球比赛时曾有原则为“羽毛球场地、排球规则、足球动作”，但在实际中最后一条并未落实。毽球的基本动作酷似诞生于1964年流行于东南亚的藤球。毽球从发球到主要攻防动作和集体项目设定方面都与藤球十分接近。例如，在进攻动作方面，毽球的两种主要进攻动作“高腿踏毽”和“外摆脚背倒勾攻球”，就是藤球在20世纪60年代盛行的进攻动作。在防守动作方面，毽球允许跳起封网和以头击毽过网，也与藤球的规则完全相同。在我国广东省和山东省的毽球管理机构都与藤球管理机构合二为一称为“藤、毽”协会。

花毽

花毽即花样踢毽，是踢毽运动中的一种，分规定动作赛和自选动作赛两项。规定动作有盘踢、磕踢、落、上头、交踢6个套路，自选动作由运动员即兴发挥，花样动作的繁难度更高。在竞赛分类上，花毽属于“竞争性比赛”，与毽球的“对抗性比赛”属于完全不同的竞赛类型。

四、场地设施

第一款　场地面积

比赛场地采用羽毛球双打场地，长11.88 m，宽6.1 m。场地上空6 m以内（由地面计算）和场地四周2m以内不得有障碍物。

第二款　界线

比赛场地应按平面图画出清晰的界限，线宽4 cm，0.00线的宽度包括在场地面积之内。较长的两条边界叫边线，较短的叫端线。连接场地两边线的中点与端线平行的线叫中线。中线将场地分为均等的两个场区。在中线两侧各画一条与中线平行的线叫限制线（此线包括在限制区内）。中线至限制线的距离为2 m。

第三款　发球区

距两端线中点两侧各1 m处向场外各画一条长20 cm与端线垂直的短线为发球区线（此线不包括在发球区内）。发球区线向后无限延长的区域为发球区。

球网

第一款　球网的规格

球网长7 m，宽76 cm，网孔2 cm见方。球网上沿缝有4 cm宽的双层白布，用绳穿起，将球网张挂在网柱上。球网必须挂在中线的垂直上空。球网为深绿色。网柱安在中线以外，距边线 50 cm 处。

第二款　球网的高度

球网的中部顶端距地面垂直高度为 1.60 m（男子），1.50 m（女子）。网的两端距地面的垂直高度必须相等，两端的高度与中间的高度相差不得超过 2 cm。

第三款　标志杆与标志带

在球网的两端，垂直于边线和中线交接处，各系有一条宽 4 cm、长 76 cm 的白色带子，叫标志带。在球网上连接标志带外侧应系有两根有韧性的杆，叫标志杆。两杆内侧相距 6 m。标志杆长 1.20 m，直径 1 cm，用玻璃纤维或类似的材料制成。标志杆应高出球网上沿 44 cm，并用鲜明对比的颜色画上 10 cm 长的格纹。

毽球

毽球由毽毛、毽垫等构成。毽毛为四支白色或彩色鹅羽成十字形插在毛管内，每支羽毛宽 3.20~3.50 cm。毽垫直径 3.80~4 cm，厚 1.30~1.50 cm。毛管高 2.50 cm。

毽球的高度为 13~15 cm。毽球的重量为 13~15 g。

五、毽球技术

踢球技术：脚内侧踢球，脚外侧踢球，正脚背踢球，进攻技术，倒勾攻球，脚踏攻球，肩压攻球，头攻球。

发球技术：脚内侧发球，正脚背发球，脚外侧发球。

六、毽球战术

进攻战术：“一二”配备、“二一”配备和“三三”配备。

防守战术：“马蹄”形防守、一挡二防和二挡一防。

跳　绳

一、概述

跳绳是我国民间流行的一项传统体育项目，历史悠久。跳绳，是一人或众人在一根环摆的绳中做各种跳跃动作的运动游戏。这种游戏唐朝称“透索”，宋称“跳索”，明称“跳百索”“跳白索”“跳马索”，清称“绳飞”，清末以后称“跳绳”。跳绳作为一种古老的汉族民俗娱乐活动，南宋以来，每逢佳节都跳绳，家家户户都要比赛。

近代，跳绳运动飞速发展。首先，绳子的材料越来越好；其次，绳子的色彩更加人性化；跳绳的花样越来越多，参与者也越来越多。经常练习跳绳，可以增强四肢的肌肉力量，提高身体协调性，还可以促进青少年骨骼生长和身体发育，全面提高身体素质。

二、跳绳的特点

跳绳具有如下特点：

（1）简单易行。

（2）可锻炼多种脏器。

（3）对儿童身心健康和智力发展有诸多好处。

（4）跳绳器械简单。

三、跳绳的锻炼价值

（1）它是减肥最简单易行的练习。

（2）它是一项全身协调的运动，对增强心肺功能，锻炼灵活性和力量都很有好处。它还有利于病人恢复健康，妇女生育后恢复体形，对老年人和身体瘦弱的人都是一项很好的运动。

（3）有助于增长儿童的身高，最好的运动是跳绳，它对骨骼生长有一定的刺激作用。使骨骼的血液循环得以改善，刺激生长激素分泌，促进身高。

四、跳绳注意事项

（1）跳绳最好的时间段是下午 3 点到晚上 8 点，每周跳绳不应少于 4 次但也不可多于 6 次，每次跳绳时间控制在半小时到两小时。

（2）经期不可剧烈跳绳，可以跳单摇或双摇。

（3）跳绳前做好热身运动，选择好跳绳场地。

五、标准的跳绳方法

（1）身体自然站立，两脚踝稍错开，面朝前，目视前方 3m 左右。上臂贴近身体，肘稍外屈，掌心相对或向下手腕发力摇绳，在体侧做画圆动作。

（2）两肩放松，腰腹部收紧，当跃起时，身体成自然弯曲姿势（小腿不要绷直，不然会超级累，容易变粗），同时，呼吸要自然有节奏，跳绳时要注意闭嘴，防止牙齿磕到舌头。

（3）长度如何设置？保持身体直立，用一只脚踩住绳体的中间点，同时将两只跳绳手柄向上拉直，初学者刚开始训练时，绳体末端与手柄交界的位置大约到胸口的位置，随着自身跳绳水平的提高，绳子的长度可适当地调短。

六、常见的几种错误动作

错误一：位置不固定。

错误二：全脚掌或者后脚跟落地，没有缓冲式的落地，对膝盖的冲击非常大。

错误三：跳起太高，膝盖弯曲太多。

错误四：整个手臂参与摇绳，过度消耗体力。

七、一套跳绳基础动作

1. 左右甩绳

动作要领：两手柔和，甩绳，膝盖与踝关节有节奏的弹动。

2. 并脚跳

动作要领：持绳要求，拇指抓柄，其他三指辅助。手自然下垂，肘关节贴近身体，手腕柔和的摇绳。膝盖与踝关节要缓冲用前脚掌着地。身体状态：收腹、立腰、挺胸、抬头、提气。提醒：摇绳正确位置在身体前方 15cm 。

3. 双脚交换跳

动作要领：注意踝关节自然下垂，抬腿高度保证绳子可以自然过脚即可，肘关节自然贴近身体。

4. 开合跳

动作要领：膝关节和踝关节有缓冲和弹性，用前脚掌着地。

5. 弓步跳

动作要领：弓步前脚尖着地，做到前弓后绷，注意平衡性。

6. 左右跳

动作要领：前脚尖着地，膝盖弯曲。

7. 勾脚点地跳

动作要领：脚尖翘起，勾脚点地，膝盖伸直；垫跳动作要控制节奏。手腕放松，柔和摇绳。

8. 交叉跳

动作要领：交叉点在肚脐，手腕发力要柔和。交叉的时候持绳靠近手柄尾端。

思考题

1. 简述毽球与跳绳的发展。
2. 谈谈如何踢好花键和跳绳。

第六节　珍珠球

学习目标

知识目标

了解珍珠球的发展，熟悉珍珠球的锻炼价值。

能力目标

学会珍珠球的技术动作。

素质目标

学会欣赏珍珠球比赛，积极参与此项运动，活跃身心，感受团队配合、顽强拼搏的精神。

一、概述

珍珠球来源于生产劳动——采珍珠，是中国满族人民传统的体育项目，现为全国“民运会”竞赛项目，珍珠球的比赛场地分为水区、限制区、封锁区和得分区，双方各7名运动员进行激烈竞争的一种体育比赛。珍珠球比赛不仅要求水区内的4名队员具有良好的个人技术和良好的配合意识，还要求水区运动员与抄网队员默契配合，珍珠球比赛具有很高的观赏价值和很好的锻炼价值。

二、技战术介绍

（一）移动技术

移动技术是珍珠球各区运动员应具备的基本技术，通过各种快速、突然的脚步动作，达到进攻时摆脱对方的防守，防守时防住对手争取攻防主动的一种手段。移动技术内容主要如下：

（1）基本站立姿势与启动包括跑、急停、转身。

（2）基本移动时的假动作。

（3）基本防守姿势。

（4）防守步法包括侧滑步、碎步、前滑步、后滑步、后撤步、攻击步、交叉步、绕前步和绕后步。

（二）运球技术

运球是控制球、支配球、组织战术配合及突破防守的重要手段，也是珍珠球运动员熟悉球性，提高水区单兵攻击能力的重要手段。运球的主要方式如下：

（1）快速高、低运球。

（2）运球急停、急起。

（3）正面变向运球、正面单手虚晃变向运球突破。

（4）背后运球突破、转身运球突破。

（5）胯下变向运球突破、胯下接背后变向运球。

（三）个人战术

个人战术是在珍珠球比赛中与竞争时个人应用的方法和策略。个人战术是根据本队战术的需要，针对对方攻、守特点以及临场变化的情况采取的有针对性的策略行为，是队员有针对性地运用身体、技术、战术进行独立作战的行为。水区队员的个人战术行动包括如下：

（1）水区无球队员的个人战术行动有变速摆脱、变向摆脱、转身摆脱、虚晃摆脱与抢位。

（2）水区有球队员的战术行动包括持球突破、运球突破。

（3）抄网手个人战术包括多球多点的抄网、假摆脱跳起抄时差快球。假跳起、真摆脱错位抄快球、假摆。摆脱后跨跳接高抛球以及同侧移动、反向错位移动抄球或跳抄球和边线外腾空接应抄球。

（4）连拍队员的个人战术包括多点移动挡球、多点移动夹球、多点移动夹挡球。

思考题

1. 简述珍珠球的发展。
2. 谈谈珍珠球与篮球的差别，如何打好珍珠球？

第七节 板鞋竞速

学习目标

知识目标

了解板鞋竞速的发展，熟悉板鞋竞速的锻炼价值。

能力目标

学会板鞋竞速的技术动作。

素质目标

学会欣赏板鞋竞速比赛，积极参与此项运动，感受团队的斗志和配合。

一、概述

板鞋竞速是壮族民间传统体育项目，起源于明代。相传明代倭寇侵扰我国沿海地带，广西百色地区的瓦氏夫人率兵赴沿海抗倭。瓦氏夫人为了让士兵步调一致，令3名士兵穿上一副长板鞋齐跑。如此长期训练，士兵的素质大大提高了，斗志高涨，所向披靡，打败了倭寇。后来南丹那地州壮族人民模仿瓦氏夫人练兵方法，开展3人板鞋竞技活动自娱自乐，并挖掘了这项民间体育活动。

二、赛事规则

竞赛项目：①男子（2项）60 m和100 m；②女子（2项）60 m，100 m；③2×100 m混合接力。

竞赛办法：

（1）根据参赛人数，具体确定赛次设置。

（2）预赛抽签分组，决赛按预赛成绩抽签排定道次。

（3）接力比赛第一棒为女子，第二棒为男子。

（4）执行国家民委、国家体育总局2006年审定的《板鞋竞速竞赛规则》。

（5）运动员由大会统一编号，号码布统一制作。比赛用器材由大会统一提供，其品牌和型号另行通知。

录取名次和奖励：按第八届全国少数民族传统体育运动会总规程规定执行。

裁判：①正、副裁判长及部分裁判员由主办单位选派，不足部分由承办单位按要求选聘。②裁判员报到时间和地点另行通知。

仲裁：人员组成、职责范围和报到日期，按第八届全国少数民族传统体育运动会总规程的有关规定执行。

报名与报到：①各参赛单位的报名和报到，按第八届全国少数民族传统体育运动会总规程有关规定执行；②正式报名和报到时必须出具参赛运动员的健康证明和意外保险证明。

三、相关细致

鞋竞速由多名运动员一起将足套在同一双板鞋上，在田径场上进行的比赛板，以在同等的距离内所用的时间多少决定名次。

四、场地及器材

场地：

在标准的田径场地上进行。

场地线宽均为 5 cm，跑道分道宽 2.44~2.50 m。

可根据比赛的需要和场地状况设置跑道的多少。

器材：比赛板鞋以长度为 100 cm、宽度为 9 cm、厚度为 3 cm 的木料制成。（以 3 人板鞋为例）每只板鞋配有 3 块宽度为 5 cm 护足的面皮，分别固定在板鞋规定的距离上，护皮以套紧脚面为宜。第一块护皮前沿距板鞋前端 7 cm，第二块护皮在第一块护皮与第三块护皮的中间，第三块护皮后沿距板鞋末端 15 cm。

思考题

1. 简述板鞋竞速的发展。
2. 如何进行板鞋竞速训练？

第十四章

拓展——职业身心素质训练

学习目标

知识目标

了解拓展的发展，熟悉拓展的锻炼价值。

能力目标

学会拓展的方法。

素质目标

了解拓展的意义，积极参与活动，享受乐趣，感受磨炼意志、陶冶情操、历练人格、熔炼团队、彰显个性。

素质拓展训练（outward bound），本意是义无反顾地投向未知的旅程，去迎接一次又一项的挑战。它起源于20世纪40年代的英国，创始人为库尔特·哈恩。历经了40年代的创建、50年代的扩大规模、60年代的长足发展、70年代的稳固和80年代的国际化5个阶段。1995年以“拓展训练”命名的户外体验式培训进入中国。随着时间的推移，素质拓展训练的魅力已被人们广为接受，成为企事业单位员工、现役军人训练、培训的一个重要内容，并于20世纪末逐步走入我国的各类校园，成为广大青少年热衷的户外运动项目。

进入21世纪，我国高等职业教育实现了跨越式发展，高等职业教育的目标是培养生产、管理、建设、服务一线的高素质技能型人才，这不仅需要有过硬的专业技能，而且还要有良好的团队合作、交流沟通、潜能激发、创新思维、领导力、合作力等方面的职业基本素养。

职业身心素质训练是一种体验式的学习方式，在模拟职业环境的情境中，通过实操体验、回顾分享、感悟提升这三个过程，来达到学习和训练的目的。职业身心素质训练具有项目选择的灵活性、情景设置的职业性、队员主动的参与性、激发潜能的极限性、高峰体验的挑战性、团队的协作性以及彰显个体的领袖性、良好的组织与计划性等特点，并达到磨炼意志、陶冶情操、历练人格、熔炼团队、彰显个性等一体化的教学和训练目标。

第一节　团队合作类项目

1994 年，斯蒂芬·罗宾斯首次提出了“团队”的概念：为了实现某一目标而由相互协作的个体所组成的正式群体。它可以调动团队成员的所有资源和才智，并且会自动驱除所有不和谐和不公正的现象。

一、团队合作的基本形式

团队成员之间配合默契，与他人协商、共同决策；决策之前听取相关意见，把手头的任务和他人的意见联系起来；在变化的环境中担任各种角色；经常评估团队的有效性和本人在团队中的长处和短处。

二、团队合作的三重误区

误区一：“冲突”会毁了整个团队；误区二：1+1 一定大于等于 2；误区三：“个性”是团队的天敌。

三、团队合作的四大基础

（一）建立信任

要建设一支具有凝聚力并且高效的团队，首先就是建立信任。

（二）良性的冲突

团队合作一个最大阻碍就是对于冲突的畏惧。团队需要做的是学会识别虚假的和谐，引导和鼓励适当的建设性冲突。

（三）坚定不移的行动

要成为一个具有凝聚力的团队，领导必须学会在没有完善的信息、没有统一的意见时做出决策。在实际工作中，人们发现，看起来机制不良、总是争论不休的团队，往往是能够做出并坚守艰难决策的团队。

（四）无怨无悔才能彼此负责

卓越的团队不需要领导提醒团员就会尽心竭力工作，因为他们很清楚需要做什么，他们会彼此提醒注意那些无助成功的行为和活动。而不够优秀的团队一般对于不可接受的行为采取向领导汇报的方式，甚至是在背后相互中伤、说闲话。这些行为不仅破坏团队的士气，而且让那些本来容易解决的问题迟迟得不到办理。

四、团队合作的 6 个原则

（一）平等友善

与队员相处的第一步便是平等。不管你是资深的队员，还是新进的队员，都需要丢掉不平等关系。队员之间相处具有相近性、长期性、固定性，彼此都有较全面深刻的了解。在此基础上的坦诚相待，才可能赢得队员的相互信任。信任是连接队员间友谊的纽带，真诚是队员间相处共事的基础。

（二）善于交流

同在一个团队中，你与某些队员会存在某些差异，知识、能力、经历造成队员在对待和处理问题时会产生不同的想法。交流是协调的开始，把自己的想法说出来，倾听对方的想法，你要经常说这样一句话："你看这事该怎么办，我想听听你的想法。"

（三）谦虚谨慎

当我们让朋友表现得比我们还优越时，他们就会有一种被肯定的感觉。但是当我们表现得比他们还优越时，他们就会产生一种自卑感，甚至产生敌视情绪。因为谁都在自觉不自觉地强烈维护着自己的形象和尊严。

（四）化解矛盾

一般而言，队员之间有点小想法、小摩擦、小隔阂，是很正常的事，千万不要让这种"小不快"演变成"大对立"，甚至成为敌对关系。对别人的行动和成就表示真正的关心，是一种表达尊重和欣赏的方式，也是化敌为友的方法。

（五）接受批评

从批评中寻找积极的成分。如果队员对你的错误大加抨击，即使带有强烈的感情色彩，也不要与之争论不休，而要从积极方面来理解他的抨击。这样，不但对你改正错误有帮助，也避免了因语言而造成敌对的场面出现。

（六）创造能力

一加一大于二，但你应该让它变得更大。培养自己的创造能力，不要安于现状，试着发现自己的潜力。一个有不凡表现的人，除了保证自己能与人合作以外，还需要让所有人都乐意与你合作。

五、团队合作的活动项目

团队合作的活动项目：

生死电网、信任背摔、人生之旅、木人梯、诺亚方舟、穿越曲径等。

第二节　交流沟通类项目

一、概述

沟通是人与人、人与群体之间思想与感情传递和反馈的过程，以求在思想上达成一致，使情感交流更通畅。

沟通包括语言沟通和非语言沟通，语言沟通包括口头和书面语言沟通，非语言沟通包括声音语气（如音乐）、肢体动作（如手势、舞蹈、武术、体育运动等）。最有效的沟通是语言沟通和非语言沟通的结合。沟通的要素包括沟通的内容、方法和动作。就沟通的影响力来说，内容占7%，影响最小；动作占55%，影响最大；方法占38%，居于两者之间。

二、如何与人沟通

交流、沟通成功与否，与其说在于交流、沟通的内容，不如说在于交流、沟通的方式。要成为一名成功的交流者，取决于交流的对方认为你所解释的信息是否可靠而且适合。

（一）询问的辅助语言

行动胜于言辞，因此你必须确保两者的有机配合。在交流中想要产生最大的影响，还必须通过手势、语调和词汇的最广泛结合，使自己的信息传达给对方并使之完全理解，传送信息时必须伴随恰当的体态语、语音、语调，并变化贴切的语气。

（二）使用你的眼睛

沟通时看着交流对象的眼睛而不是前额或肩膀，表示你很看重他。这样做能使听者深感满意，也能防止走神，但更重要的是，你树立了自己的可信度。如果某人与你交谈时不看着你的眼睛，你就会有这么一个印象：我所说的话对方不感兴趣，或者根本就不喜欢。

（三）使用你的面部和双手

在谈话的过程中，面部与双手一直都在向外发送着各种信息。

面部：延续时间少于0.4 s的细微面部表情也能显露一个人的情感。

双手："能说会道"的双手能抓住听众，使听众尽可能朝着所要表达的意思靠近。

如果与他人交谈时，没有四目相投并采用适当的表情或使用开放式的手势，别人就很难相信你所说的话。

（四）使用你的身体

利用身体来表明自信的方法有很多种。

身体姿势：必要时，坐着或站立时挺直腰板给人以威严之感。耷拉着双肩或翘着二郎腿可能会使某个正式场合的庄严气氛荡然无存，但也可能使非正式场合更加轻松友善。

泄露信息：不由自主地抖动或移动双腿，能泄露从漠不关心到焦虑担忧等一系列的情绪。无论面部和躯干多么平静，只要叉着双臂，或抖动着双膝，都会明白无误地显露内心的不安。

身体距离：站得离人太近会给人以入侵或威胁之感。如果与人的距离不足0.5 m，听者会本能地往后移，这就是当对方过分靠近时产生的那种局促不安的感觉。反之，如果距离达0.8 m或更远，听者就会有一种你不在乎他的感觉。

使用你的声音：声音是一种威力强大的媒介，通过它可以赢得别人的注意，能创造有益的氛围，并鼓励他们聆听。

音高与语调：低沉的声音庄重严肃，一般会让听众更加严肃认真地对待。尖利的或粗暴刺耳的声音给人的印象是反应过火，行为失控。但是，即使最高的音调也有高低之分，你也可以因此找到最低的音调并使用它，直到自然为止。使用一种经过调控的语调表明你知道自己在做什么，使人对你信心百倍。

语速：急缓适度的语速能吸引听者的注意力，使人易于吸收信息。如果语速过快，所者会无暇吸收说话的内容；如果过慢，声音听起来就显得阴郁悲哀，令人生厌；如果说话吞吞吐吐，犹豫不决，听者就会不由自主地变得十分担忧、坐立不安了。建设性地使用停顿能给人片刻的时光进行思考，并在聆听下一则信息之前消化前一则信息。

强调：适时改变重音能强调某些词语。如果没有足够强调重音，人们就会吃不准哪些内容很重要。但强调太多，听者则会变得晕头转向、不知所云。

三、开发潜能的三大要素

开发潜能有三大要素，即高度的自信、坚定的意志、强烈的愿望。

活动项目：勇敢攀岩、高空断桥、合力过桥、高空速降、团队桥、天翻地覆等。

四、沟通技巧

（一）自信的态度

成功人士，他们往往不会随波逐流或唯唯诺诺，他们有自己的想法和作风，对自己充分了解，他们的共同点是自信，而有自信的人常是最会沟通的人。

（二）体谅他人行为

这其中包含“体谅对方”与“表达自我”两方面。所谓体谅是指设身处地地为别人着想，并且体会对方的感受与需要。由于给予对方充分的了解与尊重，对方也会体谅你的立场与好意，因而做出积极而合适的回应。

（三）适当地提示对方

遗忘是产生矛盾与误会的一个重要原因，适当的提示可使对方信守承诺。如果对方有意食言，提示就代表我们并未忘记事情，并且希望对方信守承诺。

（四）直接告诉对方

一名知名的谈判专家分享他成功的谈判经验时说道：“我在各个国际商谈场合中，时常会以‘我觉得’（说出自己的感受）、‘我希望’（说出自己的要求或期望）为开端，结果常会令人极为满意。”其实，这种行为就是直言无讳地告诉对方我们的要求与感受。但要切记“三不谈”：时间不恰当不谈，气氛不恰当不谈，对象不恰当不谈。

（五）善用询问与倾听

询问与倾听的行为是用来控制自己的，让自己不要为了维护权利而侵犯他人。尤其是在对方行为退缩，默不作声或欲言又止的时候，可用询问行为引出对方真正的想法，了解对方的立场以及对方的需求、愿望、意见与感受，并且运用积极倾听的方式，来诱导对方发表意见，进而对自己产生好感。一位优秀的沟通好手，绝对善于询问以及积极倾听他人的意见与感受。

五、良好沟通的误区

（一）没有正确地阐述信息

如果不能对沟通的内容进行清晰而有逻辑的思考，不能理解对方的关注所在，不能正确表达信息，那么就无法使对方全部理解你所要表达的思想。例如，该用通俗的口语时，却用了晦涩的学术用语。

（二）没有恰当地聆听

即使你说话时人们在做其他事，如看报等，他们也会告诉你，他们在听你说话。但是，如果听者没有按你的要求行事，你就有理由怀疑他们根本就没有把你的话听进去，因为他们把“听”和“听进去”混为一谈了。

如果人们没有聆听，那么他们听到的只可能是片言碎语，而会错失至关重要的部分，因为他们的注意力已开了小差，或者他们会把听到的片言碎语当作你说话的全部，这些话有可能被加工，并储存于大脑，却不会把你说的话全收收入或至关重要的部分，嵌入他们的意识深处。

六、活动项目

活动项目有孤岛求生、盲人岛、哑人岛、珍宝岛、驿站传书、责任报数、星际之门、千手结、巧解绳索、撕纸等。

第三节　激发潜能类项目

潜能开发就是用有效的方式开发自身的内在潜力，如危急时刻急中生智，绝处逢生，力量会突然千百倍地涌流而出；潜能的动力深藏在我们的深层意识中，也就是我们的潜意识，也就是人类原本具备却忘了使用的能力，这种能力我们称为“潜意识”。

一、潜能概述

（1）潜能就是潜在的能量，根据能量守恒定律，能量既不会消失，也不会产生，它只会从一种形式转换为另一种形式，或者从一个物体转移到另一个物体，而在转化和转移过程中，能的总量保持不变。

（2）人的潜能即是在个人成长中，以往遗留、沉淀、储备的能量。

（3）在正常情境下，潜能并不显现，只在一些特殊的情境下才被激发。

二、潜能种类

每个人所具备的九个方面的潜能，通过训练，这些潜能是可以被开发的，这些潜能分别是创造潜能、个人潜能、社会潜能、精神潜能、身体潜能、感觉潜能、计算潜能、空间潜能、文字表达潜能。

三、开发潜能的三大要素

开发潜能有三大要素，即高度的自信、坚定的意志、强烈的愿望。

四、活动项目

活动项目有勇敢攀岩、高空断桥、合力过桥、高空速降、团队桥、天翻地覆等。

第四节　创新思维类项目

创新是指提供新的、独创的、有社会意义的活动。创新需要创造性思维，在创新过程中，提出新的和发明性的解决办法。创新性思维的中心是通过拓展思路、引导联想、启发思考来捕捉有效的信息和设想，形成创造构思，产生符合目的性、理想性的创造结果。创新主体的思路对创新起着十分重要的作用。

创造性思维是一种具有开创意义的思维活动，即开拓人类认识新领域，开创人类认识新成果的思维活动，它往往表现为发明新技术、形成新观念、提出新方案和决策，创建新理论。对领导而言，创新性思维表现在社会发展处于十字路口时做出重大选择等，这是狭义的理解。从广义上讲，创造性思维不仅表现为做出了完整的新发现和新发明的思维过程，而且还表现为在思考的方法和技巧上，在某些局部的结论和见解上具有新奇独到之处的思维活动。

一、创造性思维的特征

（1）独创性或新颖性。

（2）极大的灵活性。

（3）艺术性和非拟化。

（4）对象的潜在性。

（5）风险性。

二、创造性思维的作用

（1）创造性思维可以不断地增加人类知识的总量，不断推进人类认识世界的水平。

（2）创造性思维可以不断地提高人类的认识能力。

（3）创造性思维可以为实践开辟新的局面。

三、创造性思维的形式

（一）扩散思维

这种思维是指在创新过程中，充分发挥想象力，突破原有的知识圈，从一点向四面八方发散思维，通过知识、观念、信息的重新组合，找出更多更新的可能的答案、设想或解决办法。

（二）集中思维

集中思维，是与发散思维相对而言的，又称为求同思维或聚敛思维，就是从已知的种种信息中产生一个结论，从现成的众多材料中寻找一个答案。集中思维是在大量创造性设想的基础上，通过分析、综合、比较、判断，选择最有价值的设想。

（三）逆向思维

逆向思维是指思维主体有意识地把人们通常的思维顺序颠倒过来，从相反的方向进行思维，以求获得出乎意料的答案的思维方式。朝着相反的方向去思考，能达到殊途同归的目的，有时还能出现新的奇迹。逆向思维范围较广，如上下反向、左右反向、前后反向、内外反向等。

（四）联想思维

联想思维是人们通过一事物联想到另一事物的过程。联想事物，可以是当前的两个事物，也可以是当前的一些事物与回忆的另一事物，也可以是头脑中想到了一事物又想到的另一事物。联想以记忆为前提条件：把“记忆库”中的两个记忆元素（如事物）提取出来，再通过想象活动把它们“联”在一起，形成联想。

（五）转换思维

转换思维可分为方法转换、目标转换和元素转换三种类型。这种思维特点是以多路思考代替单路思考来看待问题（或某一发明创造的实施方案），要准备一套方法，这种方法不行，用别的方法。在实践中，要自觉地培养“自变性因子”，打破自我圈定的框框对自己思路的束缚，要能主动否定自己，不断修正前进的方向。构思问题要举一反三、触类旁通，学会应变，及时转换与代替。

（六）相似思维

相似思维反映事物之间存在着有条件的相似性，它是创新思维的重要组成部分。这是将思维对象和另一有关的事物联系起来思考，发现两者之间的相似性，从而受到启发，达到解决或创造发明的目的。这里所说的相似，主要指结构相似、形态相似或功能相似等。抓住其相似的地方进行思考，从而创造出与客观存在的事物既相似又功能迥异的东西。

（七）分合思维

分合思维是一种将思考对象的有关组成部分或构成因素在思维过程中有目的地分解或组合，从而创造出新产品的一种方法。科学技术的发展，一方面不断出现新的分化，另一方面又不断出现新的组合。无论是分化还是组合，只要能出新，经过分化或组合之后的东西在原来的基础上有发展、有提高，就是创新。

（八）两面思维

两面思维是指在科学创造中构思出两个并存的事物，并把这两个事物合并成一个事物，从而产生创造成果的思维方法。构思出两个并存的事物，它们可能是同一性质的，也有可能是不同性质的。特别是把两个不同性质的事物组合成一个新的事物，有时会产生奇异的效果。

（九）多路思维

多路思维是指科学家在思维时，根据自己的思维特点、思维潜能，适当分配自己的思维能力，使之在几条线上同时运行，而又不相互干扰、混淆和相悖。多路思考就是人们所说的一心多用。这种思维方式表面上看起来分散了注意力，实际上它提高了思维效率，因为它扩大了思维的途径和内涵，而且科学工作者是能够承受的。

（十）纵横思维

纵横思维是一种通过纵向与横向交叉进行思考，以获得新发现的一种思维方法。这种思维方式注重把研究的对象与它有关联的其他事物，从不同的方面、不同的角度进行比较、鉴别，不断加深对研究对象的认识，以求获得新的思路或创作灵感。

四、创造性思维的技巧

（1）学会多角度看问题。
（2）不要只求一个答案。
（3）破除思维定式。
（4）要重视意外的新发现。
（5）善于发扬光大。
（6）不封闭个人的专业领域。
（7）不断增强探索问题的意识。

五、活动项目

活动项目包括盲人方阵、雷阵、巧妙分组、钉子塔、哑人筑塔、交通堵塞、走方格等。

第五节　领导力、执行力项目

一、领导力

领导力是指在管辖的范围内充分利用人力和客观条件，以最小的成本办成所要办的事，提高整个团队的办事效率；领导力是领导者的个体素质、思维方式、实践经验以及领导方法等总和；领导力是怎样做人的艺术，而不是怎样做事的艺术；最后决定领导者的能力是个人的品质和个性。

（一）领导力含义

领导力含义：激情、承诺、负责任、欣赏、付出、信任、共赢、感召。

（二）如何历练领导力才能

领导力才能的历练方法可以归纳为变、冲、危、磨、挫、拓、学习和楷模等 8 个要素。

上述的 8 个要素要在决策力、推动执行力、创新变革力、沟通结合力、引领团队能力、人性化管理、诚信尽职以及自我修炼等方面的运用，才能真正体现领导力。

二、执行力

执行力指的是贯彻战略意图，完成预定目标的操作能力，是把团队战略、规划转化为效益、成果的关键。执行力包含完成任务的意愿，完成任务的能力，完成任务的程度。执行力，对个人而言执行力就是办事能力；对团队而言执行力就是战斗力。而衡量执行力的标准，对个人而言是按时按质按量完成自己的工作任务；对团队而言就是在预定的时间内完成团队的战略目标。

（一）执行力的要素

（1）沟通。

（2）协调。

（3）反馈。

（3）决心。

（二）执行力不力的十大病因

执行力不力的十大病因：推过揽功不负责任，选人无方用人不当，只重制度忽视文化，管理不当领导不足，目标不清计划不明，标准缺失考核无据，只重指令不懂沟通，事必躬亲不会授权，流程不畅衔接不良，管控不力奖罚不当。

（三）大学生如何提升执行力才能

要提升个人执行力，一方面，要通过加强学习和实践锻炼来增强自身的素质；另一方面，要端正工作态度。那么，如何树立积极正确的工作态度？关键是要在工作中实践好“严、实、快、新”四个要求。

（1）着眼于“严”，积极进取，增强责任意识。

（2）着眼于“实”，脚踏实地，树立实干作风。

（3）着眼于“快”，只争朝夕，提高办事效率。

（4）着眼于“新”，开拓创新，改进工作方法。

三、活动项目

活动项目包括求生墙、抢滩登陆、高空飞蛋、智能穿越、能量传输、齐眉棍等。

第六节　姿态形体类项目

形体训练是一项比较优美、高雅的健身项目，主要通过舞蹈基础训练（以芭蕾为基础），结合古典舞、身韵、民族民间舞蹈进行综合训练，可塑造人们舒展优美的体态，培养高雅的气质，纠正生活和工作中不正确的姿态，对现代人的社会生活和职业发展，起至关重要的影响。形体训练也是大学院校学生职业身心素质训练的基本内容之一。它主要包括坐位姿势、站立姿势，手位脚位练习，脚步动作舞蹈组合练习以及把杆、垫上等一系列基本功练习，并通过针对性的训练形成正确的坐、站、走的姿态和形体表现。其训练目的：训练队员展示良好、积极向上的精神面貌，掌握正确的坐、站、走姿的要领；纠正队员坐、站、走姿中的不良习惯。

一、坐姿训练

在日常的社交和职业活动中，最常见的姿势就是坐姿，端庄优美的坐姿可以给人以文雅端庄、稳重大方的感觉，也能直接地体现自己的气质和风度。坐姿的训练其实很简单，无非入座、坐定和离座几个环节。

（一）标准坐姿

坐椅子上时，上体自然挺直，头部方正。表情自然，目光柔和，嘴微闭，两肩放松，双臂自然弯曲放在膝盖上，或放在椅子或沙发扶手上，手心向下，两脚平落地面。无论是坐椅子还是坐沙发，最好不要坐“满”，留有余地，以表示对他人的恭敬和尊重。教室和会议室因有桌案遮挡，可以掩饰坐姿不规范的行为，但在正式场合，就应更加注意，男性两腿之间可有一拳的距离，女性两腿之间应该无空隙。两腿自然弯曲。两脚平落地面，不宜前伸。与他人交谈时，通常将手臂搭在座椅或沙发扶手上，手心不可向上；或者将左手搭在腿上，右手在搭在左手背上，这种坐姿给人以典雅的感觉。与人面谈，不要乱动手脚，更忌手舞足蹈，那样会显得很不稳重，给人留下失礼的印象。除了特别亲近的客人和朋友、亲属外，一般不要半躺在沙发上，这样很不文雅，会影响别人对你的评价。

（二）女士坐姿

女士就坐时，应并拢双腿斜向一方，双脚可稍有前后之差，这样他人从正面看时，双脚交成一点，可使双腿看起来更为修长。女士分腿而坐会显得不够雅观，若穿裙装应有抚裙的动作。一般来说，在正式场合，女性应双腿并拢，自然弯曲。在标准坐姿的基础上，使双腿略向前伸，将脚踝相叠，保持平稳坐姿，双腿离地同时向里收，相叠部分由脚踝过渡到膝盖，双腿向一侧倾斜，这样就能达到优雅的完美坐姿了。

（三）男士坐姿

男士就座时，双脚平踩在地上，两脚略微分开，双手分置两膝盖之上。男士穿西装时应解开上衣纽扣。欧美男士叠坐时，把小腿放在另一条腿的膝盖上，大腿之间是有缝隙的，但注意脚不要翘得太高，避免鞋底正对客人。在与欧美人交往的时候，要注意对方的习俗，这样更有助于双方的沟通和交流。

（四）几种错误坐姿

（1）腿部抖动摇晃。

（2）随意架腿。

（3）脚尖翘起或指向他人。

（4）两腿多度叉开。

（5）双腿直伸出去。

（五）坐姿种类

（1）正襟危坐式。

（2）捶腿开膝式。

（3）前伸后曲式。

（4）双腿斜放式。

（5）双脚交叉式。

（六）离座

起身离座也是有讲究的，是不可忽视的重要环节。同座的众人，应当请身份高、辈分高的先离座，同等身份的可以同时离座。在学校里，应该请老师先走，同学之间也应该礼让。在社会交往中要请地位高，受人尊重的人先离席。在离座时动作一定要轻柔、要稳重，不可以猛起猛出，导致桌歪椅翻，声响巨大。同入座一样，坚持“左进左出”。起身后先站稳，两脚并其后再迈步行走，匆忙离去和跌跌撞撞，会让人觉得举止轻浮，缺乏稳重感。

(七) 坐姿的寻训练方式

1. 背对训练镜，练习入座动作

入座时，走到座位前面再转身转身后右脚向后退半步，然后轻稳地落座，收右脚。要求动作轻盈舒缓，从容自如。

2. 面对训练镜，练习入座动作

以站立在座位左侧为例，先左腿向前迈一步，右腿跟上并向右侧迈一步，走到座位前，然后左腿并右腿，接着右脚后退半步，轻稳落座；入座后右腿并左腿成端坐姿势，双手放在虎口处交叉，右手在上，轻放在一侧的大腿。

3. 面对训练镜，练习腿部脚部造型

在上身姿势正确的基础上，练习腿部的造型，按要领逐一练习双腿垂直式（正襟危坐式）、垂腿开膝式、双腿叠放式、双腿斜放式、双腿交叉式、双腿内收式、前伸后曲式、大腿叠放式等坐姿。

4. 面对训练镜，练习离座动作

离座起立时，右腿先向后退半步，然后上身直立站起，收右腿。从左侧还原到入座前的位置。

二、站姿训练

站立是举止优雅的基础，是塑造良好形象的起点，因此练习姿态形体首先要学会站姿，站要有站样。站得优雅而脱俗，你的站立也许会成为一道亮丽的风景线。

站姿就是人的站相，是人的静态行为，是人的各种静态和动态姿势的基础和起点，它是仪态的核心。站要有站相是对一个人仪态修养的最基本要求。良好的站姿能提高一个人的气质和风度。站姿是一切仪态之首，若站姿不够标准，那么其他姿势就无从谈起。然而，在我们的日常生活中，经常会见到许多不正确的站立姿势。

(一) 不正确的站立姿势

1. 歪斜身体

古人云："立如松。"所以站立不能歪斜。若身躯明显歪斜，不但直接破坏了人体的线条美，而且还会破坏自己的精神风貌和整体的形象以及气质品格。

2. 半坐半立

必须注意坐立有别，在站立之际，绝不能因慵懒或者疲惫，擅自采用半坐半立的姿势。

3. 弯腰驼背

站立时，如果弯腰驼背，还同时伴有颈部弯曲、胸部凹陷、臀部撅起、腹部突出等一系列不良体态，会使人怀疑站立者是否有身体疾病或生理缺陷。因此，一定要站直立正，绝不可以弯腰驼背。

4. 手位不当

站立时，注意手位正确，否则会破坏站姿的整体效果。站立时手位不当的主要表现：双手抱在脑后、手托下巴、双手抱在胸前、肘部支在某处、双手叉腰、手插在口袋里，这样的站姿会给人以不严肃和行为随意、散漫的感觉。

5. 脚位不当

V字步、丁字步或平行步在正常情况下均可采用，但是要避免踩蹬式和人字步。踩蹬式是指一脚踩在地上，另一只脚踩在鞋帮上，或是踩在其他物体上；人字步是指两脚成内八字。

（二）正确站姿的要点

头要正：抬头，头顶保持水平，眼睛向前平视。

肩应平：双肩要平行，可以放松些。

身须正：身体躯干挺直，挺胸、收腹、立腰。双臂自然下垂，双手可以放在身体两侧（或前后）。

腿直立：膝和脚后跟要紧靠，脚尖稍稍分开些。

对男士的要求：风度洒脱，挺拔向上，舒展俊美，精力充沛。对女士的要求：庄重大方，亲切有礼，秀雅优美，亭亭玉立。

（三）男性标准站姿

站出挺拔阳刚之气，给人以稳重感，要注意三点：一是向上提髋部，脚趾抓地；二是向上收缩腹肌、臀肌；三是头部向上悬，而肩部向下沉。

男性站立时，要立直身体，抬头挺胸，微收下颌，平视前方，两膝并拢，脚跟相靠，脚尖分开，成V字形。双手置于身体两侧自然下垂。也可两脚平行站立，但两脚不能超过肩宽。

（四）女性标准站姿

女性应站出亭亭玉立，庄重高雅之感。双脚成V字形，膝盖和脚跟尽量靠拢，或者一只脚略靠前，另一只脚略靠后，前脚的脚跟稍向后脚的脚背靠拢，后腿的膝盖向前腿靠拢。站久时，可以适当变换姿势。

（五）站姿训练方法

打开双肩，挺胸抬头，双臂自然垂直于身体两侧。

男士双脚分开站立，与肩同宽，女士双脚跟并拢，两膝并拢，脚尖分开不超过45°角。

九点靠墙：脑后、双肩、臀部、小腿和脚跟九点靠墙面，并由上往下确认姿势要领。

双目平视前方，自然放松脸部肌肉，向上延伸至颈部。

立腰，收腹，紧绷腹部肌肉，背部肌肉紧压脊椎骨，收紧臀部。

三、走姿训练

走姿属动态美，最能体现一个人的精神面貌。每个人都是一个流动的造型体，优雅、稳健、敏捷的走姿，会给人以美的感受，产生感染力，反映出积极向上的精神状态。女性脚步应轻盈均匀，穿裙子时要走成一条直线，裙子的下摆与脚的动作显示优美的韵律感；男性脚步应稳重、大方、有力，显示阳刚之气。

（一）正确的走姿

（1）头正：双目平视，收颌，表情自然平和。

（2）肩平：两肩平稳，防止上下前后摇摆。双臂前后自然摆动，前后摆幅在30°~40°

角，两手自然弯曲，在摆动中离开双腿不超过一拳的距离。

（3）躯挺：上身挺直，收腹立腰，重心稍前倾。

（4）步位直：两脚尖略开，脚跟先着地，两脚内侧落地，走出的轨迹要在一条直线。

（5）步幅适当：行走中，两脚落地的距离大约为一个脚长，即前脚的脚跟距后脚的脚尖相距一个脚的长度为宜，但应视不同的性别、不同的身高、不同的着装、不同的境况，做出相应的调整。

（6）步速平稳：行进的速度应保持均匀、平稳，不要忽快忽慢，在正常情况下，步速应自然平缓，显得成熟、自信。

值得注意的是，走路用腰力，才有韵律感。如果走路时腰部松懈，就会有吃重的感觉，不美观；如果拖着脚走路，便显得没有朝气，十分难看。走路的美感来自于下肢的频繁动作与上身的稳定之间所形成的对比和谐，以及身体的平衡对称。要做到出步和落地时脚尖都正对前方，抬头挺胸，迈步向前。

常见的走姿是一字步。一字步走姿的要领：行走时两脚内侧在一条直线上，两膝内侧相碰，收腰提臀挺胸收腹，肩外展，头正颈直微收下颌。步数每分钟 125～130 步。步长标准每一步为自己的一脚长或 1.5 个脚长。

（二）需要纠正的不良姿势

（1）八字步，低头驼背（含胸）。

（2）歪脖，摇晃肩膀，双臂大甩手。

（3）扭腰摆臀，左顾右盼，脚擦地面。

（4）与人勾肩搭背等。

（三）行姿训练方法

1. 摆臂训练

直立身体，以肩为轴，双臂前后自然摆动。注意摆动的幅度适度，纠正过于僵硬、双臂左右摆动的毛病。

2. 步位步幅训练

在地上画一条直线，行走时注意自己的步位和步幅是否正确，纠正“外八字”“内八字”及脚步过大或过小。

3. 稳定性训练

女士穿高跟鞋将书本放在头顶中心，保持行走时头正、颈直、目不斜视。

4. 协调性训练

配以节奏感强的音乐，行走时应注意掌握好走路的速度、节拍，保持身体平衡，双臂摆动对称，动作协调。

思考题

1. 简述拓展的发展。
2. 简述团队合作项目的锻炼方法。

第十五章 其他

第一节 游泳

学习目标

知识目标

了解游泳运动相关概念，熟悉游泳运动的价值。

能力目标

学会游泳基本技术，学会游泳安全与救护的常识。

素质目标

领会游泳的竞赛意义，积极参与此项运动，培养实用性技能，体会顽强拼搏的精神。

一、游泳概述

1. 游泳与健身

游泳是凭借自身的动作和水的相互作用力，在水中进行运动的一项体育项目，是一项非常有益的运动，具有很好的锻炼价值和重要的实用价值，是群众性广泛的运动项目之一。

游泳能充分利用自然条件——日光、空气、水来进行身体锻炼，促进身体的全面发展。运动量因人而异。游泳无论男女老少，体质强弱，甚至某些慢性病患者都可以参加，可以得到锻炼或治疗。

游泳时，受冷水的刺激，机体代谢率大大提高，水的密度比空气大800倍左右，在水中胸部受到12~15 kg的水压，呼吸条件比陆上困难很多。运动中所需大量的氧气，通过增大呼吸的深度吸入氧气，呼出二氧化碳。经过长期的游泳锻炼，呼吸肌就会逐渐变得强壮有力，呼吸功能也会大大提高，心肺功能得到大大改善。

长期从事游泳锻炼，心脏体积呈明显的运动性肥大，收缩更加有力，血管壁增厚，弹性加大，安静时心率徐缓。经常进行无氧练习，使机体有氧代谢和无氧代谢功能得到提高。刺激血液中运输氧气的血红蛋白量增加，提高人体的摄氧能力，对提高心血管功能、预防心血管疾病有积极的作用。

游泳时，所有的肌肉群和内脏器官都参加有节奏的活动，这种锻炼，能有效促进身体全面、匀称、协调的发展，并使肌肉发达，富有弹性。

水温的刺激，对神经系统有良好的作用，经过长期的游泳锻炼，能增强机体适应外界环境变化的能力，抵御寒冷，预防疾病。

2. 游泳的基本知识

游泳可分为竞技游泳、实用游泳和花样游泳。竞技游泳是指国际游泳联合会列为正式的竞赛项目，并符合竞赛规则规定采用的游泳技术和比赛项目，以速度来决定胜负的游泳。包括自由泳、仰泳、蛙泳、蝶泳、个人混合泳、混合式接力。实用游泳是在生产、生活和军事上使用的游泳技术，包括侧泳、反蛙泳、踩水、潜泳、水上救护等非竞技游泳技术。花样游泳是在音乐伴奏下做出各种优美游泳动作的艺术性游泳。花样游泳包括单人、双人和集体3项。

游泳要充分利用浮力、平衡条件、阻力、推进力等对人体的作用力，尽量避免身体过分摆动和起伏，要掌握和保持合理的技术。抬头吸气动作不要过大或过高。空中移臂时，路线要合理，动作要快，尽量减少由于手臂露出水面而产生的重力；手臂在水中划水要尽可能划到流动的水，而不是“静水”加长划水路线，及时纠正直臂直线的划水。在游泳中，为了发挥最大的推进力、减小前进的阻力，方法可以概括如下：

（1）凡与游泳方向相反的一切动作，要求对水产生最大的阻力（推进力）；凡与游泳方向一致的一切动作，应对水产生最小的阻力。

（2）在有效划水阶段，应以最大力量、最快速度完成；在水中的准备动作应以适当速度完成。

（3）在最有效的划水阶段，有效动作应以最大的划水面、蹬水面对水；在水中准备动作阶段，应尽量减小阻力面。

（4）凡能在空中完成的动作尽可能在空中完成。

（5）在游进中，整个身体在水中应尽可能保持流线型。

游泳是一项很好的运动，应当提倡。在游泳教学中除学生所能接受力学特点外，应使学生明确学习游泳的目的、意义，同时应使学生了解游泳教学的任务、考试、考查和测验的标准和要求。要把游泳安全放在首位，明确和遵守安全规则，树立安全观念。在游泳时必须严格遵守以下事项：

①凡患有精神病、癫痫、严重心脏病、皮肤病、腹泻、中耳炎、鼻窦炎、急性结膜炎、肝炎、肺结核及其他传染病等，不宜游泳。发热和其他疾病也不宜游泳。女生月经期不宜游泳。②饭后、酒后或激烈运动之后，不宜立即下水游泳。③雷电、暴风雨期间不能游泳，已在池水中，应迅速起水更衣。④进行身体检查，取得健康证方可入池游泳。下水前应做好准备活动，使身体各器官各系统做好游泳前的准备。⑤注意公共卫生，不在水中吐痰、大小便。⑥激烈游泳后，应在水中放松，调节好呼吸后再出水。⑦出现头晕、呕心、冷颤、抽筋

等异常情况时，应及时出水。⑧出水后，应立即用自来水冲洗全身，将附着在体表的微小物质和极少量化学药物冲洗干净，擦干身体，穿衣保暖。

学习游泳要循序渐进。首先要从熟悉水性开始。它主要包括头浸入并没入水、水中憋气、水中呼气、抬头吸气的练习，水中行走、浮体练习，蹬底和蹬边滑行漂浮和水中游戏等各种方法。其目的是从怕水到不怕水，最终达到喜欢水，并有强烈的征服水的欲望，为学习游泳打下基础。

二、蛙泳

蛙泳是最古老的游泳姿势，是古人模仿青蛙游在水中的动作创造的一种游泳技术。蛙泳速度较慢，但身体姿势比较平稳，动作省力，呼吸方便，适宜长时间、远距离游泳，简单实用，人们对它倍加青睐，是初学者首选泳姿之一。

竞赛规则规定蛙泳时身体必须俯卧，两肩须与水面平行；两臂要在同一水平面上向后划水，并同时从胸前伸出；除出发和转身后准许做一次潜泳动作外，头的一部分应始终露出正常水平面上游进。

（一）身体姿势

身体水平地俯卧在水中，两臂向前伸直并拢，头略抬，水齐前上额，脸浸入水中，身体的纵轴与前进方向成一很小的迎角，胸、腹部和下肢水平成流线型姿势（见图 15-1）。

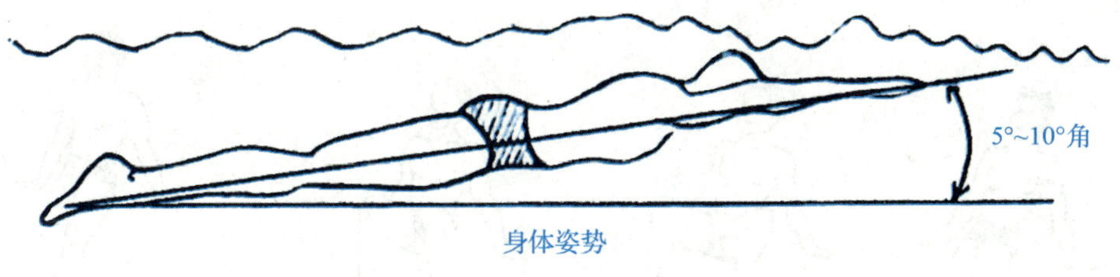

图 15-1 身体姿势

（二）腿部动作与练习方法

1. 动作要点

腿部动作是推动身体前进的主要动力。现代蛙泳腿部多采用窄收窄蹬的“活塞式”技术动作。它的技术特点是两膝距离略与肩宽，大腿回收范围较小，从而减小了水的迎面阻力；两腿呈弧形蹬夹水，几乎是直线向后做鞭打动作；收腿和蹬夹的路线缩短，加快了动作的频率。

蛙泳腿部动作是由收腿（见图 15-2①~③）、翻脚（见图 15-2④）、蹬夹水和并滑（见图 15-2⑤~⑨）四个阶段紧密组成，不可分割。归纳成一首口诀：边收边分慢收腿，向外翻脚对准水，向后弧型蹬夹水，臂腿伸直滑一会。

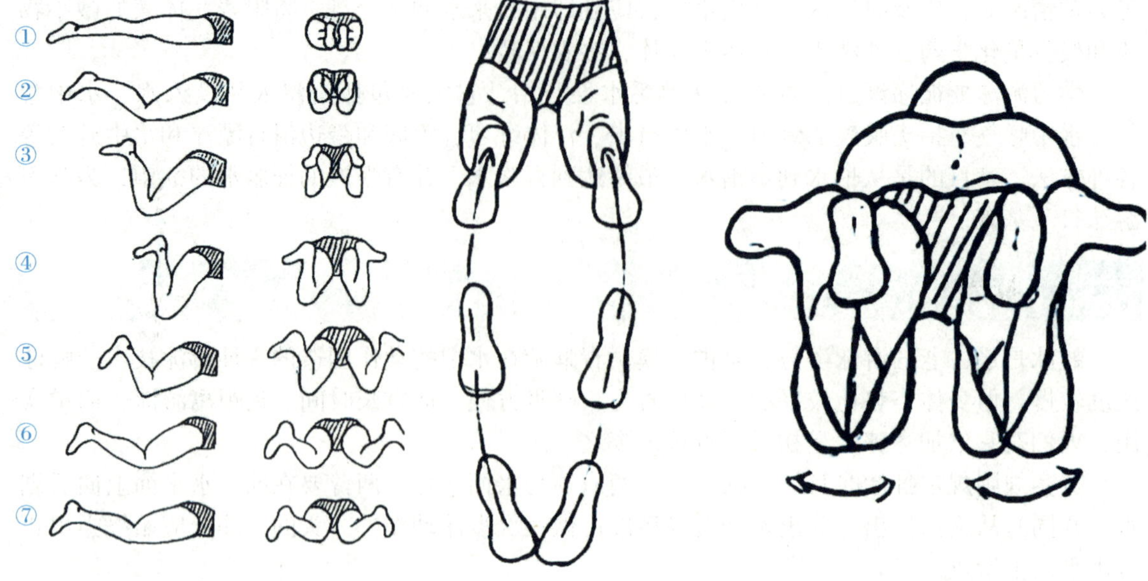

图 15-2　腿部动作

2. 蛙泳的腿部练习方法

（1）陆上模仿：坐在池边，两手后撑，上体稍后仰，按口诀练习（见图 15-3）。

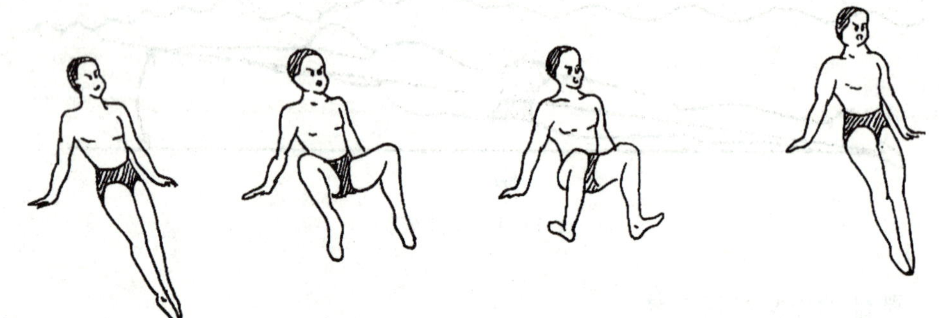

图 15-3　蛙泳的腿部

（2）俯卧在橙子或池边，按口诀练习（见图 15-4）。

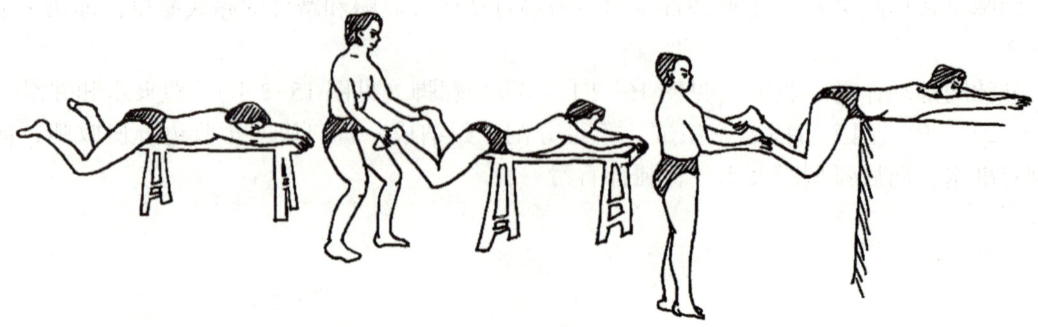

图 15-4　蛙泳的腿部

(3) 浅水区由同伴托住身体，在水中做模仿练习。

(4) 扶浮板反复练习。

3. 常见错误及纠正方法

(1) 过分收大腿、臀部起伏大；脚绷太直，不会外翻。纠正方法：重建概念，模仿练习，双人扶脚蹬夹水练习。

(2) 宽收蹬腿，只蹬未夹。纠正方法：着重领会大腿内旋收腿膝内压翻脚的要领，扶槽双人扶脚蹬夹水。

(3) 高低脚蹬水。纠正方法：在窄水线间两脚勾水线上，慢动作体会蹬水；两脚掌在水线下接触水线的蹬夹水练习；扶板蹬夹水，由他人触摸脚低的一侧。

(4) 收腿时，两脚跟靠近。纠正方法：收腿前准备腿内旋，脚尖相对，脚跟分开，双人扶脚练习，收腿时，两脚先分后收。

(三) 臂部动作和练习方法

1. 动作要领

蛙泳过程中，两臂所有动作都应同时，并在同一水平面进行，即两手要同时在水面、水下或水上由胸前伸出，然后在水面或水下向后划水。蛙泳臂部动作由滑行、抓水（见图 15-5）、划水（见图 15-6）、收手和伸臂（见图 15-7）五个阶段紧密连接组成，不可分割。

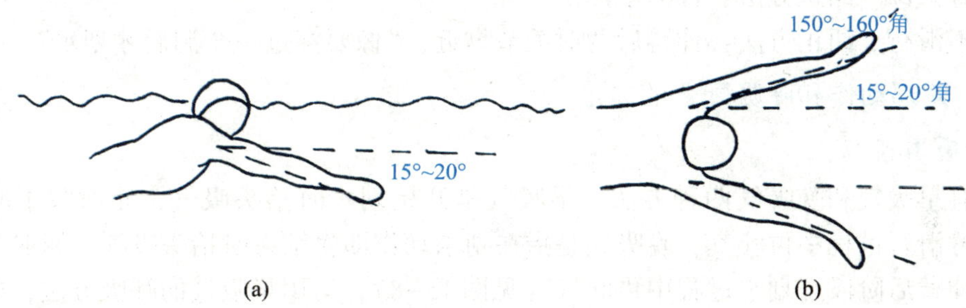

图 15-5 滑行、抓水

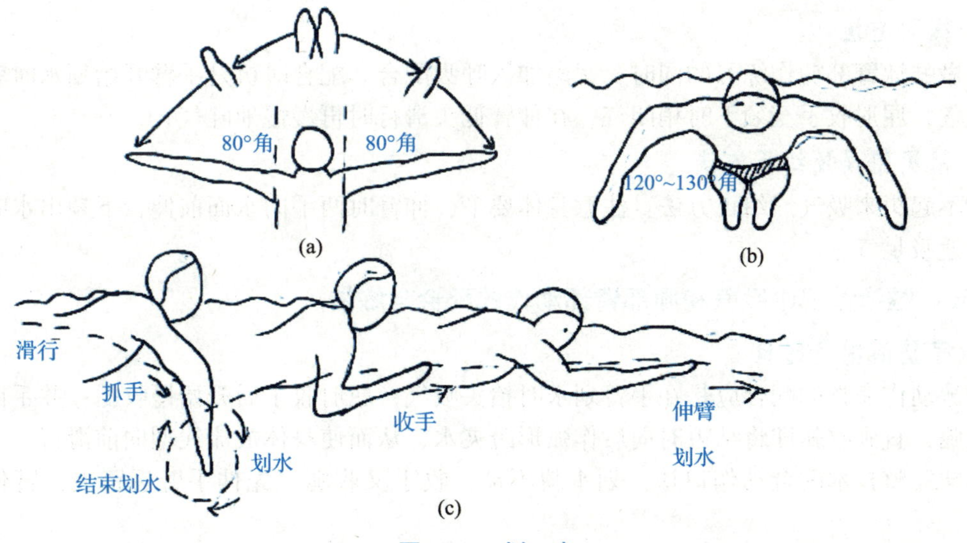

图 15-6 划 水

(a)

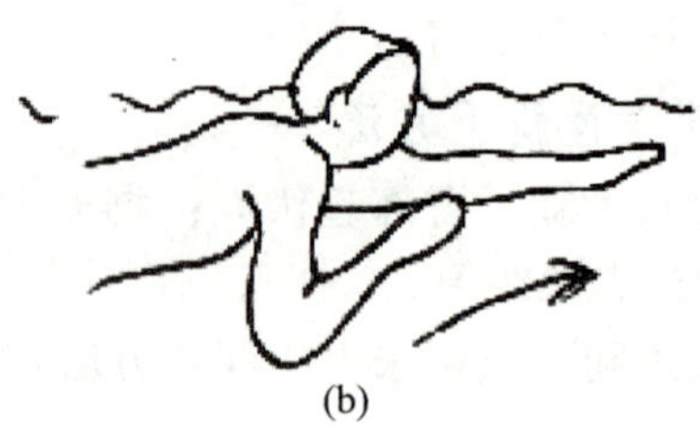
(b)

图 15-7 收手和伸臂

2. 练习方法

（1）陆上模仿：两脚左右开立，身体稍前倾，两臂并拢前伸，手指并拢，手心向下。按口令做两手同时向侧后划动作，然后屈臂收手至颏下，掌心斜相对；两手向前伸直并拢，稍等。

（2）在浅水区站立和行走做该练习，并努力体会划水时手掌和小臂的水感。

（3）常见错误及纠正方法。

①划水超过肩的垂直平面。纠正方法：重建概念，模仿练习，大臂不动，只用手腕划水，矫枉过正。

②伸臂太深。纠正方法：伸向水面。

③臂不滑行。纠正方法：伸臂后两肘关节靠近，“像要穿过一个洞后才划水”。

（四）臂部动作和呼吸配合的方法

1. 呼吸方法

蛙泳有早吸气和晚吸气两种方法。早吸气是开始划水时抬头吸气，屈肘收手时屏住呼吸，在伸臂滑行过程中再吐气；晚吸气是指在划水动作即将结束时抬头吸气，屈肘收手时闭气低头，伸臂后阶段至划水过程中再吐气（见图 15-8）。运用早吸气的呼吸方法，能使身体保持位置较高，因此吸气时间较长，技术要求较低，初学者很容易学会。

蛙泳臂部动作与呼吸的配合，用一句口诀说明：划水开始抬头吸，伸臂慢吐不着急。

2. 练习方法

在做蛙泳臂部功作练习的同时，逐渐加入呼吸配合。配合时机是手臂开始划水时就抬头用嘴吸气，屈肘收手至颏下时稍闭气，在伸臂低头滑行时再慢慢地吐气。

3. 常见错误及纠正方法

抬不起头来吸气。纠正方法：注意身体要平，伸臂时两手向水面前伸，下颏出水时吐尽气并快速吸足气。

（五）蛙泳过程中吸气和腿部臂部动作的配合与练法

1. 完整的配合时机

蛙泳动作完整的配合应是在手臂划水时抬头吸气；屈肘收手后开始慢收腿；并手前伸时继续收腿，直到收腿即将结束时向后作弧形蹬夹水，从而使身体成流线型向前滑行。

蛙泳完整技术配合动作口诀：划水腿不动，收手又收腿，先伸手臂后蹬夹，臂伸直向前滑。

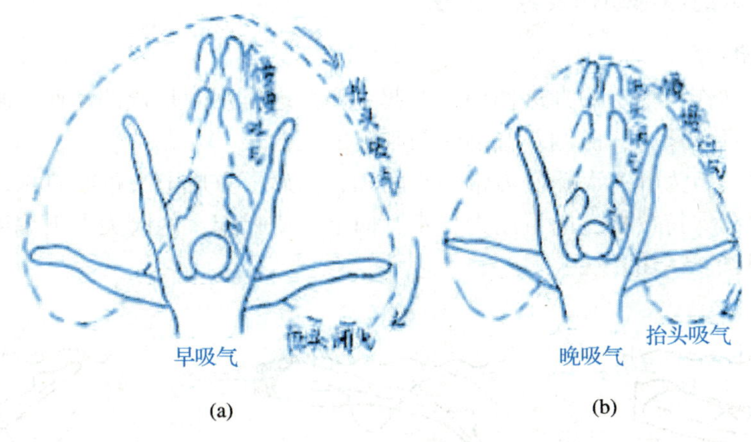

图 15-8 呼吸方法

2. 常见错误及纠正方法

（1）蹬水太深。纠正方法：注意腿向后用力，而不是向下蹬水；重复做好压膝翻脚动作，蹬水后，两腿放松，稍抬向水面。

（2）前推后拉，即划水时收腿，伸臂时蹬腿，动作乱。纠正方法：重建概念，模仿练习，游动时，手动腿不动，腿动手不动。

三、爬泳

爬泳（自由泳）是俯卧在水中，两脚上下交替打水，两臂轮流划水使身体向前游进的一种泳姿。

爬泳以其动作姿势类似爬行而得名，又称为自由泳，是最快的泳姿。游泳竞赛规则规定，在自由泳比赛中，可采用任何一种姿势游进。自由泳速度快、项目多，在需要快速完成水上任务的情况下，它有很高的实用价值，在教学中占重要的地位。

（一）身体姿势

练习者身体俯卧水中成流线型，身体纵轴与水平面的夹角很小。头与身体纵轴的夹角成20°~30°角，水面靠近前额。由于轮流划水和转头换气，游进过程中身体绕纵轴左右转动范围成35°~45°角（见图 15-9）。

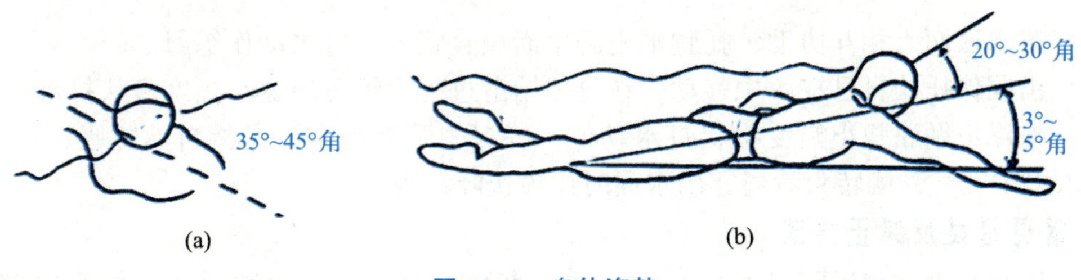

图 15-9 身体姿势

（二）自由泳的腿部动作及练习方法

1. 动作要点

自由泳腿部动作有一定的推进作用，但起主要推进作用的是臂部动作，腿部主要是维持身体平衡，增加身体浮力，协调两臂动作与呼吸的配合。

打水时以髋关节为轴，大腿发力带动小腿和脚向后下方成上下鞭状打水动作。打水时双脚稍内旋，踝关节保持放松，向下用力打水，向上放松提起，两脚尖上下幅度为 30~40 cm，膝关节弯曲（见图 15-10）。

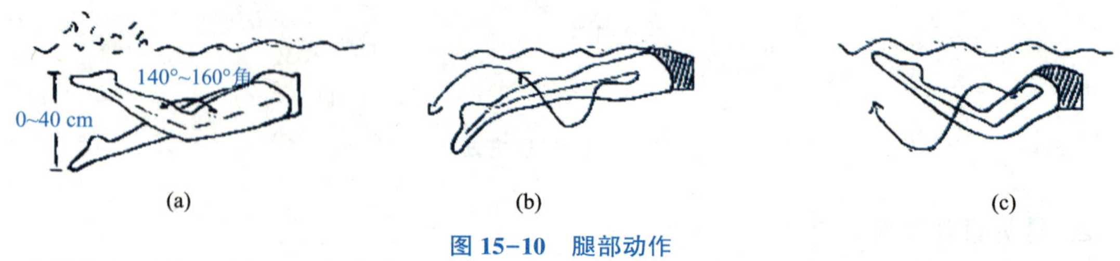

图 15-10　腿部动作

2. 练习方法

（1）模仿：练习者在池边做模仿打水练习（见图 15-11）。

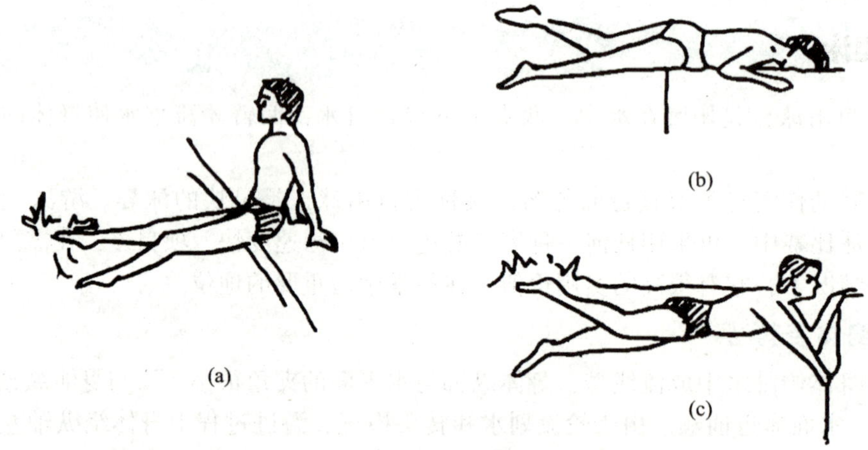

图 15-11　模拟练习

（2）浅水区两人相互协助，托胸平俯卧水面做直腿上下打水动作练习。

（3）由同伴托扶自己在水中移动，在身体俯滑过程中练习屈腿小幅度鞭状打水动作。

（4）扶浮板做屈腿小幅度鞭状打水动作。练习中眼视前方，保持自然呼吸，逐步练习面部浸入水中吐气，侧转头看肩露出水面时用嘴快吐快吸。

3. 常见错误及纠正方法

（1）以小腿为轴，屈膝打水。纠正方法：直腿打水，扶其大腿打水，体会以髋为轴，不要打出水面的练习。

（2）直腿紧张打水。纠正方法：放松踝关节的练习；扶其膝关节，使其放松打水；长时间的快、慢打水练习。

(3) 怕沉，抬头过高；手压板，肩露出水面打水。纠正方法：建立正确概念，躯干和上肢放松，身体姿势要平。

(三) 自由泳的臂部动作与练法

1. 动作要点

双臂划水是身体向前游进主要的推进力。自由泳臂部动作周期由入水、抱水、划水、出水和空中移臂五个不可分割的阶段组成（见图 15-12）。

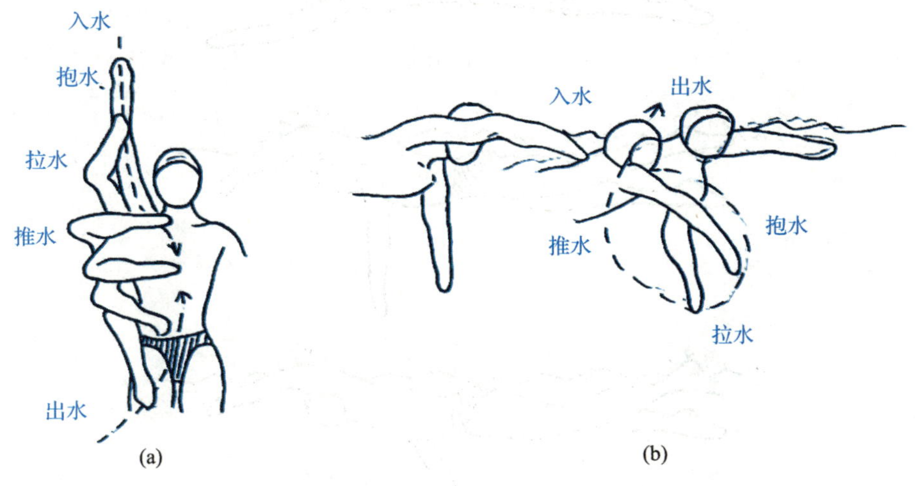

图 15-12 臂部动作

入水：手指并拢，臂稍内旋，肘高于肩，屈臂，按手、前臂、上臂的顺序在肩的延长线上顺次入水。注意是掌心朝外大拇指领先斜切入水。

抱水：手掌向斜外下方转向斜内后方并开始屈腕屈肘，肘高于手，所持姿势就像用臂前伸去抱一个大球似的，为划水做好准备。

划水：划水是产生身体推进力的主要阶段，由手臂的拉水动作和推水动作组成。划水手臂的动作方向是从向内向后转向身体正后方，而划水路线则是手臂向内后下转至向后稍上，并以肩带动前臂，用力向后划至大腿旁。从手臂的入水至划水结束，手划动的轨迹走的是一条“s”形路线（见图 15-12）。

出水和空中移臂：划水结束后，上臂带动肘关节向上提拉，按肩、上臂、前臂、手的顺序依次出水。手臂出水后用后屈臂、以肘带动前臂和手前移的高肘移臂技术，空中前移再次入水，动作连贯、放松（见图 15-13）。

图 15-13 出水和空中移臂

自由泳两臂动作的配合方法：自由泳过程中两臂有三种配合方法即前交叉、中交叉和后交叉。一是前交叉（30°角），一臂做入水动作时另一臂处于肩前下滑状态；二是中交叉（90°角），一臂做入水动作时，另一臂处于向内划水阶段；三是后交叉（150°角），一臂入水，另一臂划至腹下做推水动作（见图15-14）。初学者最好采用前交叉方法，有利于掌握爬泳动作和呼吸。

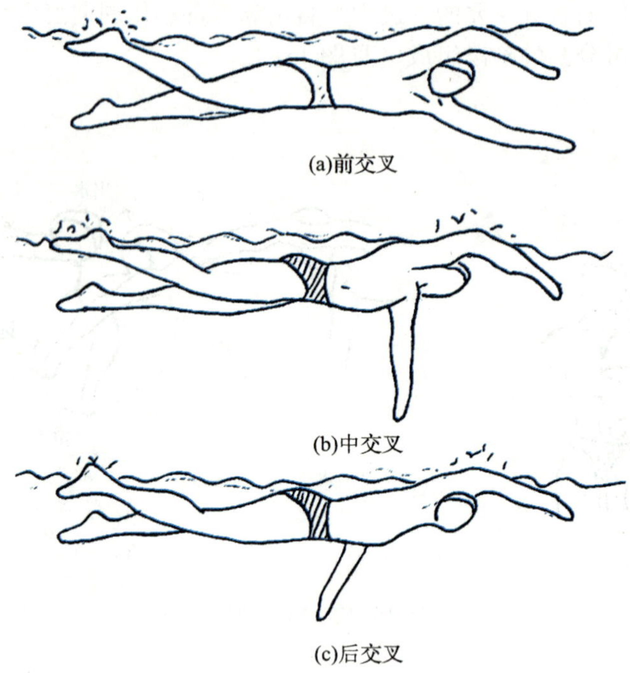
(a)前交叉

(b)中交叉

(c)后交叉

图 15-14 两臂动作的配合方法

2. 两臂配合动作的练习方法

（1）陆上模仿：双脚开立，身体前倾，手臂前伸做直臂划水动作练习，逐渐过渡到由单臂动作练习过渡双臂交替进行的动作练习。

（2）站立于浅水区做上述动作练习。

（3）在浅水区中行进，同时做双臂交替划水动作练习。

（4）水中俯卧夹浮板做双臂交替划水动作练习（见图15-15）。

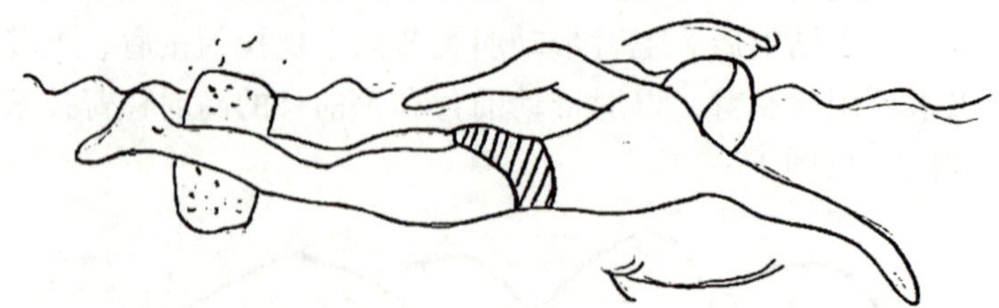
图 15-15 双臂交替划水动作练习

3. 常见错误及纠正方法。

（1）降肘（或直臂）空中前移。纠正方法：讲清移臂时，肘关节像吊在空中一样，移臂是肩带臂，而不是手带臂；陆上模仿练习，臂内旋，自然放松下垂，手向后外拨绕圈，从小到大，成空中放松前移；然后靠肩带动前移。陆上、水中均可练习。

（2）压水（或降肘）划水。纠正方法：着重模仿抱水，然后抬肘向后划水。

（四）自由泳臂部动作和呼吸的配合与练法

1. 呼吸方法

一般采用俯卧水面向体侧转头的呼吸动作，两臂各划水一次，做一次完整的呼吸。以右侧换气为例，右手完成入水动作后，用嘴慢馒呼气（见图 15-16①），待右手划水至肩下时，开始向右侧转头用力呼气（见图 15-16 之④），右臂划至推水动作即将结束时，吐尽气（见图 15-16 之⑤），右臂进行出水动作的同时，开始吸气（见图 15-16 之⑥）。空中移臂动作过程中稍闭气，转头，在右臂再次做入水动作后开始下一次换气练习。

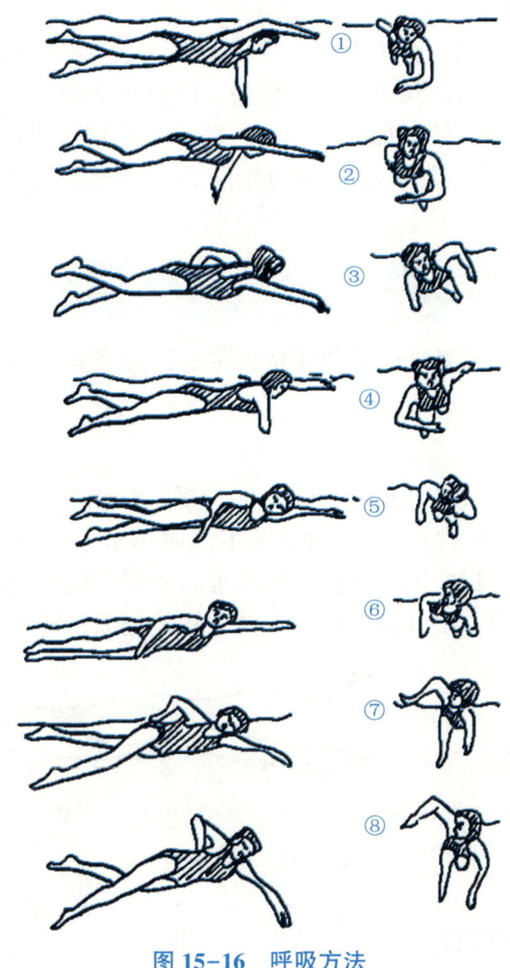

图 15-16 呼吸方法

2. 练习方法

（1）陆上模仿：双脚开立，身体前倾，两臂交替进行划水动作练习，并逐步配合进行呼吸。站立浅水区，手扶膝屈体做转头换气动作练习。

（2）在浅水区行进过程中做双臂交替划水动作与呼吸配合的练习。

（3）俯卧水面，请人帮助托扶脚做划水动作与呼吸的练习。

（五）自由泳过程中呼吸和腿部臂部动作的配合与练法

1. 配合方法

自由泳的完整技术动作通常采用6：2：1（长距离也用4：2：1）的配合方法，即腿打6（4）次，臂交划水2次，配合1次呼吸。

2. 练习方法

（1）陆上模仿：练习者俯卧在高台上按动作要点、节奏，进行完整配合模拟练习。

（2）浅水中进行两腿交替打水和单臂划水动作练习，并逐步配合换气练习。

（3）蹬池边在水中向前俯滑过程中反复强化完整技术动作的配合练习。

3. 常见错误及纠正方法。

（1）抬头吸气，造成体沉。纠正方法：重复水中练习，反复提醒。

（2）吸气时，另一臂下压。纠正方法：放松；注意水下的臂向上放松伸肩。

（3）动作乱，吸气时沿身体纵抽转动过大，动作不协调。纠正方法：臂、腿配合慢游，多次划水与一次呼吸的配合；要求按正规动作配合，延长距离游，在慢游中加深呼吸和放松。

四、仰泳

仰泳竞赛规则规定：游泳者身体必须保持正常的仰卧姿势。仰泳包括反蛙泳和反爬泳两种。仰泳动作简单易学。

（一）身体姿势

身体平直伸展，成流线型仰卧水面，低头收下颚，头和肩稍高于臂部，身体纵轴与水平面成4°~6°的仰角（见图15-17）。踢水时膝部不能露出水面，以便充分发挥腿部踢水产生的推进力，和自由泳相似，腿的用力过程鞭状踢水。头似掌握方向的舵，保持相对稳定，后脑浸入水中，面部露出水面，眼看脚尖踢水方向，身体绕纵轴转动约40°角，腰部紧张。

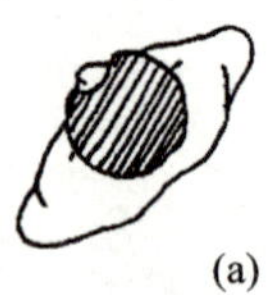

(a)

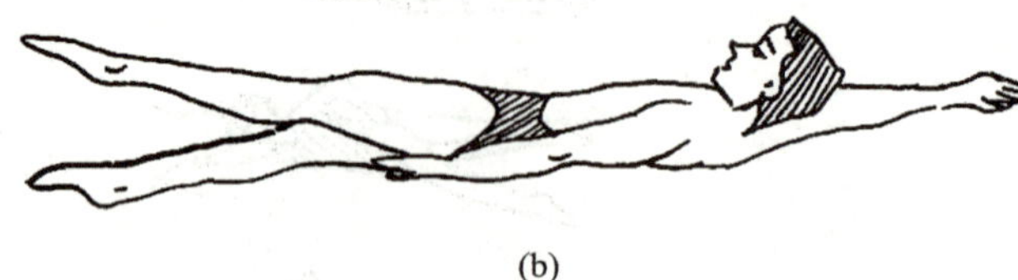

(b)

图15-17 身体姿势

（二）仰泳的腿部动作与练法

1. 动作要点

仰泳腿部动作主要作用是维持身体平衡和推动身体前进。仰泳踢水动作是以髋关节为轴心，大腿发力带动小腿和脚向后上方用力踢水和向下直腿压水。踢水时脚稍内旋，踝关节保持自然放松，展髋，膝关节不要露出水面（见图15-18）。

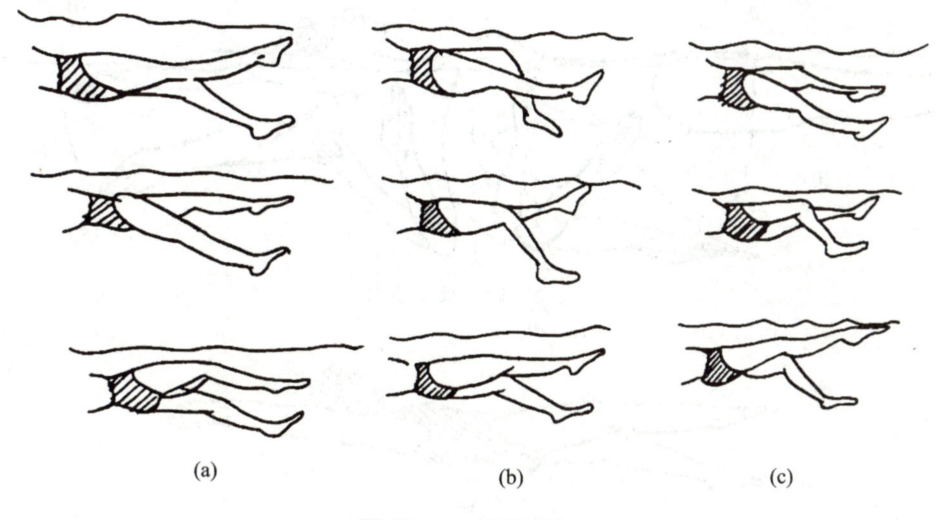

图 15-18 腿部动作

2. 练习方法

（1）陆上模仿：坐在池边，双手向后撑，上体略后仰，做直腿和屈腿交替踢水动作练习。

（2）在浅水区请同伴托扶后背或后脑，练习踢水动作。

（3）在水中垫浮板于头下，练习踢水动作。

（4）蹬池壁或池底，仰卧水面漂浮过程中练习踢水动作。

3. 常见错误及纠正方法

（1）屈腿打水使膝露出水面，或直腿打水，下打重，上不踢。纠正方法：讲明动作概念，双人扶膝助打。

（2）怕沉收腹坐水中打水。纠正方法：伸腰，放松头颈，体会打水。

（3）挺胸抬头打水。纠正方法：含胸收下颌，放松打水。

（三）仰泳的臂部动作和练法

1. 动作要点

仰泳双臂划水是促使身体前进的主要推进力。手臂划水的一个动作周期由入水、抓水、划水（拉水或推水）、出水和空中移臂五个不可分割的阶段所组成。划水动作要求连贯，速度均匀，空中移臂和水中动作节奏相同。手臂划水的运动轨迹是一条“s”形路线（见图 15-19）。

入水：按上臂、前臂、手的顺序在肩的延长线上依次入水。

抓（抱）水：抓水动作是手臂入水向划水动作的过渡，并为手臂划水处于最佳位置创造条件（见图 15-20）。

划水：以肩为轴心，手臂以屈臂高肘姿势开始划水，划至大腿侧下方为止。抓水阶段：手臂入水后，躯干和肩要向入水同侧转动，直臂下滑一定深度，手掌和手臂形成有力的对水面。划水有效阶段：包括拉水和推水。进入拉水阶段时，前臂内旋、屈肘关节，手掌和前臂

图 15-19 双臂划水

图 15-20 抓(抱)水

对准向后划水。手臂划至肩部垂直面时，臂弯曲最大，手掌距离水面最浅处 15 cm 左右，开始向后推水（见图 15-21）。

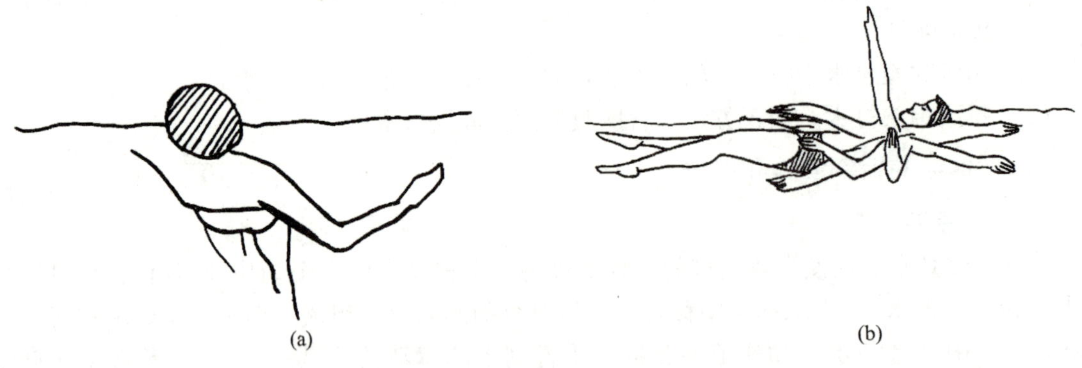

图 15-21 划 水

出水与移臂：手臂做出水动作时先压水再提肩，并以肩带动上臂、前臂、手顺序出水。空中移臂动作由肩的垂直面从后向前做出快速移动。

仰泳两臂配合：一臂入水时另一臂正好划水动作结束（见图 15-22①）；一臂划水至肩的垂直面时，另一臂则空中移臂至肩的垂直面（见图 15-22⑥）。保持两臂动作始终处于对角线的交叉位置上，保持动作连贯性，发挥双臂的划水力量。

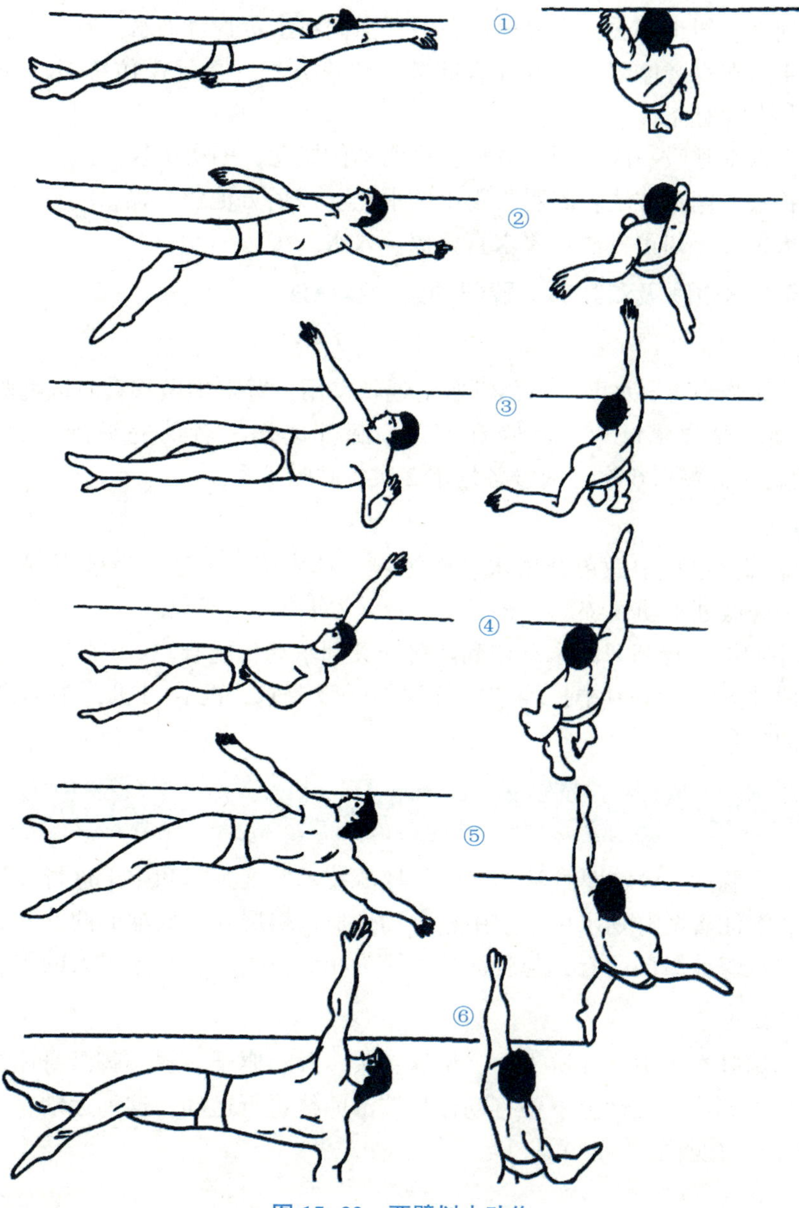

图 15-22 两臂划水动作

2. 练习方法

（1）陆上模仿：陆地上练习单臂和两臂交替划水动作。做到右臂上举划水时左臂做空中移臂，左臂划水时右臂进行空中移臂。动作练习熟练后，仰卧凳上练习这一交替划水动作练习。

（2）浅水中，边后退边做双臂交替划水动作，配合练习。

（3）仰卧水面，请同伴托扶膝部做上述动作练习。

（4）到浅水区后，在倒蹬池底仰卧水面漂滑过程中，练习双臂交替划水动作配合。

3. 常见错误及纠正方法

(1) 降肘划水。纠正方法：重复模仿练习，强调抓水；直臂划水。

(2) 臂划水后在身旁停留，两臂配合间断。纠正方法：重复模仿练习，向后走动划水动作配合，双人扶肩配合。

(3) 每次划水都呼吸一次。纠正方法：讲明动作概念，多次重复。

(4) 过分抬头。纠正方法：眼看脚踢出的水花（或后方池边）游。

(5) 入水太偏外。纠正方法：要求直臂擦耳入水。

(四) 仰泳过程中呼吸和腿部、臂部的配合和练法

1. 配合方法

仰泳时，面部始终露出水面，自然呼吸。通常采用一臂空中做移动时以嘴吸气，待到另一臂做空中移动时则以嘴吐气。呼吸和臂部、腿部动作三者的完整配合比例通常采用1∶2∶6，即两腿交替踢水6次，两臂各划水2次，呼吸1次。

2. 练习方法

(1) 在水中仰滑过程中做单臂划水动作练习，具体练习方法：游泳者保持一臂在头部前方伸直，另一臂做划水动作练。

(2) 在水中仰滑过程练习踢水动作和两臂交叉划水动作配合。

在做以上两种方法的练习中，均应按仰泳的呼吸要求，配合时机，主动进行呼吸与臂部、腰部动作的配合。

五、蝶泳

蝶泳又称为海豚泳，蝶泳是蛙泳的变形，蝶泳技术发展到腿和躯干进行波浪状打水，动作似海豚嬉水，游泳者两臂划水后，空中移臂动作似蝴蝶展翅，蝶泳的两臂和腿必须同时对称地动作。如果从蝶泳纵剖面看，与爬泳技术极为相似，当然，蝶泳对人的体力要求较高。

(一) 身体姿势

蝶泳时身体俯卧在水中，在游进中，游泳者头、颈、躯干、腿、脚沿身体纵轴作传递式的、有节奏、依次起伏不大地上下鞭打动作呈波浪曲线进行运动，这种运动，又使游泳者保持相对稳定的姿势（见图15-23）。

(二) 配合方法

蝶泳技术多采用早吸气和晚吸气两种呼吸力法。初学者一般采用早吸气方法。配合方式一般为2∶1∶1的比例安排，即双腿打水2次，双臂划水1次，配合呼吸1次。

(三) 配合过程

双臂入水吐气时、腿部1次打水，等双臂划水抬头张嘴吸气时，腿部再1次打水，双臂出水做空中移臂动作时稍闭气，等双臂入水后再慢慢吐尽气。

(四) 练习方法

(1) 陆上模仿，在池边按要求和节奏进行完整动作配合练习。

(2) 反复练习一个动作周期配合。

图 15-23　蝶　泳

（五）常见错误及纠正方法

（1）降肘划水或过于压水。身体起伏大，纠正方法：浅水区模仿臂部动作，滑行不吸气划水，两眼看臂，不要过分紧张，保持平稳。

（2）吸气抬头过高。纠正方法：明确抬头时以耳下为轴，前伸下颌，而不是头肩抬起。

（3）移臂时降肘。纠正方法：双人扶肩。被扶者两臂放松，被动体会肩带头的动作，明确臂内旋、肩带手的概念，站立在水中练习，游进中，移臂时稍低头，形成头带手入水。

（4）臂腿脱节，打腿时忘手，划水时忘腿。纠正方法：模仿练习，强调臂腿配合。

六、水中安全救护

在游泳中，不幸事故频繁发生，大多因为安全意识和规章制度的松懈所致。发展游泳运动必须反复强调安全第一，不仅自己能够游泳，还能教人游泳，而且还要能够救人。不但要有“舍己救人”的精神，更要有水中救护的知识和过硬的救生护本领。自救、互救、拯溺、救难，缺一不可。

（一）自救

首先，要了解游泳的卫生知识，了解水域的情况；空腹或饭后 1 h 之内不宜游泳；患有传染病和酗酒者不能下水，女生月经期间也不宜游泳；下水前做好充分的热身活动；等等。其次，一旦碰到深水、漩涡、抽筋等情况，要保持镇定，放松漂游，用力拉伸抽筋的腿，大声呼救等。

（二）急救

1. 入水和游近溺者

救溺时尽可能使用救生圈、竹竿等器材进行救护，如果没有任何救生器材，要以最快的方法入水，在不熟悉水情时，以脚先入水为宜。

入水后，快速接近目标，从后面接触溺水者，如正面接近目标，则应果断地拉其手［见图 15-24（a）］或扭转臂部［见图 15-24（b）］，使其背向救护者。迅速将其脸部托出水面，或体平仰卧，以便拖带。

图 15-24　救　溺

2. 水中解脱

溺者在水中挣扎时，凡抓到的东西，轻易不肯放。救护时，如被抓住、抱住，可深吸气做翻滚动作，易使溺者松手。其解脱方法包括虎口解脱法、扳指解脱法、推扭解脱法、托肘解脱法等（见图 15-25）。

3. 水中拖带

水中拖带溺者，多采用反蛙泳或侧泳技术，一手拖拉，另一手划水。应时刻注意使溺者脸部露出水面（见图 15-26）。

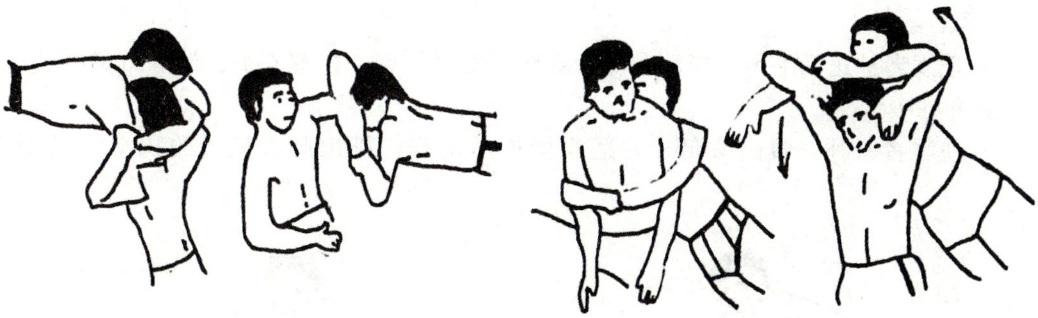

(a) (b) (c) (d)

图 15-25 水中解脱

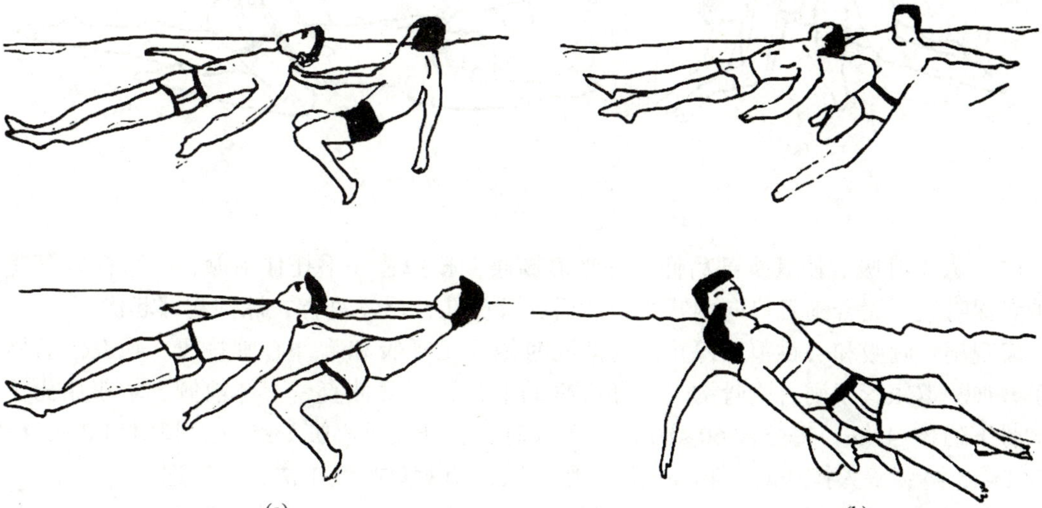

(a) (b)

图 15-26 水中拖带

4. 出水和护送

溺水者处于昏迷状态时，全身是松弛的。出水时采用从下往上拉的方法（见图 15-27），护送时，为其倒清肺和腹里的积水，可采用俯卧肩背的方法（见图 15-28）。

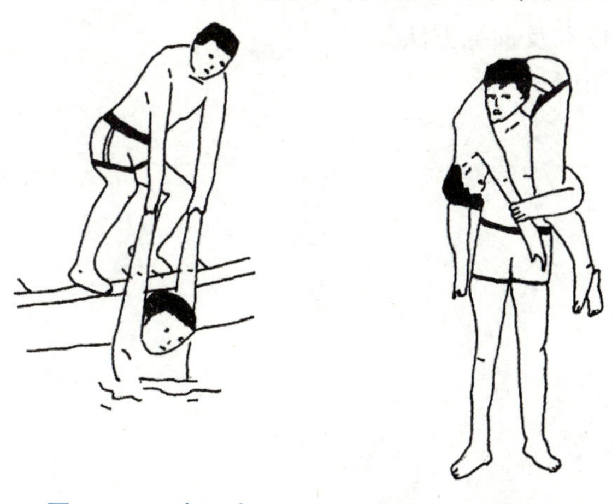

图 15-27 出 水　　图 15-28 护 送

5. 岸上急救

(1) 把溺者护送到平坦、松软和安静的地方安置好后，松解衣裤，清除口鼻内的杂物，检查心跳和呼吸情况。

(2) 使溺者俯卧，腹高头低，并适当做推压动作，排出肺、腹里的积水（见图 15-29）。

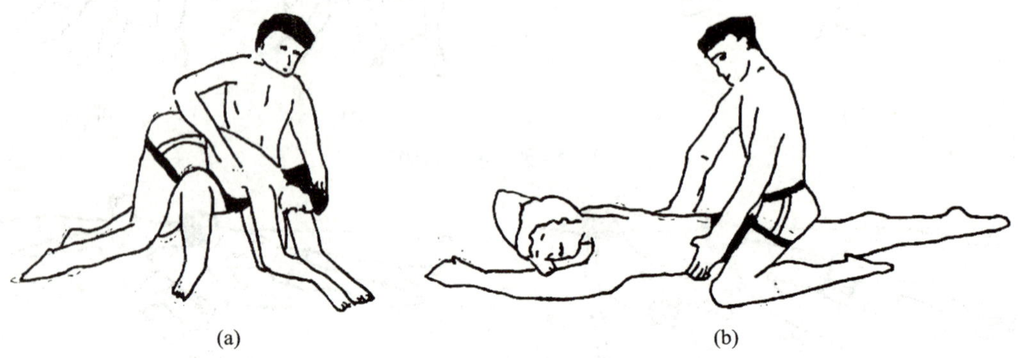

图 15-29 救 护

(3) 人工呼吸。使其头部后仰，呼吸道畅通，救护者一手托住下颌，一手捏紧其鼻孔，救护者深吸气后紧合溺者口向内吹气，然后松开鼻孔，反复进行，课件胸部起伏。

发现溺者呼吸和心跳都已停止，立即同时做人工呼吸和胸外心脏按压。跪在溺者胸侧，两手叠加，掌跟置于溺者胸骨的 1/3 处心窝的上方，手臂伸直，上体前倾，掌跟用力下压，使胸骨下陷 3~4 cm，每分钟 60~80 次。单人时，胸外按压心脏 1~5 次，口对口 2 次（每次吹气 1~15 s）；双人操作时，胸外按压心脏 5 次，口对口吹气 1 次，反复进行。

施救时，如溺者唇色已转红润，每做 10 组，间歇 5 s 检测一次心跳情况，直至溺者自主心跳、自主呼吸恢复，并转送医院进一步观察、护理。

思考题

1. 简述蛙泳的基本技术及训练方法。
2. 试述游泳的救护知识。

第二节　桥　牌

学习目标

知识目标

了解桥牌运动相关概念，熟悉桥牌运动的价值。

能力目标

学会桥牌比赛。

素质目标

领会桥牌的竞赛规则，积极参与此项运动，体会斗智斗勇。

一、概述

桥牌是两人对两人的四人牌戏，桥牌种类繁多，都是从旧时牌戏逐渐发展形成的。打桥牌前，四个人根据各自的牌力叫牌，庄家需控制明手出牌完成自己叫的定约，定约又分为有将定约和无将定约。

桥牌是一种高雅、文明、竞技性很强的智力性游戏。桥牌已经成为2012年夏季奥运会表演项目和2007年全国大学生运动会正式比赛项目。

二、桥牌比赛

（一）比赛规则

1. 瑞士移位

瑞士移位一种排定座次的方法，使每轮比赛都是积分相近的相遇。第一轮的座次按报名先后排定，以后每轮的座次按照各对选手当前的积分排定，积分高的排在前。

2. 比赛结果

完成比赛总牌数的一定比例（一般为60%～80%）的对子算完成比赛。全部比赛结束后，系统计算所有参赛对子（包括在最后一轮前已经弃权的对子）的总积分，为所有完成比赛的对子排定名次。积分相同的，完成副数多的排在前，完成副数也相同的，则先报名的排在前。

3. 大师授予

每场比赛的第一名3个大师分。完成比赛的选手超过20对（含）时，2，3，4名2个大师分，5~10名1个大师分。完成比赛的对子不足20时，排名在半数之前的都授予大师分，第一名3个，其后1~3个2分，其余1分。

4. 结果查询

比赛最后一轮结束，系统马上自动生成结果，用户就可以查询结果。结果查询的首页显示若干场比赛，选择用户要查询的一场比赛进入该场比赛的结果页面。该页显示所有参加这场比赛（包括未完成比赛的）的对子的名次、总积分，每副牌的得分等信息，点击任何一副牌的得分，进入该副牌的比较结果页面，该页给出这副牌的若干个结果的详细信息。在桥牌结果查询页面选择“瑞士移位自动双人赛”即可查询比赛结果。

5. 比赛方式

1）VP队式赛

参赛选手分成2队，每队4人与另一队进行比赛，比赛可以自定8副、12副或16副。比赛结束后对2队的得分进行比较，差值分别转换成IMP，各队所得累计IMP的差值最终折合成VP。

VP队式赛是最具对抗性的桥牌比赛，需要参赛选手有很强的合作精神和团队精神。队式赛打法特别强调安全，超墩对VP队式赛的结果影响非常小。

比赛结束后，选手就可以从系统的主页上查到比赛的结果。

2）梯级挑战赛

每一个自由组合的队或帮派都可以在梯级允许范围内向任何人挑战，如果挑战成功就可以取代他的位置。巅峰桥牌梯级挑战赛是全球最大的网上桥牌队式比赛系统。

3）双人赛系统

双人赛系统（支持单冠军和双冠军两种比赛模式）。参赛选手以对为单位在巅峰桥牌比赛报名页面报名，比赛时到指定的双人赛服务器按照系统安排的座位就坐参赛。比赛分多轮，每轮一个房间，选手要依次进入各个轮次的比赛房间参赛。

比赛结束后，由系统管理员公布比赛成绩。一般会在桥牌主页或桥牌论坛中公布。

巅峰桥牌瑞士移位自动双人赛系统是一个自动的网上双人赛系统。实现自动报名，自动记分，自动按瑞士移位方式排定座位，自动给出比赛名次，自动为优胜者设置大师分。这个系统的目的是实现桥牌网上双人赛的完全自动化，争取做到不需要管理员参与。

4）积分方法

系统支持XIMP、总IMP和MP三种记分方法。

简要介绍：比赛安排和时间控制。系统在第一轮开始前的一定时间启动，此时只有报名室。第一轮开始时间到，系统自动创建第一轮房间，排好座次，选手们按系统指定的座位就坐，开始比赛。第一轮结束时间到，系统自动切断未完成的牌副（以后也不能补打），计算本轮得分并累积到每对选手的总分上，同时按瑞士方案排定第二轮的座次，创建第二轮房间，以后每轮都是如此。系统保留所有已完成牌副的详细记录，比赛完成后可随时查看。

牌技指数（Rate）计算方法。以XIMP系统为例：首先，对每副牌计算所有结果应得的比较IMP分。方法如下：一个人在一副牌上的得分是根据结果数的多少，去掉若干个最高分和最低分，将其他所有基本分求平均值，得出平均得分；一个用户在这副牌上的得分是他得到的基本分与该平均得分的差折成IMP；然后，每周为每位用户计算一次牌技指数，方法如下：对任一位用户，他本周的Rate就是他本周打过的所有牌的Rate的平均值。一个用户在一副牌上的 Rate 是他在这副牌的得分经过对本桌 4 个人的 Rate 加权计算得出的。这里，将体现对手水平和同伴水平的平衡作用。最后，再将这个用户的本周 Rate 与原 Rate 经过副数加权计算出这个人最后的 Rate。玩家过去所取得的成绩在等级评定时，会随着时间的推移逐渐降低比重。

5）计分系统

（1）复式记分系统。一副牌如果被若干桌不同的选手打过以后，由服务器去掉若干个最高分和最低分后计算出平均值。每副牌的结果分别以队式赛方式与平均值进行比较，差值转换为 IMP，即参赛选手在此副牌的得分。

当一个结果产生时，若总结果数大于等于 6 个，则当时为 4 位牌手记分；若小于 6，则暂记 0 分，等结果数达到 6 个时一次为这 24 位牌手统一记分。一副牌的总结果数等于 40 时，这副牌不再使用。

复式记分系统实际是一种复式双人赛，既比赛的组织形式是双人赛，但要求选手使用队式赛策略来处理打牌，也可以描述成一对选手参加的多桌队式赛。

（2）全场记分系统。全场记分系统不再使用积分，输、赢、和、胜率这几个参数来为牌手记分，取而代之为牌技指数，本周积分、本周副数、总副数和上周平均分 5 个参数。其中，牌技指数是这个系统的核心记分方式，它是对复式记分中的ⅪMP 得分平衡了对手分，同伴分后得到的一个百分比分数，能够更科学地反映参赛牌手的水平。

复式记分系统的积分不是动态变动的，实际上只是一个近似公平的分数。全场记分系统的每周积分是动态变动的。

加入记分周期概念，牌库每周更新，Rate 每周重新评定一次。这样可以更好地体现每位牌手的水平。

全场记分系统对 IMP 和 MP 记分都支持。推出测试的是ⅪMP 系统。

6）报名方式

系统服务器开启时，第一个房间是报名室。一对牌手只需在报名室南北座位上对坐并举手，停留几十秒钟，系统就会提示报名成功，报名过的对子不能重复报名。选手们在报名时注意，先坐下的一方如果发现对方不是用户希望的搭档，可以先不举手，并请他离开（赶走他也可以）。

6. 中国竞赛规则

《中国桥牌竞赛规则》（2008 年版本），由中国桥牌协会根据世界桥牌联合会 2007 年规则制定。中国桥牌协会于 2018 年公布了《中国桥牌竞赛规则》（2018），仅发布了《中国桥牌竞赛规则补充规定》（2020 年度）。

国内著名赛事

中国最著名的桥牌赛事项目：2007 年，叶氏杯桥牌大奖赛由中国台湾叶氏集团（叶澄先生）资助，在深圳举行，是目前中国举办的奖金高、参赛队伍档次高的长设性桥牌比赛。本次比赛是近年来中国桥牌协会举办的高级别的一项国际赛事。

参赛队共 28 支，分别：世界锦标赛前三名、欧洲锦标赛前六名、各大洲代表队、亚太锦标赛前三名及其他世界传统强队。其中包括了曾获十多次世界冠军的意大利队和美国队，世界桥牌传统强队法国队、波兰队、荷兰队、瑞典队、加拿大队、英格兰队以及多次亚太锦标赛冠军得主印尼队等。

中国大陆地区共有五支队伍参赛，除了东道主深圳队外，另外四支队伍分别由国家女队组成的浙江华门队和环球时报队以及集中了大部分国家男队牌手的上海文广队和北京首创俱乐部队。

思考题

1. 简述桥牌的发展。
2. 简述桥牌的比赛规则。

第三节　掼　蛋

学习目标

知识目标

了解掼蛋的历史，了解掼蛋的价值。

能力目标

学会掼蛋。

素质目标

领会掼蛋的规则，积极参与此项运动，体会配合的重要性。

一、概述

掼蛋是一种在淮安以及周边地区广为流传的扑克游戏，起源于江苏淮安，故又称“淮安掼蛋”“淮安跑得快”，是由地方的扑克牌“跑得快”和“八十分”发展演化而来。

掼蛋的最大魅力、最集中的特点在于牌际组合间的变化。新手往往先把牌配死，拟好出牌计划，然后守株待兔，这种呆板的打法只是初级阶段，高手一般采用完美的静态组合加上动态变化，按照牌情灵活应用。

二、游戏规则

（一）牌型大小

四王是最大的牌>六张炸弹>同花顺>五张炸弹>四张炸弹>其他牌型。

单牌从大至小依次为大王，小王，级牌，A，K，Q，J，10，9，8，7，6，5，4，3，2（以打 10 为例，大王>小王>10>A>K>Q>J>9>8>7>6>5>4>3>2）。

对一般牌型而言，只有当牌型相同和总张数相同的牌，才可比较大小。

其中像三连对、钢板、顺子等组合牌型，只要比较其最大数值的牌就行。

（二）特殊规则和名称

（1）逢人配（任意组合）：配牌为当前等级的红桃牌。

比如级牌为 10。2、3、4、红桃 10、6 可组成 2，3，4，5，6 的顺子；也可以任意组合成除大王，小王外的炸弹以及同花等任意牌型。

（2）双贡：就是和对家最终为前两名。

（3）双下：就是和对家最终为最后两名。

末游就是最后一名。头家为第一名。

（4）接风：当某个人最后一手牌打出时，如果其他玩家都放弃，则下一轮的任意出牌权是他的对家。

（5）出牌贡牌：第一轮抽随机牌，抽中者先出牌。

（6）贡牌出牌：除第一局牌外，从第二局牌开始，每局牌开始前，上一局牌的下游者需向得上游者进贡一张牌。进贡的牌必须是自己手中最大的牌，“逢人配”除外，接受进贡者须将自己手中的一张牌还给进贡者（不得大于 10），并由下游者出牌。

下游者抓到两个大王，则不用进贡，由上游者出牌；双下时，如两人各抓到一个“大王”或一方抓到两个“大王”，则都不用进贡，由上游先出牌。

双下时，两人都应向上游方分别进贡，上游者拿大牌，并还牌给贡大牌者，由贡大牌者先出牌。如双方进贡的牌一样大小，则按照顺时针方向进贡，还牌时向下家牌面向下分别还牌，双方得牌后同时亮牌，并由上游者的下家先出牌。

（7）还牌：还牌可以为任意牌（不得大于 10）。

（8）洗牌倒牌：由上游一方洗牌，另一方为下游切牌，下游先起牌。双下时，必须由上游的下家先起牌。

（9）升级规则：只有上游方可以升级，同伴二游升 3 级，同伴三游升 2 级，同伴下游升 1 级。A 级必打，且必须同伴获得二游或三游，才能打过 A 级。

三、游戏精神

（一）团结互助关系

在游戏中取得满手好牌固然重要，更为重要的是双方配合，自己有好牌时，要打上家、压下家，尽可能耗尽对方弹药，为对门减轻压力，上游时要设法给对门接风，让对门再次赢得发言权，自己牌运不佳时要根据形势最大限度援助对门。

（二）和谐关系

手中的 27 张牌，钢板、木板、顺子、单张等要和谐相处，千万不要为了凑顺子或同花顺把牌拆得七零八落，逢人配更要用到刀刃上，切勿让其当鸡肋。

（三）审时度势的关系

掼蛋中，己方双赢是上策，己方单赢是中上策，己方一胜一负是中策，己方不赢是中下策，己方双负是下策。实战中借用田忌赛马的方式：以上马对中马、以中马对下马、以下马对上马法则，弄清牌势，有上游希望要尽百分之百的努力去拼搏，力争以自己的牺牲保证对门的上游，实现中策。

（四）善于变化的关系

掼蛋的最大魅力、最集中的特点在于牌际组合间的变化。实战中自己手中的牌要根据对方和对门的情况不断变化，如对门仅剩单张且胜利在望时，要毫不犹豫地进行单张援助，纵然拆散顺子也在所不惜。

（五）勇于碰硬的关系

游戏中对待下家要大胆控制敢于碰硬，下家出牌自己要过两人之后才有机会跟牌，因此，手中有大牌要果断地压住对方。不仅如此，还要有集中精力打歼灭战的准备，与对门联手适时围攻。

1. 简述掼蛋的发展。
2. 怎样玩好掼蛋？

第四节　门　球

学习目标

知识目标

了解门球的发展，了解门球的锻炼价值。

能力目标

学会门球技术。

素质目标

领会门球的战术，积极参与此项运动，体会布局、配合、沟通、交流的默契。

一、概述

门球是在平地或草坪上，用木槌击打球穿过铁门的一种室外球类游戏，又称槌球。门球是高尔夫球与撞球的组合，规则简单、轻松有趣，还可以激发脑力、促进身心，是经济实惠、老少皆宜的体育运动。

门球起源于法国。20 世纪 30 年代传入中国，当时燕京大学将门球作为体育课的内容。1948 年门球在日本兴起，1970 年开始作为老年人的活动项目推广开来。门球运动占地少、花费少，安全性强，且技术简单，比赛时间短，运动量不大，比较适合中老年人。

二、技术

（1）撞击球。

（2）闪击球。

（3）擦球。

（4）综合练习。

三、战术

（1）开球战术。

（2）中局战术。

（3）残局战术。

四、规则

规则：依次使球通过球门，撞击终点柱，完成比赛。比赛时，两队各 5 个球，一方红球，另一方白球；从 1 号到 10 号交替击红、白球。队员每人 1 球，称为“自球”，球号和队员号一致，也就是击球员在开球区首次击球过一门时的序号，其余的球为他球。如果击球员成功地将球击过一门，称为通过第一门，该球员可再次击球，过二门、三门同样如此。此外，如果球成功通过第三门后撞柱，即可在下一回合重新再进一、二、三门，撞柱得分。

在击球时，如果自球触及他球，称为撞击。如果自球和被撞他球停在比赛线内，击球员需用脚踩住自球，并将他球与自球贴靠，然后，用球槌击打自球，利用冲击力把他球震出，称为闪击。无论成功击球过门还是闪击，击球员都得到一次续击权。

球按顺序通过一个球门获得 1 分，撞柱获得 2 分。以比赛结束时每队队员所得的分值相加来判定胜负，总得分多者为胜。

门球运动比赛：每队派各 5 名队员两队共 10 名队员参加比赛，每名队员各有自球，比赛中既独立击球又相互合作。

思考题

1. 简述门球的发展。
2. 如何打好门球？

参考文献

[1] 安雅然．现代体育与健康［M］．北京：高等教育出版让，2002.

[2] 曹桂祥，胡艺，朱浩．高职院校体育理论教程［M］．扬州：广陵书社，2007.

[3] 陈智勇．现代大学体育教程［M］．北京：北京体育大学出版社，2003.

[4] 董俊，刘雪冰．高校体育教学新论［M］．北京：人民体育出版社，2004.

[5] 郝光安，冯青山．大学体育教程［M］．北京：人民体育出版社，2012.

[6] 李春光．大学体育［M］．天津：天津科学技术出版社，2019.

[7] 李钦升，许宁，王国昆．新编大学生体育与健康［M］．西安：西安交通大学出版社，2021.

[8] 梁培根．体育与健康教程［M］．上海：同济大学出版社，2010.

[9] 刘彬．体育与健康［M］．上海：上海财经大学出版社，2012.

[10] 鲁尼．成就斗志的有氧训练［M］．黄岩，译．北京：北京体育大学出版社，2014.

[11] 毛振明，王长权．学校心理拓展训练［M］．北京：北京体育大学出版社，2004.

[12] 钱永健．拓展训练［M］．北京：企业管理出版社，2007.

[13] 商伟．大学体育与健康［M］．北京：北京体育大学出版社，2002.

[14] 上海体育职业学院．青少年运动员身体训练［M］．北京：中国劳动社会出版社，2013.

[15] 尚东．体育事业百科全书［M］．长春：吉林音像出版社，2003.

[16] 谭志刚，雷智勇，吴润平．大学体育与健康［M］．西安：西安交通大学出版社，2014.

[17] 王峰，王乐，谭海龙．体育与健康［M］．上海：上海交通大学出版社，2016.

[18] 夏晶．体育与健康［M］．北京：北京出版社，2019.

[19] 杨忠．体育与健康［M］．北京：人民邮电出版社，2013.

[20] 张翔鹰，张翔麟．体育运动的由来［M］．北京：世界知识出版社，2008.